权威·前沿·原创

皮书系列为
"十二五""十三五""十四五"时期国家重点出版物出版专项规划项目

BLUE BOOK

智 库 成 果 出 版 与 传 播 平 台

内蒙古蓝皮书

BLUE BOOK OF INNER MONGOLIA

内蒙古建设国家重要农畜产品
生产基地研究报告
（2024）

ANNUAL REPORT ON NATIONAL IMPORTANT AGRICULTURAL
AND LIVESTOCK PRODUCT PRODUCTION BASE CONSTRUCTION
IN INNER MONGOLIA (2024)

组织编写／内蒙古自治区社会科学院

主　　编／韩成福

副 主 编／焦志强　马钰琦

社会科学文献出版社
SOCIAL SCIENCES ACADEMIC PRESS（CHINA）

图书在版编目（CIP）数据

内蒙古建设国家重要农畜产品生产基地研究报告.
2024 / 韩成福主编；焦志强，马钰琦副主编. --北京：
社会科学文献出版社，2024.10. --（内蒙古蓝皮书）.
ISBN 978-7-5228-4445-9

Ⅰ.F327.26

中国国家版本馆 CIP 数据核字第 20243B3S17 号

内蒙古蓝皮书

内蒙古建设国家重要农畜产品生产基地研究报告（2024）

主　　编 / 韩成福
副 主 编 / 焦志强　马钰琦

出 版 人 / 冀祥德
责任编辑 / 张铭晏
责任印制 / 王京美

出　　版 / 社会科学文献出版社·皮书分社 （010）59367127
　　　　　地址：北京市北三环中路甲 29 号院华龙大厦　邮编：100029
　　　　　网址：www.ssap.com.cn
发　　行 / 社会科学文献出版社 （010）59367028
印　　装 / 天津千鹤文化传播有限公司

规　　格 / 开本：787mm×1092mm　1/16
　　　　　印张：20.25　字数：302 千字
版　　次 / 2024 年 10 月第 1 版　2024 年 10 月第 1 次印刷
书　　号 / ISBN 978-7-5228-4445-9
定　　价 / 158.00 元

读者服务电话：4008918866

内蒙古蓝皮书编委会

主　任　简小文

副主任　包银山　刘满贵　乌云格日勒　朱　檬　双　宝
　　　　史　卉

策　划　吴英达

成　员　（按姓氏笔画排序）
　　　　天　莹　乌云格日勒　文　明　双　宝　史　卉
　　　　白永利　包银山　　　朱　檬　刘满贵　苏　文
　　　　吴英达　张　敏　　　范丽君　娜仁其木格
　　　　韩成福　简小文　　　额尔敦乌日图

主要编撰者简介

韩成福　内蒙古自治区社会科学院社会学研究所副所长，内蒙古社会科学院农业农村研究中心主任、研究员，内蒙古师范大学硕士生导师，研究方向为农牧业经济、乡村治理。2017年入选自治区"新世纪321人才工程"第一层次人才。咨政报告获得省部级领导批示10次，多篇报告被相关部门采纳。主持国家社会科学基金项目"资源环境约束下的粮食增产问题研究"（批准号：12CJY060）1项，内蒙古自治区社会科学基金项目"内蒙古降低种粮成本研究"（批准号：2022AZ02）、"全方位夯实内蒙古自治区粮食安全保供根基的研究"（批准号：2023WT27）、"内蒙古振兴奶业战略研究"（批准号：2021NDB121）、"内蒙古乳、牛羊肉产品质量安全保障体系建设研究"（批准号：10C026）等7项。《把锡林郭勒盟打造成为我国特色奶酪供应基地建议》《把阿拉善盟打造成为我国驼奶供应基地建议》《深度开发我区非转基因大豆的发展潜力》《我区奶业振兴面临的形势与挑战》《关于我区牧草种植业发展的建议》《应对市场寒潮　纾困奶业经济——关于我区积极应对奶业经济新形势的对策建议》等多篇研究报告在相关单位内参发表。在《内蒙古社会科学》（汉文版）、《中国乳品工业》、《中国畜牧杂志》、《中国乳业》、《农业展望》、《农民日报》、《中国经济时报》、《中国民族报》等期刊和报刊上发表学术论文和研究报告20多篇。出版合著《内蒙古自治区资源环境约束与粮食增产问题研究》。

焦志强 内蒙古自治区社会科学院社会学研究所研究员，研究方向为产业经济和区域经济。担任内蒙古自治区财政学会常务理事、内蒙古金融学会常务理事。先后主持国家级、自治区级课题十余项，包括国家社会科学基金项目"北部边疆历史与现状研究"应用对策类课题"环渤海'新引擎'背景下的内蒙古产业结构优化升级研究"、自治区重大项目"内蒙古中长期经济社会发展研究工程"应用研究类课题"内蒙古对外开放政策创新研究""内蒙古重点产业优化升级的财政政策选择""建设中国（内蒙古）自由贸易区的路径选择及政策建议"；参与各类课题 30 余项；出版专著 1 部（第一作者）；在《光明日报》等专业报刊发表论文 36 篇（含合作）；咨政报告获得自治区主要领导批示 1 次（合作），被自治区党委宣传部采纳成果 2 次（合作）。现承担自治区级课题 2 项、厅局级课题 2 项。

马钰琦 本科毕业于湖南师范大学社会学专业，获法学学士学位。研究生毕业于英国爱丁堡大学社会学专业，获理学硕士学位。现为中央民族大学社会学专业博士研究生。2020 年 7 月起在内蒙古自治区社会科学院从事研究工作，现为社会学研究所助理研究员，主要研究方向为民族社会学、人口社会学和社区治理。近年来主持完成 2023 年内蒙古哲学社会科学规划项目"内蒙古解决边境地区'空心化'问题研究"、内蒙古社会科学院 2021 年度课题青年项目"内蒙古人口结构变化及影响研究——基于第六、第七次人口普查数据"等省部级、厅局级课题 3 项。参与完成国家社会科学基金西部项目"牧区贫困人口发展与精准扶贫长效机制及其实现路径研究"、国家社会科学基金青年项目"城乡融合发展视阈下草原牧区新型城镇化机制创新研究"、内蒙古社会科学基金 2023 年度重点项目"内蒙古提升基层社区治理能力和治理水平研究——以呼和浩特社区为例"、内蒙古社会科学基金 2022 年度重点项目"内蒙古降低种粮成本研究"等国家级、省部级和厅局级课题 11 项。发表《内蒙古人口现状、基本趋势及建议——基于对第五次至第七次全国人口普查数据的分析》等学术论文、理论文章 5 篇。撰写内参研究报告 10 余篇，多项成果获省部级领导肯定性批示或被相关厅局级单位采纳。论文《坚持中国式现代化新道路 统筹推进内蒙古生态文明建设和经济社会高质量发展》获内蒙古自治区党委宣传部"学习贯彻党的二十大精神理论研讨会"征文"优秀奖"。

摘　要

内蒙古是我国重要农畜产品生产基地，在国家粮食和重要农产品安全保供方面发挥着不可替代的作用。羊肉、牛肉、牛奶、羊绒产量分别约占全国的 1/5、1/10、1/5 和 1/2。内蒙古是我国名副其实的国家"粮仓""肉库""奶罐""绒都"。

在"粮仓"建设方面，2012 年，粮食产量挤进全国 10 强；2018 年，粮食产量挤进全国 8 强；2021 年，粮食产量挤进全国 6 强；2023 年，粮食产量达到 3957.8 万吨，同比增长 1.5%，占全国粮食总产量的 5.7%，保持全国 6 强水平。为持续夯实"粮仓"地位，应大力改善耕地生态，稳定粮食产量，着力推动粮食品种多样化发展，扩大五谷杂粮种植面积；提高农户稳定收益预期；因地制宜发展粮食精深加工业，提高五谷杂粮的加工率，延长产业链、价值链；加快补齐粮食烘干设施装备以减少产后的损失；提高马铃薯产量和适应市场需求的能力；创新高标准农田管理方法；切实增强粮食主产地区经济发展能力，提升公共服务水平，充分调动粮食生产积极性；加快治理坡耕地侵蚀沟和加固自然河道两侧，减少黑土地被永久性冲掉现象，从而有效保护粮食生产的"根基"黑土地。

在"肉库"建设方面，2023 年，内蒙古肉牛存栏 779 万头，同比增长 17.8%，位居全国第二；出栏 463.7 万头，同比增长 8.1%，位居全国第一。牛肉产量为 77.8 万吨，同比增长 8.3%，占全国牛肉总产量的 1/10，连续 4 年居全国首位。其中，育肥牛存栏 174 万头，占比 18.4%；出栏 170 万头，占比 36.7%。为了继续夯实"肉库"需要，全力以赴保留优质母牛，力所

能及地减少损失；在国家层面根据国内活牛价格趋势，对牛肉进口实施动态配额制管理；不断提高养殖水平，降低肉牛养殖成本；发展规范化、标准化的小微型屠宰场，提高当地的屠宰加工能力；有效保护草原的同时提高草原使用效率；加强产销对接，扩大市场份额等。

在"奶罐"建设方面，2023年，全区牛奶产量为792.6万吨，同比增长8.0%，占全国牛奶总产量的18.9%。全区奶牛存栏168.7万头，同比增长6.1%，占全国奶牛存栏量的25.3%。全区乳制品产量为473.0万吨，同比增长13.2%，占全国乳制品总产量的15.5%。传统奶制品生产加工作坊超过1000家，年加工产值超10亿元，干奶酪类产品产量占全国七成以上。为了持续夯实"奶罐"地位，应重点解决奶牛养殖成本居高不下问题，在提升乳制品消费上出实招，扩大消费乳制品，恢复生鲜乳价格至成本线以上，有效缓解奶牛养殖牧场还贷款压力，加快培养适应RCEP市场需求的人才，把地方特色奶酪产业打造成内蒙古奶业振兴的新增长极。

在"绒都"建设方面，内蒙古山羊绒产量占全国山羊绒总产量的40%，羊绒制品占全国市场的60%以上。2023年，鄂尔多斯市的羊绒产量占内蒙古羊绒产量的58%，比2017年提升21个百分点；占全国羊绒总产量的24%，比2017年提升7个百分点。鄂尔多斯市羊绒年收储原绒5000吨，羊绒加工营销能力占全国的1/2，2022年被授予"中国绒都"称号。为了持续夯实"绒都"地位，需要加强羊绒产业延链补链强链，推进羊绒全产业链深度融合发展，促进羊绒产业链大中小企业协同发展；完善羊绒优质优价机制，增强羊绒全产业链发展活力；持续加强羊绒产业科技创新体系建设，加快羊绒产业人才队伍建设；深化羊绒产业数字技术的创新与应用，提升羊绒全产业链的稳定性和竞争力；加快建设羊绒交易中心，创新生产经营合作机制，打造具有国际影响力的品牌产品。

在培育和发展农牧业新质生产力方面，内蒙古因地制宜培育和发展农牧业新质生产力，有效发挥农牧业优势，用新的技术、新的管理方法改造升级传统农牧业生产方式，构建多元化食物供给体系，把农牧业打造成为现代化大产业，为加快推进农牧业现代化和提升国家重要农畜产品生产基地综合生产能力强基固本、蓄势赋能。一是加快培养新型职业农牧业的劳动者。强化顶层设计，完善与培养新型职业农牧民、新农人等相关的政策体系，通过职业院校大力培育应用型农牧业劳动者，包括农牧领域专业型人才、管理型人才、技术型人才、策划型人才、销售型人才、互联网人才、人工智能人才等，着力解决农牧业新型劳动者严重短缺问题。二是加快部署颠覆性技术和前沿技术的研究。持续探索研究农牧业领域的先进技术，精准对标找差距、补短板，用新技术改造提升传统农牧业，积极促进农牧业产业高端化、智能化、绿色化发展。扎实推进生物基因技术、量子信息技术、人工智能技术、新材料、新能源、高端农牧装备、绿色环保、生态化等的基础前沿研究，解决农牧业发展中的"卡脖子"问题。三是积极探索高效农牧业生产组织模式。要根据农牧产品生产布局、生产水平、生产地势地貌特征和产品结构，因地制宜探索新型生产组织模式。打破嘎查村级行政区域划分，整合嘎查村级边界耕地，形成连片的规模种植土地，更好地推进耕地改良、高标准农田建设，进一步推广农牧业机械化生产，逐步增加有机肥料的使用，从而提升耕地产能，改善耕地生态。引导家庭农场之间、专业大户之间建立合作社，在生产资料购置、生产管理、秋收收割、产品收储销售加工等领域开展多项合作，使各合作社形成合作联盟，更好地应对激烈的市场竞争，共同抵御自然灾害。形成三产融合发展格局，把农牧业打造成大产业，逐渐提高第二产业和第三产业收益。

关键词：　农畜产品　国家生产基地　农牧业新质生产力

目 录 �

Ⅰ 总报告

Ⅱ 分报告

Ⅲ 专题篇

Ⅳ 盟市篇

Ⅴ 旗县篇

皮书数据库阅读**使用指南**

总 报 告

B.1

内蒙古建设国家重要农畜产品
生产基地研究报告（2024）

韩成福*

摘　要： 　内蒙古是国家重要农畜产品生产基地。粮食产量连续 4 年突破 700 亿斤，位居全国第六，每年有一半以上的粮食调往区外，供应全国。草食牲畜存栏量突破 7000 万头只，羊肉、牛肉、牛奶、羊绒产量分别约占全国的 1/5、1/10、1/5、1/2。内蒙古是我国名副其实的"粮仓""肉库""奶罐""绒都"。可是，目前在夯实国家农畜产品生产基地建设方面也面临着不少问题和困难，例如，农牧业完整的产业体系尚未形成、农牧民增收难度加大、高标准农田建设后续管理难度极大、粮食产后损失较大、农畜产品生产成本居高不下、奶业亏损面扩大、奶酪产业未形成、RCEP 对奶业的挑战加大、活牛价格未好转、肉牛养殖户亏损严重、进口牛肉对国内养殖户冲击、新纤维面料对羊绒带来较大冲击、培育发展农牧业新质生产力难度较大

---

　　* 韩成福，内蒙古自治区社会科学院社会学研究所副所长，农业农村研究中心主任，硕士生导师，研究员，研究方向农牧业经济。

等。需要深入挖掘产生这些问题的根本原因，在此基础上，采取针对性的措施，缓解、解决建设国家重要农畜产品生产基地面临的问题，加快内蒙古从农牧业大区向农牧业强区转变的进程，持续夯实国家重要农畜产品生产基地，构建多元化食物供给体系，为国家大食物观作出更多内蒙古的贡献。

关键词： 粮食　奶业　肉业　绒业　大食物观

2023 年 6 月，习近平总书记到内蒙古考察，给内蒙古推进各项工作提供了根本遵循和宝贵机遇，全区 2400 多万名各族人民深受鼓舞、倍感振奋。2023 年 10 月，国务院出台了《国务院关于推动内蒙古高质量发展奋力书写中国式现代化新篇章的意见》（以下简称《意见》），对内蒙古加快落实习近平总书记交给的"五大任务"提出一系列重大支持政策。全区上下以强烈的感恩之心和奋进之志贯彻落实习近平总书记对内蒙古的重要指示精神和国务院《意见》精神，全力完成"五大任务"，全方位建设模范自治区，朝着"闯新路、进中游"目标扎实迈进，努力把祖国北疆这道风景线打造得更加亮丽。《意见》提出，"加快推进农牧业现代化，提升国家重要农畜产品生产基地综合生产能力"，并提出 4 个具体措施和努力方向。一是加强农牧业基础设施建设，二是大力发展生态农牧业，三是强化水资源保障能力，四是深化农村牧区改革。这是今后内蒙古建设国家重要农畜产品生产基地和夯实农畜产品安全保供能力的具体抓手。

2023 年，在党中央的大力支持下，在全区各族人民的共同努力下，内蒙古自治区农牧业发展取得较大成就，较好地完成了习近平总书记交给内蒙古农牧业的各项建设任务，持续夯实了国家重要农畜产品生产基地。内蒙古有 1.72 亿亩耕地，是全国 5 个耕地保有量过亿亩的省区之一，草原面积占全国的 1/5，是国际公认的优质畜牧区、黄金奶源带。自治区大力发展现代农牧业，打造形成奶业、玉米 2 个千亿级产业集群和肉羊、肉牛、马铃薯、葵花籽等 10 个百亿级产业集群。粮食产量连续 4 年突破 700 亿斤，位居全国第六，每年有一半以上的粮食调往区外，供应全国。草食牲畜存栏量突破7000万头只，羊肉、牛肉、牛奶、羊绒产量分别约占全国的1/5、1/10、1/5、1/2，伊利和蒙牛双双挺进全球乳业十强，分别位居第五和第七。内蒙古已成为国家重要的"粮仓""肉库""奶罐""绒都"，"名特优新"农畜产品总数位居全国第一，"蒙字号"产品畅销全国各地。① 其中，内蒙古东部呼伦贝尔市、兴安盟、通辽市、赤峰市、锡林郭勒盟五盟市（以下简称"蒙东"），在自治区农畜产品安全保供方面发挥着重要作用。蒙东耕地资源和水资源分别占全区的69%、87%，粮食产量、牲畜存栏量分别占全区的76%、62%，是内蒙古建设国家重要农畜产品生产基地的主要依托。同时，农畜产品质量安全监管切实加强，农畜产品抽检合格率达到99.6%，新增绿色产品104个、有机产品223个，名特优新农产品总数达735个，数量位居全国第一。②

一　农牧业发展取得的成就

（一）粮食生产持续丰收

1. 全区粮食产量

内蒙古作为全国13个粮食重点生产省区之一、5个耕地保有量过亿亩的省区之一和全国仅有5个粮食净调出省份之一，其粮食总产量近年来稳定在750亿斤以上，稳居全国第六，具备每年稳定向区外调出1250万吨粮食的能力，每年对全国其他省份的粮食贡献量（含产成品）稳定在400亿~500亿斤，粮食供应全国。2012~2023年，内蒙古粮食产量增长较快，粮食

---

① 孙绍骋：《在全面建设社会主义现代化国家新征程上书写内蒙古发展新篇章》，《学习时报》2022年9月21日，第1版。
② 《内蒙古自治区发展和改革委员会，自治区政府新闻办召开落实"五大任务"主题新闻发布会》，http://fgw.nmg.gov.cn/xxgk/zxzx/tpxw/202407/t20240711_2541221.html，2024年7月10日。

产量经历了从全国前 10 强迈进前 8 强再进入前 6 强的快速发展过程。2011年，内蒙古粮食产量为 2573.4 万吨，占全国粮食总产量的 4.4%，位居全国第 11；2012 年，粮食产量达到 2528.5 万吨，挤进全国 10 强，占全国粮食总产量的 4.5%；2018 年，粮食产量达到 3553.3 万吨，挤进全国 8 强，占全国粮食总产量的 5.4%；2021 年，粮食产量达到 3840.3 万吨，挤进全国 6强，占全国粮食总产量的 5.6%；2022 年，粮食产量达到 3900.6 万吨，同比增长 1.6%，占全国粮食总产量的 5.7%；2023 年，粮食产量达到 3957.8万吨，同比增长 1.5%，占全国粮食总产量的 5.7%，保持全国 6 强水平。内蒙古的全国粮食保供地位进一步上升。

2. 全区粮食品种现状

从粮食品种看，2023 年，内蒙古玉米产量为 3179.6 万吨，较上年增加81.2 万吨，同比增长 2.6%；占自治区粮食产量的 80.3%，占比上升 0.9 个百分点；占全国玉米产量的 8.2%，位居全国第三。大豆产量为 244.4 万吨，较上年减少 1.0 万吨，同比下降 0.4%；占全国大豆产量的 11.7%，位居全国第二。小麦产量为 132.5 万吨，较上年增加 6.1 万吨，同比增长 0.5%；人均小麦占有量为 55.3 公斤。稻谷产量为 82.1 万吨，较上年减少 8.1 万吨，同比下降 9.0%；人均稻谷占有量为 34.3 公斤。除此之外，内蒙古生产的杂粮杂豆有谷子、高粱、藜麦、莜麦、红小豆、绿豆、荞麦、黑豆等，杂粮杂豆产量在全国排名靠前。内蒙古不但是国家重要饲料粮供应基地，也是构建多元化食物供给体系的原料来源地。

3. 蒙东四盟市的粮食产量

在盟市粮食产量方面，2023 年，呼伦贝尔市、通辽市、赤峰市、兴安盟四盟市粮食播种面积和产量位居全区前四，粮食播种面积分别为 2461.9万亩、1893.1 万亩、1706.8 万亩、1562.8 万亩，累计粮食播种面积占全区粮食播种面积的 72.8%。按粮食产量从高到低排序为通辽市 189.0 亿斤、兴安盟 135.6 亿斤、呼伦贝尔市 132.1 亿斤、赤峰市 130.0 亿斤，累计粮食产量占全区的 74.1%，是自治区的粮食主产区。乌兰察布市燕麦产量和马铃薯产量在全区排名靠前，2023 年，燕麦产量为 7.22 万吨，同比增长 2.8%；

马铃薯产量为 34.59 万吨，同比增长 23.5%。

4. 促进粮食生产的主要举措

以通辽市玉米生产为例，内蒙古加快实施单产提升工程。2023 年，通辽市启动玉米单产提升工程、优质高效增粮、绿色高产高效、玉米主产区地力提升、化肥减量增效等项目，重点支持主要粮油作物单产提升，统筹资金约 1.6 亿元；市级投入 270 万元资金开展玉米密植高产高效示范区绿色防控工作；开鲁县财政投入 360 万元资金建设中国农业科学院玉米密植高产高效全程机械化绿色生产六级联创科技创新示范基地；科尔沁左翼中旗投入 200 万元资金助力玉米单产提升工程。

在政策资金的带动和影响下，2023 年，通辽市玉米种植面积达到 1749.05 万亩，产量达到 181.9 亿斤，分别占通辽市粮食种植面积和粮食产量的 92.4% 和 96.2%，玉米单产达到 1040 斤/亩，按照玉米（标准水分 14%）价格 1.2 元/斤、秸秆价格 80 元/亩计，生产端产值约为 232.26 亿元。玉米密植滴灌高产技术示范面积落实 116.4 万亩，其中，科尔沁左翼中旗玉米单产提升工程项目落实 20.0 万亩，涉及 4 个苏木乡镇（场）89 个嘎查村；绿色高产高效项目落实 30 个万亩片、114 个千亩方和 100 个百亩田，共落实 41.4 万亩，涉及 69 个苏木乡镇（场）140 个嘎查村；玉米主产区地力提升项目落实 55 万亩，涉及 8 个县（市、区、旗）37 个苏木乡镇（场）116 个嘎查村（经营主体）。实施玉米密植滴灌技术模式。采取"5 个统一，7 个精准，7 个提高"措施。5 个统一，即统一组织推进、统一政策扶持、统一技术模式、统一示范展示、统一推广服务；7 个精准，即精准选种、精准整地、精准播种、精准防控、精准化控、精准水肥管理、精准收获；7 个提高，即提高水分生产率、肥料利用率、亩保苗率、收获减损率、土地利用率、亩产出率。提高玉米规模化、标准化经营水平。[1]

以赤峰市玉米生产为例，2023 年，一是切实落实藏粮于地。高标准农田

---

[1] 董奇彪、侯丽丽、闫东主编《内蒙古自治区种植业重点产业链发展报告》，中国农业出版社，2024，第 21 页。

建设成效显著。开工建设以滴灌等高效节水措施为主的水地高标准农田和以水平梯田为主的旱作高标准农田各 37 万亩。耕地保护技术应用广泛，以玉米、大豆、杂粮等粮食作物为重点，实施保护性耕作面积 72.4 万亩，耕地深松面积 183 万亩，建设保护性耕作高标准应用基地 29 处、长期监测点 4 处。二是稳步实现藏粮于技。以新一轮千亿斤粮食产能提升行动为引导，以优质高效增粮示范行动和绿色高产高效项目园区为典型，以玉米绿色节水密植栽培、无膜玉米浅埋滴灌水肥一体化、谷子轻简化栽培、大垄高台无膜浅埋滴灌水肥一体化等 14 项技术模式为依托，总结形成 4 种单产提升典型模式，深挖单产潜力，实现产能提升。三是扎实推进种业振兴。加强良种繁育基地建设，农作物繁制种面积为 22.1 万亩，其中，玉米为 17.3 万亩。加强优良品种培育，通过自治区审定主要农作物品种 27 个，其中，玉米品种 26 个。建设"看禾选种"平台 9 个，集中展示作物品种 366 个，播种面积 950 亩以上，全市举行集中观摩"看禾选种"活动 22 次，完成了集中观摩学习选种任务。①

以内蒙古马铃薯生产为例，内蒙古是全国马铃薯主产区之一，马铃薯是内蒙古传统优势特色作物，产业基础良好，综合生产能力居全国前列。2010年，马铃薯种植面积达到 1005 万亩，位居全国第一，但之后种植面积一直在缩小。2023 年，种植面积为 370.1 万亩，产量为 130 亿斤，分别位居全国第八、第六，单产 3510 斤/亩，高于全国平均水平约 660 斤/亩。阴山沿麓和大兴安岭沿麓两个优势主产区的马铃薯种植面积约占全区的 90%。其中，乌兰察布市马铃薯种植面积为 130.1 万亩，占全区的 35.2%，产量为173 万吨，占全区的 26.6%。全区现有"乌兰察布马铃薯""阿荣马铃薯""固阳马铃薯""牙克石马铃薯""武川土豆"5 个国家农产品地理标志产品，2009 年乌兰察布市被评为"中国马铃薯之都"。②

以内蒙古大豆生产为例，内蒙古大豆生产具有比较优势。一是资源优

---

① 董奇彪、侯丽丽、闫东主编《内蒙古自治区种植业重点产业链发展报告》，中国农业出版社，2024，第 24 页。

② 董奇彪、侯丽丽、闫东主编《内蒙古自治区种植业重点产业链发展报告》，中国农业出版社，2024，第 40 页。

势。内蒙古大豆主产区土壤肥沃，土层深厚，以黑土和栗钙土为主，土壤有机质含量为 2%~10%，保水保肥效果好。该区域年日照时数为 2600~3100 小时，无霜期 85~130 天，≥10℃积温为 1800~2700℃，降水充沛，年均降水量为 350~500 毫米，受季风气候影响，主要分布在 7~9 月，约占全年降水量的 70%，且雨热同期，地下水、地表水资源丰富，可满足大豆发育的需要，有利于大豆脂肪的形成和积累，是优质大豆的理想种植区。同时工业污染少、生态环境好、病虫发生轻、农药化肥投入水平低，属于优质绿色大豆产业带。二是科研优势。在呼伦贝尔市和兴安盟建立了大豆产业创新功效和生物育种中心，全区现有 6 家育种单位，实施大豆育种联合攻关，重点开展高油高产品种优异种质鉴定、杂交组合配置，全年新培育审定品种 17 个，其中，国审品种 1 个，高蛋白品种 2 个，高油品种 2 个。三是良种优势。全区制种面积稳定在 35 万亩，位居全国第三。制种量同比增加 0.2 万吨，达到 4.6 万吨。蒙豆 1137 和登科 5 号入选国家主推品种目录，2023 年推广面积分别达到 420 万亩、180 万亩。四是生产优势。内蒙古常年种植大豆 1000 万亩左右，是全国第二大非转基因大豆种植地区。产区主要集中在呼伦贝尔市、兴安盟、赤峰市、通辽市等盟市。2023 年，内蒙古大豆种植面积为 1852.9 万亩，产量达到 48.9 亿斤，亩均单产达到 263.8 斤。大豆种植面积与 2021 年相比增加了 513.1 万亩，增长 38.3%。其中，内蒙古东部四盟市扩大种植 454.4 万亩（呼伦贝尔市 302.2 万亩，兴安盟 84.5 万亩，通辽市 37.5 万亩，赤峰市 30.2 万亩），占总增加面积的 88.6%；中西部地区扩种大豆 58.6 万亩，占总增加面积的 11.4%。高产典型兴安盟扎赉特旗的好力保镇五家子村 150 亩集中连片种植大豆示范田实收亩产达到 633.6 斤，刷新了内蒙古和东北北部地区的大豆高产纪录。①

（二）畜产品持续丰收

内蒙古是全国五大牧区之一，牲畜存栏量和畜产品产量均居全国首位。

---

① 董奇彪、侯丽丽、闫东主编《内蒙古自治区种植业重点产业链发展报告》，中国农业出版社，2024，第 73 页。

草食牲畜存栏突破7000万头只，羊肉、牛肉、牛奶、羊绒产量分别约占全国的1/5、1/10、1/5、1/2，伊利和蒙牛双双挺进全球乳业十强，分别位居第五和第七。根据《内蒙古自治区2023年国民经济和社会发展统计公报》，2023年，猪牛羊禽肉产量为285.4万吨，同比增长2.7%。其中，猪肉产量为75.7万吨，同比增长2.7%，占全国产量的1.3%；牛肉产量为77.8万吨，同比增长8.3%，占全国产量的10.3%；羊肉产量为108.8万吨，同比下降1.3%，占全国产量的20.5%；禽肉产量为23.0万吨，同比增长4.4%，占全国产量的0.9%。禽蛋产量为67.2万吨，同比增长7.4%，占全国产量的1.9%。牛奶产量为792.6万吨，同比增长8.0%，占全国牛奶产量的18.9%。年末生猪存栏629.9万头，同比增长5.5%；牛存栏947.7万头，同比增长15.5%；羊存栏6180.6万只，同比增长0.9%；家禽存栏5929.1万只，同比增长7.9%。在47个牛羊养殖大县推广兽医社会化服务，辐射覆盖全区70%牛羊养殖。为此，内蒙古牛羊存栏量、牛羊肉产量及牛奶产量均居全国首位，有力地保障了重要畜产品安全保供问题。

内蒙古自治区兴安盟、通辽市、呼伦贝尔市、赤峰市、巴彦淖尔市是粮食主产区也是畜产品主产区，锡林郭勒盟是畜产品主产区，鄂尔多斯市是羊绒主产区，因此，上述7个盟市为国家畜产品稳产保供发挥着重要作用。

根据各盟市《2023年国民经济和社会发展统计公报》及官方公布的统计数据，各盟市情况如下。

截至2023年6月，锡林郭勒盟肉牛存栏220万头，比上年增加8万头，同比增长3.8%；肉羊存栏1100万只，比上年增加38万只，同比增长3.6%；年内出栏牲畜800万头只，预计肉类产量达到30.5万吨；奶牛头数达到29万头，牛奶产量为59.4万吨。

2023年，兴安盟牛存栏88.64万头，同比增长16.1%；羊存栏776.71万只，同比增长3.2%；猪存栏60.83万头，同比增长9.8%。牛肉产量为5.79万吨，同比增长12.4%；羊肉产量为13.70万吨，同比增长7.5%；牛奶产量为72.53万吨，同比增长17.9%；猪肉产量为9.10万吨，同比增长2.9%。

2023 年，通辽市牲畜（牛、羊、猪）出栏量为 1011.6 万头只，同比增长 6.1%，其中，肉牛出栏 142.6 万头，肉羊出栏 508.6 万只，肉猪出栏 360.4 万头；肉类总产量为 73.1 万吨，同比增长 8.6%，其中，猪肉产量为 32.7 万吨，牛肉产量为 28.4 万吨，羊肉产量为 9.8 万吨，禽肉产量 2.2 万吨；禽蛋产量为 4.8 万吨，同比增长 5.1%，牛奶产量为 65.7 万吨，同比增长 26.2%。

2023 年，呼伦贝尔市牲畜存栏 1252.3 万头只，奶牛存栏量达到 31.5 万头，同比增长 10.4%；设施畜牧业养殖比重达 52%，主要农畜产品加工转化率达 74%。

2023 年，巴彦淖尔市牲畜饲养量为 2071.23 万头只，其中，奶牛饲养量为 24.23 万头，牛奶产量为 141.94 万吨，同比增长 30.0%；肉牛饲养量为 21.87 万头，牛肉产量为 2.0 万吨；驴饲养量为 0.57 万头；马饲养量为 5.81 万匹；骆驼饲养量为 2.19 万峰；羊饲养量为 1960.78 万只，羊肉产量为 20.65 万吨；生猪饲养量为 55.78 万头，猪肉产量为 3.18 万吨。

2023 年，赤峰市牲畜存栏 2210.6 万头只，同比增长 5.8%，其中，牛存栏 362.2 万头，同比增长 12.1%；羊存栏 1423.4 万只，同比增长 4.8%；猪存栏 357.1 万头，同比增长 7.4；其他牲畜存栏 67.9 万头只。禽存栏 3629 万只，同比增长 5.6%。肉类产量为 146.3 万吨，同比增长 25.7%；禽蛋总产量为 38.2 万吨，同比增长 2.9%；奶类产量为 83.0 万吨，同比增长 44.5%。

2023 年，鄂尔多斯市猪牛羊禽肉产量为 16.89 万吨，同比增长 10.0%，其中，猪肉产量为 3.53 万吨，同比增长 12.1%；牛肉产量为 2.87 万吨，同比增长 10.5%；羊肉产量为 10.25 万吨，同比增长 8.7%；禽肉产量为 0.24 万吨，同比增长 33.7%。年末猪存栏 34.9 万头，同比增长 9.9%；牛存栏 39.5 万头，同比增长 18.3%；羊存栏 876.7 万只，同比增长 3.1%；禽存栏 168.3 万只，同比增长 47.8%。同时，鄂尔多斯市已成为我国重要的羊绒制品生产加工基地，年生产羊绒制品达 650 万件，羊绒制品的生产能力在全国占比达 50%，在全球占比约为 40%。

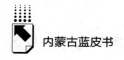

（三）饲草产量丰收

饲草是畜牧业发展的重要保障。近年来，内蒙古有效利用边际土地，加快发展饲草产业，有力地保障了养殖业的需求。好草，好畜，好效益。内蒙古出台《内蒙古自治区羊草产业发展规划（2023—2030）》《推进我区国产苜蓿增产方案（2023—2025年）》等一系列政策文件，全力推进饲草产业发展。目前，内蒙古羊草、苜蓿、饲用燕麦、青贮玉米等各类一年生、多年生人工饲草种植面积为2000万亩以上，产量近2000万吨，天然草原可食牧草产量近3000万吨，秸秆饲料化利用2800万吨，整体上保障了饲草料供给，家畜生产性能、舍饲育肥能力全面提升，生产效率显著提高。2023年，内蒙古草种繁育基地面积达26.5万亩，年制种能力突破500万公斤，人工饲草种植2172万亩，各类饲草产量达7543万吨，草产业链产值达802.1亿元，产量、产值均居全国首位。① 2023年，呼和浩特已建成优质饲草基地145万亩，2024年要扩大到160万亩，提供400万吨优质饲草料，饲草自给率稳定在80%以上，同步将170万亩盐碱地改良为饲草种植基地，力争到2025年饲草种植基地突破300万亩以上。② 在盟市中，兴安盟草业发展迅速，饲草产业综合生产能力持续提升。2022年，全盟人工饲草种植面积达到149.01万亩，其中，青贮玉米110.00万亩，苜蓿22.40万亩，燕麦14.40万亩，羊草1.21万亩，其他饲草1.00万亩。目前，兴安盟规模化以上饲草种植、加工、销售主体达118家，形成了专业化生产加工、草畜结合、草田轮作等多元化、创新型经营模式，延长了产业链条，饲草产业的生产经营模式逐步呈多元化发展。③

（四）农牧业产业化进程加速

1. 整体情况

内蒙古大力发展现代农牧业，打造形成奶业、玉米2个千亿级和肉

---

① 《内蒙古草产业产量产值均居全国首位》，《内蒙古日报》2024年7月3日。
② 《美丽中国建设提供呼和浩特草业样板》，《内蒙古日报》2024年8月16日。
③ 《内蒙古兴安盟：草畜平衡为草原"减压"助牧民增收》，《内蒙古日报》2023年2月2日。

羊、肉牛、马铃薯、葵花籽等 10 个百亿级产业集群。内蒙古着力加强园区建设，鼓励农牧户和新型经营主体入驻产业园区，依靠自有"奶源""牛源""羊源"延长畜产品产业链，通过精深加工、打造品牌，增加畜产品附加值。引导农牧民有序开展牧区旅游、民宿、餐饮、文创产品开发、传统手工艺品制作等增收项目，以牧区产业为基础延链补链强链，带动生产、加工、服务等环节联动增收。新增国家级龙头企业 13 家，总数达到 72 家。新创建国家级产业集群 1 个、产业园 2 个、产业强镇 8 个。品牌销售带动作用不断增强，新挂牌 4 个农畜产品营销中心，开展 17 场"五进"活动，京蒙协作农畜产品销售额为 141.9 亿元，同比增长 2.2 倍。庭院经济发展稳步推进，积极组织力量把发展理念、技术服务、经验模式进行推广，逐步提高农牧民生产技能，重点打造 20 个苏木乡镇（场）200 个嘎查村，带动 1.5 万户利用庭院发展特色产业。① 内蒙古农牧业产业化项目增强了农牧业产业的韧性。

2. 内蒙古玉米加工现状

玉米是内蒙古主要生产的饲料粮。在玉米加工方面，内蒙古玉米加工转化率为 53.9%，具备年加工 491.8 亿斤玉米的能力。2022 年实际加工量约为 300 亿斤，2023 年实际加工量约为 343 亿斤，较上年提升 43 亿斤。在加工产品方面，玉米是加工程度较高的粮食作物，主要有 3 个链条，即玉米淀粉、酒精、谷氨酸等饲料加工链条和精深加工链条，以鲜食玉米为主的食品加工链条。在重点加工企业方面，全区有加工龙头企业 54 家（国家级 8 家，自治区级 46 家），遴选了 6 家"链主"企业，新增销售收入 500 万元以上的玉米加工企业 6 家（呼伦贝尔 1 家，包头 1 家，乌兰察布 4 家），总数达到 182 家，其中，精深加工企业 146 家，可年加工玉米 190.7 亿斤，预计可实现销售收入 485.7 亿元。全区饲料加工企业 408 家，年加工玉米 78 亿斤，生产饲料 130 亿斤，自给率约为 56%，饲料产量占全国总产量的 2.2%，产

---

① 《内蒙古农牧业呈现"稳、实、足、强、优"五大特点》，http：//www.nmg.xinhuanet.com/20240711/ffee761173ba4f2bbaad07ccdf49a9b0/c.html，2024 年 7 月 11 日。

值为 227 亿元。① 可见，内蒙古作为全国畜牧业大区和饲料玉米产量大区，玉米转化为饲料的比例较少，自给的饲料供给率不高，这也是内蒙古设施畜牧业尤其奶牛业养殖成本较高的原因。

3. 内蒙古马铃薯加工现状

内蒙古马铃薯加工业初具规模。内蒙古马铃薯加工业集中在自治区中部地区，是我国重要的淀粉、薯条加工区，加工产能、转化率居全国首位。自治区马铃薯仓储能力约为 400 万吨，年加工量为 250 万吨，加工率为 45%。其中，清洗包装等产地初加工转化率约为 32%，精深加工转化率约为 13%。精深加工产品中淀粉约占 80%，全粉约占 10%，薯片薯条等休闲方便食品约占 10%，且分别约占全国的 30%、35%、60%。衍生药、化工等产品和功能食品生产处于起步阶段。加工龙头企业中，华欧淀粉是全国最大的精淀粉加工企业，生产的优级淀粉量占全国的 60%。在乌兰察布市具备年生产脱毒苗 10 亿株和原原种 20 亿粒的生产能力，现有加工企业 34 家，蓝威斯顿、福景堂等大型加工项目投产后，薯条产能将达到 70 万吨，淀粉产能达到 40 万吨，乌兰察布市已经成为全国最大的马铃薯薯条和淀粉加工基地。②

4. 内蒙古大豆加工现状

内蒙古现有大豆加工企业 46 家，主要生产豆油、豆粕、豆粉等初级产品，合计加工能力为 157 万吨，2022 年实际仅加工 24 万吨，不足 1/6。营业收入 500 万元以上的 19 家企业总加工能力为 125 万吨，但实际仅加工 18 万吨，达产率不足 15%。莫力达瓦达斡尔族自治旗富吉粮贸有限公司面临停产，加工能力 1 万吨以上的企业共 17 家，有 8 家未开工，开工率不足 53%。③ 由此，内蒙古虽然是全国第二大大豆产区，可是大豆初加工较低，尤其大豆精深加工业较落后，这不符合内蒙古大豆产量全国第二的地位。

---

① 董奇彪、侯丽丽、闫东主编《内蒙古自治区种植业重点产业链发展报告》，中国农业出版社，2024，第 20 页。
② 董奇彪、侯丽丽、闫东主编《内蒙古自治区种植业重点产业链发展报告》，中国农业出版社，2024，第 40~41 页。
③ 董奇彪、侯丽丽、闫东主编《内蒙古自治区种植业重点产业链发展报告》，中国农业出版社，2024，第 72 页。

5. 巴彦淖尔农牧业产业化现状

巴彦淖尔市围绕肉羊、小麦等重点产业链，制定延链补链强链工作计划。培育壮大市级以上农牧业产业化重点龙头企业 279 家，其中，国家级 11 家、自治区级 120 家，均居自治区首位，主要农畜产品生产加工转化率达到 75%。开展农业社会化服务土地面积 514.88 万亩，4 个旗县整县推进兽医社会化服务。农村牧区常住居民人均可支配收入达到 26404 元，同比增长 8.2%。

6. 赤峰市农牧业产业化进程

赤峰市市级以上农牧业产业化重点龙头企业有 304 家，其中，国家级有 10 家，内蒙古自治区级有 113 家，市级有 181 家。全市认证绿色食品 548 个，有机产品 571 个，居内蒙古自治区首位。5 个品牌荣登 2023 年内蒙古区域公用品牌榜单，区域公用品牌总价值达到 754.5 亿元，居内蒙古自治区首位。以玉米加工为例，2023 年，赤峰市主要玉米加工企业共有 67 家，企业的设备年加工能力为 511.12 万吨，分布在元宝山区、宁城县、巴林右旗、巴林左旗、松山区等 10 个县（市、区、旗）。2023 年，新认定市级玉米加工龙头企业 5 家，实际加工量为 168.31 万吨，主要产品产量共计 85.73 万吨，产值达到 75.79 亿元，与 2022 年同期相比增长 8.55%。一是精深加工，精深加工企业共有 20 家，主要生产氨基酸、酒精、白酒等，销售收入为 53.4 亿元。二是饲料加工，饲料加工企业有 35 家，主要生产配合饲料、浓缩料等，销售收入为 16.1 亿元。三是鲜食玉米加工，涉及企业 12 家，主要生产即食甜玉米、玉米罐头、玉米糁等，销售收入为 2.45 亿元。[1]

7. 通辽市产业化进程

通辽市农牧业品牌化、市场化、绿色化发展快速。通辽市委、市政府把质量强市和品牌建设作为转方式、调结构的战略举措来抓，推动通辽农产品区域公用品牌走出通辽走向全国。2023 年，为了让通辽特色农畜产品更具

---

① 董奇彪、侯丽丽、闫东主编《内蒙古自治区种植业重点产业链发展报告》，中国农业出版社，2024，第 21 页。

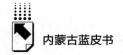

影响力，通辽市相关部门先后组织百余家企业参加多次各类博览会、展销会，助力企业签订合作意向订单 30 余份，涉及资金 1.1 亿元，积极开展内蒙古农牧业品牌目录认定及复审工作。通辽市农产品地理标志达到 5 个，绿色食品认证企业达到 104 家，认证产品 260 个，产品产量 56.2 万吨。通辽市还通过推广绿色种植和养殖技术，减少化肥农药使用量，降低农业面源污染。在资源环保利用方面，实施加强农业废弃物资源化利用和减量化排放措施，实现农牧业与生态环境的和谐共生。以玉米加工为例，一是规划目标引领。在已出台的《通辽市"十四五"玉米生物科技（医药）产业发展规划》《通辽市玉米生物（医药）产业行动规划（2022-2025 年）》的基础上，制定印发《通辽市科尔沁区工业园区产业发展规划（2023-2035 年）》《开鲁生物制药开发区产业发展规划（2023-2030 年）》，围绕打造世界级小品种氨基酸生产基地和全国原料药生产基地的目标，走玉米精深加工发展之路，不断提高产品附加值，推动产业链和食品药品向高端延伸。二是启动实施工业倍增计划。锚定再造一个"通辽工业"发展目标，重点打造玉米生物医药产业链。以科尔沁区为重点发展食品级高端终端产品，主攻小品种氨基酸研发生产，加快推进味精、核苷酸、德胜 D-核糖项目、德胜治疗帕金森病药物中间体等项目建设力度，力争再造一个"通辽梅花"，成功打造世界级小品种氨基酸生产基地。以开鲁县为重点培育药品级产业集群，主攻原料药和成品药研发生产，建设全国原料药和医药中间体生产基地，重点发展原料药及其中间体、药物制剂、化学合成新材料、功能性氨基酸等产品。[①]

8. 兴安盟农牧业产业化进程加速

兴安盟积极推进农畜产品标准化生产，通过制定和实施农畜产品生产标准和技术规程，提高农畜产品质量和安全性。同时，全盟共培育认证绿色食品 274 个、有机农产品 185 个、农产品地理标志 9 个，为打造优质农畜产品品牌奠定了良好基础。《兴安盟行政公署 2024 年工作报告》显示，以国家

---

① 董奇彪、侯丽丽、闫东主编《内蒙古自治区种植业重点产业链发展报告》，中国农业出版社，2024，第 21 页。

级现代畜牧业试验区建设为引领，2023年度，实施项目30个、完成投资30亿元。中农兴安、杜美牧业获批国家级核心育种场。农畜产品加工转化率达到50%，兴安盟以"兴安盟牛肉"为发力点，全力推动肉牛产业高质量发展。全盟现有大型肉牛养殖企业12家、合作社300家，建成肉牛标准化规模养殖场469个。在北上广深等一线城市和呼包鄂等区内城市建设以"兴安盟牛肉"为引领的兴安盟生态农产品品牌店15家、牛羊肉直营店50余家。截至2023年10月末，全盟肉牛存栏148.41万头，肉牛出栏37.34万头，牛肉产量6.72万吨。截至2024年1月，全盟三大牛交易市场交易量约为56万头，交易额达67亿元。

9. 锡林郭勒盟加速推进农牧业产业化

锡林郭勒盟出台了《锡林郭勒盟促进半农半牧区肉牛产业发展实施方案（2023—2025年）》《关于促进半农半牧区肉牛产业高质量发展若干措施》，促进农区畜牧业发展，肉牛舍饲养殖规模达到11万头。还出台《锡林郭勒盟促进羊皮羊尾加工利用产业发展壮大若干措施（试行）》《锡林郭勒盟推动乳清加工产业发展壮大若干措施（试行）》，进一步延长肉羊和奶业产业链。锡林郭勒盟现有农牧业产业化龙头企业116家，其中，国家级5家、自治区级67家、盟级44家。2024年新认定自治区农牧业产业化龙头企业17家；创建自治区级肉牛肉羊标准化示范场77家，累计认定家庭农牧场3423家，其中，示范家庭牧场683家。全盟现有合作社1297家，其中，示范社307家。从事农牧领域生产服务社会化服务的主体达到276个。锡林郭勒盟地方特色奶制品加工业发展迅速，奶制品生产企业有19家，获得登记注册的地方特色奶制品小作坊有711家（在全区的占比达到52%和60%）、家庭式作坊1500余家。扶持12家地方特色奶制品小作坊提档升级为QS认证企业。传统奶制品加工业产值达到10亿元。2023年1~7月，全盟27户地方特色奶制品加工企业累计实现产值9608万元，比上年同期增加2865万元，同比增长42.5%；产品销售上，各类地方特色奶制品累计销售额为7503.6万元，比上年同期增加1778.8万元。产品销售遍布全国各地，线下以商超配送和批发商销售为主，线上包括淘宝、京东、拼多多等传统电

商平台和抖音、快手、小红书等新媒体平台。目前，线下销售占比为60%~70%，线上销售占比为30%~40%，线上销售呈逐步上升趋势。①

二 内蒙古农牧业取得较好成绩的原因分析

2023年度，习近平总书记考察内蒙古自治区，并对内蒙古自治区农牧业高质量发展作出了重要指示。根据总书记的重要指示，内蒙古自治区党委、政府带领全区2400多万名各族群众，克服各种极端气候，努力拼搏，取得农牧业大丰收，较好地完成了习近平总书记交办给内蒙古的重大任务，为国家农畜产品保供作出了重要贡献。内蒙古丰富的自然生态资源是农牧业取得丰收的最大底气，同时，中央财政加大对内蒙古的支持力度，自治区财政部门也出台配套政策，保障了农村牧区稳定运行的资金需求，按时发放农牧民各项补贴，加快推进高标准农田建设，加大草原保护力度，确保了粮食和畜牧业持续丰收。

（一）自然资源优势显著

根据2021年发布的《内蒙古自治区第三次国土调查主要数据公报》，内蒙古作为全国13个粮食重点生产省区之一和5个耕地保有量过亿亩的省区之一，粮食产量和耕地保有量均位居全国第二，并且多数耕地资源所在地年降雨量在400毫米以上；森林具有水源涵养功能，森林面积居全国首位；草原面积居全国首位，为畜牧业发展提供了丰富的饲草；诸多湖泊、湿地发挥着调节气候和调节水资源的功能。上述自然资源是内蒙古农牧业发展的优势资源。

1. 耕地资源富集

内蒙古耕地保有量为17255.43万亩，占全国的9.0%，位居全国第二。其

---

① 《推深做实农牧产业增量增质　全力打造国家重要农畜产品生产基地》，《内蒙古日报》2023年11月22日。

中，水田 15.86 万公顷（237.93 万亩），占 1.38%；水浇地 551.62 万公顷（8274.28 万亩），占 47.95%；旱地 582.88 万公顷（8743.22 万亩），占 50.67%。耕地资源主要分布在西辽河平原、松嫩平原嫩江右岸、河套平原和土默川平原。通辽市、呼伦贝尔市、赤峰市和兴安盟东部四盟市耕地面积较大，占全区耕地面积的 66%。位于年降水量 400mm 及以上地区的耕地面积为 11563.47 万亩，占全区耕地面积的 67.01%；位于年降水量 350（含）～400mm 地区的耕地面积为 3293.16 万亩，占 19.09%；位于年降水量 200（含）～350mm 地区的耕地面积为 1808.60 万亩，占 10.48%。① 内蒙古丰富的耕地资源和适合耕种的降雨量保证了粮食产量的稳定，促进了粮食增产。

2. 草原面积位居全国第二

内蒙古丰富的草地资源是畜牧业发展的重要支撑。草地面积为 81561.26 万亩，位居全国第二，占全国的 20.6%。其中，天然牧草地面积 71882.99 万亩，占 88.13%；人工牧草地面积为 190.74 万亩，占 0.23%；其他草地面积为 9487.53 万亩，占 11.63%。草地主要分布在锡林郭勒盟、阿拉善盟、呼伦贝尔市、鄂尔多斯市、巴彦淖尔市和乌兰察布市 6 个盟市，这 6 个盟市的草地面积占全区草地面积的 84%。② 内蒙古是全国五大牧区之一，牛羊肉产量、牛奶产量、羊绒产量居全国首位，是全国名副其实的"肉库""奶罐""绒都"。

3. 林地面积位居全国首位

内蒙古森林资源富集，大兴安岭在内蒙古的面积为 1.82 万平方公里，是内蒙古东部盟市乃至中国东北地区的"水塔"，更是生态功能区。内蒙古林地面积为 36551.85 万亩，占全国的 6.2%。其中，乔木林地 22548.61 万亩，占内蒙古林地面积的 61.69%；灌木林地 11484.64 万亩，占 31.42%；其他林地 2518.60 万亩，占 6.89%。林地主要分布在年降水量 300mm 以上的呼伦贝尔市、兴安盟、通辽市、赤峰市东 4 个盟市，占全区林地的 73%。③ 丰富的林业资源为东部盟市农牧业发展提供了生态安全和水资源安全保障。

---

① 《内蒙古自治区第三次国土调查主要数据公报》。
② 《内蒙古自治区第三次国土调查主要数据公报》。
③ 《内蒙古自治区第三次国土调查主要数据公报》。

4. 湿地是水资源的涵养地和气候的调节器

内蒙古湿地面积达到 5714.09 万亩，占全国的 16.2%。湿地是第三次全国国土调查新增的一级地类，包括 5 个二级地类。其中，森林沼泽 1052.56 万亩，占 18.42%；灌丛沼泽 322.20 万亩，占 5.64%；沼泽草地 2754.91 万亩，占 48.21%；内陆滩涂 1407.20 万亩，占 24.63%；沼泽地 177.22 万亩，占 3.10%。湿地主要分布在呼伦贝尔市和锡林郭勒盟 2 个盟市，这 2 个盟市的湿地面积占全区湿地面积的 86%。① 湿地也为内蒙古农牧业发展发挥着不可替代的作用。

（二）政策扶持力度加大

1. 自治区层面出台的系列政策

目前内蒙古自治区出台了系列政策，从制度层面保障农牧业高质量发展。包括《内蒙古自治区建设国家重要农畜产品生产基地促进条例》《内蒙古自治区奶业高质量发展促进条例》《内蒙古自治区人民政府办公厅关于加强高标准农田建设十一条政策措施的通知》《内蒙古自治区人民政府办公厅关于印发推进奶产业高质量发展若干政策措施的通知》《内蒙古自治区人民政府办公厅关于支持种业振兴政策措施的通知》《内蒙古自治区人民政府办公厅印发关于支持农畜产品精深加工的若干措施的通知》《内蒙古自治区人民政府办公厅印发关于支持设施农业、设施畜牧业发展若干措施的通知》《内蒙古自治区肉业高质量发展促进条例》等。

2. 国家层面出台的扶持政策

2023 年，国务院出台《国务院关于推动内蒙古高质量发展奋力书写中国式现代化新篇章的意见》，这对内蒙古自治区来说是含金量最高的中央支持内蒙古高质量发展的文件，给内蒙古自治区带来了难得的发展机遇。提出"加快推进农牧业现代化，提升国家重要农畜产品生产基地综合生产能力"，并提出"加强农牧业基础设施建设、大力发展生态农牧业、强化水资源保

---

① 《内蒙古自治区第三次国土调查主要数据公报》。

障能力、深化农村牧区改革"四大具体措施。随后全区上下大力宣传和学习文件精神，按照文件精神做大做强自治区农牧业，加快从农牧业大区向农牧业强区转变，持续发挥国家农畜产品安全保供的重要作用。

3. 加大投入力度

2023 年，内蒙古在国家的大力支持下，出台配套政策全力保障农牧业安全稳定生产。根据内蒙古自治区财政厅公开发布的资料，2023 年，全区农林水领域财政支出达 981 亿元，占全区一般公共预算支出的 14.4%，较上年增加 68.6 亿元，同比增长 7.5%，用于全区农业生产发展、农业资源保护修复与利用、农田建设、水利工程建设、衔接乡村振兴等领域；在农牧业产业发展方面，2020～2023 年，自治区重点围绕大豆、肉羊、肉牛、奶牛、水稻、马铃薯等优势特色主导产业，创建了 9 个国家级现代农业产业园，争取中央资金 6 亿元，自治区财政出资 2.7 亿元，创建了 27 个自治区级现代农牧业产业园，对一二三产业融合发展、有效带动农牧户增收具有积极作用。各级财政共投入 84.85 亿元支持产业园建设，引入社会资本投入 316.18 亿元，金融机构贷款投入 120.99 亿元；在支持饲草种植和加强用电保障方面，自治区财政共安排支持草产业发展资金 3.79 亿元，用于对苜蓿、饲用燕麦、羊草、柠条等种植的补贴；内蒙古自治区财政出资 2 亿元设立农牧业龙头企业助保贷引导资金，通过免抵押、免担保和财政贴息等撬动银行信贷投放；2023 年，自治区财政安排农畜产品品牌建设工作经费 3000 万元；自治区财政下达中央基础母牛扩群提质资金 2.4 亿元和畜牧良种补贴资金 1.7 亿元，用于支持肉牛产业发展，自治区财政安排 0.57 亿元和 0.5 亿元用于支持全区肉牛、肉羊产业发展。

（三）持续夯实了粮食生产根基

根据内蒙古自治区财政厅官方微信公众号平台公布的资料，为解决"谁来种地"问题，内蒙古自治区财政厅下达新型农业经营主体能力提升资金 15.66 亿元，用于加大培育新型农业经营主体力度，发展多种形式适度规模经营，推动新型农业经营主体高质量发展，确保粮食安全生产后继有人。

在高标准农田建设方面，2021～2023年，累计投入各级各类高标准农田建设资金超182亿元。其中，中央财政投入143.02亿元，自治区、盟市及旗县一般公共预算安排资金31.33亿元，引导基金、企业、新型农业经营主体、农村集体经济组织、农户等投入资金共计8.55亿元，用于耕地地力保护补贴、高标准农田建设、盐碱地综合利用试点、黑土地保护、耕地轮作休耕、耕地质量提升等领域。① 截至2023年底，内蒙古累计建成高标准农田5237万亩，支撑全区2/3以上的粮食产能，确保到2032年率先将永久基本农田全部建成高标准农田。② 内蒙古财政从培育新型经营主体、保护黑土地、提高地力等方面加大投资力度，持续夯实自治区粮食生产根基。

三　内蒙古农牧业高质量发展面临的问题分析

（一）"粮仓"发展面临的主要问题

1. 种植产业结构相对单一，优化结构的难度较大

从自治区层面看，2023年，全区玉米产量为3179.6万吨，占自治区粮食产量的80.3%。以通辽市为例，通辽市拥有适合种植玉米的耕地资源，当地农民更习惯种植玉米。据通辽市统计局数据，2023年，通辽市第一产业产值增长4.2%，低于全区增速1.3个百分点。虽然粮食产量和增量位居全区第一，但大部分高值品种产量呈下降趋势。2023年，玉米产量达181.9亿斤，占通辽市粮食产量的96.2%，比上年提高2.2个百分点；稻谷产量下降23.9%；小麦产量下降52.0%；其他谷物产量下降54.5%；绿豆、红小豆、杂豆产量也都大幅下降。高价值产品产量的大幅下降，导致粮食产值增速低于粮食产量增速。

2. 经济作物收益对粮食作物的挤出效应明显

根据相关资料，巴彦淖尔市小麦种植亩均投入650～800元，玉米种

---

① 《内蒙古财经早知道 | 2024年7月19日》，"内蒙古财政"微信公众号，2024年7月19日。
② 《自治区政府新闻办召开落实"五大任务"主题新闻发布会》，http://fgw.nmg.gov.cn/xxgk/zxzx/tpxw/202407/t20240711_2541221.html，2024年7月10日。

植亩均投入 750~900 元，二者亩均毛收入分别约为 1600 元、2200 元，每亩补贴 100~200 元。同期选择种植经济作物，以葵花为例，亩均投入 600~800 元，亩均毛收入约为 2500 元，在种植成本基本相同的前提下，粮食作物毛收入低于经济作物的毛收入，即使加上粮食作物补贴，也依然低于经济作物的亩均毛收入，尤其无法与 1500 元以上的亩均净利润相比，[①] 在如此巨大的收益差距下，如何保障粮食作物种植面积是目前存在的问题。

3. 种植业高质量发展的产业链尚未形成

以通辽市为例，种植业产品、副产品的加工、深加工能力薄弱。通辽市处在黄金玉米带，然而这一得天独厚的自然优势并没有真正形成产业优势。以玉米为原料的规模以上工业企业年加工转化率为 45.5%。副产品深加工能力更弱，对于玉米秸秆、玉米须等丰富的副产品资源，目前当地尚无深加工开发利用企业。特色产品加工转化能力同样薄弱，通辽市特色农林产品丰富，有杂粮杂豆、荞麦、辣椒、甜菜、花生、沙果、沙棘、海棠、山杏等，但精深加工的规模企业几乎没有，产品多以原材料形式销往外地，由外地的加工企业进行深加工或出口，特色产品没有形成特别效益。因此，通辽市需要在开发玉米延长产业链方面更加努力。

4. 粮食烘干机短缺，粮食损失率较大

传统的人工晾晒方法已经无法适应粮食生产新形势的需要。这是因为与使用粮食烘干机相比，传统晾晒方法时间长、损失大，还面临着用工成本高、晾晒场地不足等问题，加之在秋收季节，一旦遇上阴雨连绵的天气，如果不能及时晾晒，粮食很容易发生霉变。根据课题组在牙克石拥有 5000 亩耕地的家庭农场的调研，农场主反映，由于牙克石市林区降雨量充沛，尤其秋收时雨水不断，晒干小麦的日光天数较少，所以 2021 年秋收后没来得及晾晒的小麦有 2.0 万吨发霉，小麦发霉后，饲料厂无法将其收购，只能丢

---

① 李东伟、赵娜、列欣：《巴彦淖尔市农民种粮和基层抓粮面临的困难及对策建议》，《粮食问题研究》2024 年第 3 期。

弃，损失惨重。当前该农场急需粮食烘干机，如果有足够的烘干机就不会出现小麦发霉问题，可以避免丰产不增收和粮食损失等问题。

5. 化肥用量和价格同步增长，成为农资上涨的主力

根据历年《全国农产品成本收益资料汇编》，亩均玉米的化肥用量和价格涨幅明显，推高了玉米生产成本。内蒙古亩均玉米化肥用量由2018年的26.36公斤下降至2021年的24.43公斤，下降1.93公斤，但亩均玉米化肥费用由132.81元上涨至139.78元，增加了6.97元；2023年，亩均玉米化肥用量为27.28公斤，较2021年增加2.85公斤。与亩均玉米化肥用量增加相比，亩均玉米产量由2018年的565.84公斤增长至2021年的570.82公斤，增加4.98公斤；2023年，亩均玉米产量为593.90公斤，较2021年增加23.08公斤，亩均玉米化肥费用达到221.16元，较2021年增长58.2%。亩均玉米化肥用量在2021年出现下降，但2023年超过2018年，并且化肥价格也在上涨，所以化肥用量和价格对玉米生产成本有较大影响。

6. 马铃薯加工产品种类不丰富，精深加工产业链的形成难度较大

内蒙古马铃薯整体加工能力全国领先，但产品种类不丰富，精深加工龙头企业较少，一方面，加工产品中约90%为淀粉、粉条，全区尚无马铃薯变性淀粉及其延伸食品、医疗、化工等高附加值产品生产企业。另一方面，马铃薯产地净菜和预制菜加工等仍处于初级发展阶段，薯条、薯片等休闲食品生产规模化企业较少。

7. 产粮大县的转移支付不足

为保障国家粮食等重要农产品的有效供给，"产粮大县"将大量的劳动力、水土资源投入农业生产，使第二、第三产业发展空间受到限制，"产粮大县"难以兼顾粮食安全与地方经济社会发展目标，经济社会发展比较落后，提高民生福祉难度极大。目前，国家对粮食主产区、"产粮大县"实施奖补政策资金总量规模有限，例如，2022年，自治区针对巴彦淖尔市产粮（油）大县及商品粮大省奖励资金29140万元（其中，产粮大县奖励资金14866万元，产油大县奖励资金8760万元，商品粮大省奖励资金5514万

元），这些资金尚不足以弥补粮食种植地区为保障国家粮食安全付出的机会成本。① 由此，加快完善利益补偿机制，充分调动产粮大县生产粮食等重要农产品的生产积极性。

8. 高标准农田建设的运行管护经费筹集难度极其困难

课题组调研发现，由于项目区的村集体经济薄弱，农户管护和爱护工程的主观意识较弱，现行的管护政策执行起来较困难，出现工程管护不到位、工程带病运行等现象。高标准农田建设完工后的后续管理问题主要是资金短缺，需要在体制机制上创新，提高高标准农田建设的后续管理服务问题。

（二）"奶罐"发展面临的主要问题

1. 规模养殖成本增长，效益下降

以内蒙古奶牛养殖场为例，2023 年，小规模奶牛养殖场平均每头奶牛产值为 23741.44 元，成本为 29237.36 元，净利润为 -5495.92 元，与 2021年每头奶牛净利润 -746.06 元相比，亏损扩大 4749.86 元；中规模奶牛养殖场平均每头奶牛产值为 28722.61 元，成本为 31100.30 元，净利润为 -2377.69 元，与 2021 年每头奶牛净利润 4836.38 元相比，亏损额度更大；大规模奶牛养殖场平均每头奶牛产值为 36090.52 元，成本为 33428.94 元，净利润为 2661.58 元，与 2021 年每头奶牛净利润 11101.64 元相比，利润额度缩减。2023 年小规模奶牛养殖场和中规模奶牛养殖场亏损及大规模奶牛养殖场利润下降的主要原因在于生鲜乳价格持续下跌。

2. 奶牛养殖企业面临经营困难，还贷款压力加大

2023 年 5 月，本书课题组在内蒙古某市调研得知以下几点情况。一是养殖场经营困难，出现大面积亏损。受市场大环境影响，养殖端"三高"（饲草料成本高、建设成本高、融资成本高）和销售端"三低"（生鲜乳价格低、犊牛价格低、淘汰牛价格低）共同挤压奶农利润空间，70.8%的规模

---

① 李东伟、赵娜、刘欣等：《巴彦淖尔市农民种粮和基层抓粮面临的困难及对策建议》，《粮食问题研究》2024 年第 3 期。

养殖场出现亏损现象，开始淘汰低产牛（全年综合淘汰率由正常的11%上升到20%），5家中小牧场已转产为肉牛养殖。二是奶价和公斤奶成本出现倒挂。截至2024年3月，蒙牛收购奶价为3.15~3.36元/公斤，伊利收购奶价为3.2~3.26元/公斤。牧场公斤奶成本为3.4~3.65元/公斤。其他中小型牧场外卖奶价平均为0.8~1元/公斤，而中小型牧场公斤奶成本为2.4~2.7元/公斤。三是原奶限收现象频繁发生。2023年以来，调研地区全年原奶价格总体呈下降趋势，伊利、蒙牛实行原奶限收政策，单个牧场每月限收比例高达10%~20%。目前，伊利、蒙牛日均收购原奶约400万公斤，约38万公斤原奶由于没有固定销售渠道，只能以1.1~1.45元/公斤（同比下降53.57%，不包含运费）作为散奶向社会销售。所以，这种情况导致奶牛养殖企业资金周转困难，面临着巨大的还贷压力。

3. 内蒙古奶业振兴面临着来自RCEP的挑战

（1）内蒙古原料奶安全生产面临着巨大挑战

RCEP实行"原产地累积规则"，所以企业在15国大范围内将使得获取优惠关税更为容易，这给企业带来了积极影响，有利于企业的原材料零部件采购、产业链布局、对外投资、转移定价战略实施等。新西兰、澳大利亚、印度尼西亚、日本、韩国等国家的乳品企业在中国沿海地区建厂，充分发挥原料奶供应链优势，鲜奶销售预计将受到消费者的追捧，这会进一步打击国内原料奶生产产业链，尤其是内蒙古地区的原料奶生产产业链。由此，RCEP实行的"原产地累积规则"预计对内蒙古原料奶产业链的冲击较大，从而倒逼内蒙古原料奶价格下降，影响奶农收入的稳定性和原料奶产业链的稳定运行。

（2）内蒙古乳制品销售面临着较大挑战

在乳制品生产成本和价格上占优势的国家，通过RCEP"原产地累积规则"的优惠关税通道涌入中国市场，持续分割已饱和的甚至在萎缩的乳制品市场。例如，日本、韩国的液态奶生产和干乳制品品牌都具有国际竞争优势，新西兰、澳大利亚的低成本廉价干乳制品预计大量涌入国内市场，这会加快分割国内市场份额，使全国本土乳制品生产销售环节形成巨大压力。同时，国内将出现诸多乳制品跨国经销商外贸公司，这些公司也利用 RCEP "原产地累积规则" 的优惠关税通道，代销物美价廉的乳制品，给消费者提供更多的选择。由此，国内乳制品消费市场竞争将比以往更加激烈和残酷，国内奶业市场将持续洗牌。

（3）专业人才短缺和适应 RCEP 市场的挑战较大

RCEP 是全球最大的自由贸易区，15 个国家通用 RCEP 市场规则，并且这 15 国的风俗习惯和消费者爱好及兴趣各有不同。因此，需要精通 15 国语言、熟练掌握 RCEP 市场规则和具有国际贸易知识的专业型人才队伍。这是各行业融入 RCEP 市场的必备条件。但目前内蒙古无法满足上述人才需求，目前，虽然内蒙古乳品企业具有国际化发展的经验，但与真正的国际型大企业相比仍有较大差距。在此前提下，内蒙古深度融入 RCEP 市场需要做很多准备工作。

4. 地方特色奶酪产业发展面临的问题值得重视

以内蒙古传统奶酪主产地区锡林郭勒盟为例，本报告发现以下几方面问题。

（1）传统手工作坊为主，标准化建设补贴力度不足

奶酪产业发展仍处于传统手工作坊为主的阶段。小作坊地方备案登记资质不被电商平台及区外商超认可，极大地阻碍了产品进入商场、超市、电商平台等主流销售渠道，限制了产品销售半径和市场潜力的挖掘。2021 年，全盟奶酪产量达到 5.45 万吨，电商平台销售量仅为 1645 吨，电商销售占比仅为 3%。同时，由于标准化建设前期投入较大，贷款难度大，小作坊改造对政府补贴依赖性强。虽然自治区已经出台奶酪生产小作坊标准化建设补贴政策，但锡林郭勒盟每年只获得 30 个补贴指标，这对于需要提档升级的小作坊总数而言可谓 "杯水车薪"。

（2）品牌 "小、散、弱"，识别度不高，影响力有限

由于 "锡林郭勒奶酪" 品牌营销体系不健全，宣传推广力度不够，产品销售渠道单一，奶酪 "鱼目混珠" "搭便车" 现象频发，标准化程度不高。同时缺乏相关追溯防伪体系，无法对原奶质量、生产环节、产品品质进

行有效追溯管理，品牌推广难度大，品牌效应得不到彰显。使用商标的传统奶酪小作坊比例较低，约70%以上的生产经营主体没有在产品上使用注册商标，产品包装简易，80%以上的奶酪都以暴露或者散装的方式销售，难以形成品牌的聚合效应。

（3）奶酪副产品乳清产生量巨大，利用率较低

乳清是奶酪制作过程中产生的副产品，一般10公斤生鲜乳生产1公斤奶酪，会产生7公斤乳清，而课题组在锡林郭勒盟调研发现，14公斤生鲜乳才能生产1公斤奶酪，产生10公斤乳清。乳清类产品应用范围广泛，国内市场需求量巨大，目前我国仍以进口为主。与全国庞大市场需求相比，内蒙古乳清的利用率极低，仅有少数标准化小作坊和企业能够利用乳清制作成乳清粉、乳清糖、乳清洗化用品等高附加值产品，绝大多数小作坊因缺乏相关技术及设备，只得将乳清用于牲畜喂养或直接排放。乳清不能同步综合利用，这不仅极大地浪费了宝贵资源，还使奶酪成本居高不下，降低了奶酪的经济效益。

（4）生产主体研发能力薄弱，产品多样化与技术创新难度大

传统奶酪的市场范围小，需求群体受限，无法进一步扩大市场规模。目前，奶酪仍以奶豆腐、策格、嚼克等为主，亟须在形态、口味、制作工艺等方面进行产品创新，开拓国内市场。由于小作坊研发投入成本高，从业人员普遍年龄较大，学历不高，自主研发能力较低，产品创新和技术研发难度大，奶酪的多样化研发和技术创新已成为当前发展奶酪产业亟须突破的瓶颈。

（三）"肉库"发展面临的主要问题

1.活畜出栏价格持续下滑

以肉牛养殖大市通辽市为例，根据课题组调研，2023年4月以来，育肥牛出栏价格从17元/斤断崖式下滑；5月末跌至谷底12元/斤，6月开始缓慢上涨，7月回升到约14元/斤，8月育肥牛价格基本恢复，达到16元/斤，9月下旬开始，育肥牛价格再次出现波动。截至2024年4月，育肥牛出栏价格为10.6元/斤，价格累计下滑达6.4元/斤，降幅37.6%；6月龄

（500斤左右）犊牛价格由之前的12000元/头下滑至5000/头，下滑7000元/头，降幅58.3%；改良程度较好的基础母牛价格由1.5万~2万元/头下降到0.8万~1万元/头，降幅47%~50%。肉牛出栏价持续下跌，市场交易出现大幅波动。

2. 肉牛养殖出现亏损

以肉牛养殖大市通辽市为例，按照育肥周期，截至2024年4月，出栏的育肥牛普遍为2023年同期购入的架子牛，价格较高，按照饲料成本不变，不计入水电、人工、防疫、养殖贷款及意外死亡等费用，盈亏平衡点为12.6元/斤，出栏价格为10.6元/斤，在盈亏平衡点以下，每头亏损3000元以上。基础母牛同样面临亏损，按照每头基础母牛每年产犊1头且成活率100%计，基础母牛饲养成本为6700元/年（其中，饲草料成本为5850元，配种费150元，疫病防治费为100元，犊牛6个月饲养成本为600元），而犊牛销售价格目前仅约为5000元，无法覆盖基础母牛饲养成本。

3. 进口牛肉产生较大冲击

近年来，大量进口牛肉一方面提高了市场供给能力，另一方面也导致了牛肉价格的进一步下降。据中国海关数据，我国进口牛肉数量近几年持续增长，由2019年的165.9万吨增至2023年的273.7万吨，年均增长13.3%。2024年1~6月，我国进口牛肉已达144万吨，比上年同期增长17.0%，进口牛肉价格大约为34元/公斤，价格优势明显。许多大型超市主推进口牛肉。在牛肉深加工环节，进口牛肉已经成为主角，例如，典型的牛肉干市场和高档消费市场已基本被进口牛肉占领。从消费者角度来看，消费者享受到了牛肉价格下降的福利，但养殖户却承受着巨大的经济压力。肉牛产业是一个典型的民生产业，所以这已经涉及维护本土产业安全的问题。如何在保障消费者利益的同时，确保养殖户的合理收益，成了一个亟待解决的难题。

4. 市场竞争激烈和牛肉替代优势显著

从全国范围看，肉牛产业优势地区不在少数。除传统的云南、青海、山东，一些占据饲料优势的传统农业区，也都在规划肉牛养殖的扩产计划。以

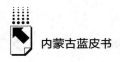

吉林省为例，近年来，吉林大力倡导千万头肉牛建设工程，肉牛养殖量从2020年的523万头增长到2023年的770万头，年均增长13.8%，增速领跑全国。吉林计划到2025年，全省肉牛养殖量达1000万头，全产业链产值达2500亿元。此外，猪肉、禽肉价格低位运行，每斤分别仅为10元和6元，①虽然牛肉价格优势明显，但仍然较高，因此，猪肉、鸡肉和鸭肉对牛肉形成了有效的替代。

5. 以肉牛加工为主的产业体系建设比较缓慢

目前，内蒙古在全国能够叫得响的实现肉牛产业化的企业只有科尔沁牛业。该企业在产业快速发展的黄金时期一度停滞不前，自身股权结构问题一度使这家企业处于风口浪尖。作为多年自治区重点培育的拟上市企业，其表现也令人惋惜。一系列负面的情况消耗了企业的发展机会，随着产业景气度下降，发展压力更为突出。龙头企业的缺位使肉牛产业遭遇了很多困境。肉牛养殖优势产区加工规模效应差，内蒙古肉牛存栏看似规模较大，但企业实际屠宰的本地肉牛数量并不多，整个肉牛产业的"大蛋糕"流向了其他市场。课题组调研并与相关部门座谈得知，全区247家肉牛屠宰企业设计屠宰产能为510万头，但多数规模小且为粗加工，精深加工企业不足10家，平均屠宰量仅为1000多头，平均屠宰量超万头的企业只有5家，还有71家企业共计35万头的产能常年处于关停状态，区内实际屠宰产能仅为25.8万头。由于屠宰企业实力不强，资金短缺，收购育肥牛价格低于区外价格，内蒙古每年大约有100万头以上育肥牛外流。

（四）"绒都"发展面临的主要问题

1. 市场竞争不断加剧

各地羊绒产业发展较快，虽然内蒙古鄂尔多斯市羊绒产业发展居全国前列，可是在发展过程中也面临着越来越大的市场竞争压力。从全国范围看，

---

① 《实探吉林省肉牛产业：全产业链发展　带动农民增收》，《证券时报》2023年5月5日。

河北清河县、陕西榆林市等羊绒产业集群发展较快且效益较好，与鄂尔多斯市形成了产业区域竞争新格局。从内蒙古范围看，包头市、赤峰市、阿拉善盟等盟市大力发展地方特色羊绒产业，与鄂尔多斯市羊绒产业形成了区内竞争态势。这种发展格局带来内部恶性竞争，内蒙古作为全国最大的羊绒生产加工地区，在未形成强大的产业集群的前提下，"单打独斗"的发展模式会造成集体利益受损，区域差异化发展。

2. 新纤维面料对羊绒带来冲击

随着科技的不断进步，纺织行业也有很大的变化，具有独特性能和优势的新纤维面料的出现，会给传统的羊绒产业带来巨大冲击。新纤维面料具有耐磨性、抗皱性、良好的透气性和吸湿排汗功能等特性，穿着者在各种环境下都能保持舒适感，并且这种面料可以通过现代化的生产线进行大规模生产，生产成本相对较低，价格低廉，容易形成庞大的消费群体。相比之下，羊绒在耐磨性和易打理方面略显不足，并且羊绒的采集过程不仅耗时耗力，而且产量有限，这使羊绒制品的价格相对较高，不是大众化的消费品，所以，新纤维面料的广泛使用，势必会对羊绒市场构成挑战。

3. 羊绒产业集群效应不强

以羊绒产业龙头地区鄂尔多斯市为例，虽然鄂尔多斯市羊绒产业链条完整，但是产业集聚效应不强，羊绒虽然产量高但是产值较低。例如，与我国最大的羊绒集散地河北省清河县相比，从羊绒企业数量看，截至2024年底，鄂尔多斯市东胜区共有羊绒企业361家，个体经营商户296户，[①] 而河北省清河县羊绒企业有1000余家，羊绒产业市场主体有1万余家，从业人员有10万余人；[②] 从产值看，2023年，鄂尔多斯市羊绒全产业链产值为170亿元，[③]

---

① 《「财经分析」鄂尔多斯：何以"绒"耀世界？》，https：//baijiahao. baidu. com/s？id=1803542137526332474&wfr=spider&for=pc，2024年7月3日。

② 《王忠杰：清河羊绒焕新，打造全球影响力"世界绒谷"》，https：//baijiahao. baidu. com/s？id=1804339398854769886&wfr=spider&for=pc，2024年7月12日。

③ 《解码"绒都"鄂尔多斯产业链创新链加速融合》，http：//gxq. ordos. gov. cn/gxyq/tzgx/hzzs/202407/t20240709_3633623. html，2024年7月9日。

而河北省清河县羊绒年产值为 420 多亿元。① 由此，鄂尔多斯市羊绒产业集群效应不强，一方面，羊绒产业链上的企业缺乏有效的协同合作，许多企业各自为战，没有形成紧密的产业链合作关系，整体竞争力不强，而且羊绒龙头企业带动中小企业作用发挥不充分。另一方面，鄂尔多斯绒纺产业创新示范园项目正在建设，园区集聚效应没有得到充分显现。

四　内蒙古农牧业高质量发展的对策建议

（一）夯实"粮仓"建设的建议

1. 推进产业布局和结构调整，着力推动粮食品种多样化发展

针对种植产业结构相对单一，玉米一品独大的局面，相关部门应该以市场需求为导向，在尊重农民意愿的前提下，在资金、技术和销售等方面加大支持力度，加快发展现代生态农业，力争做到调减旱薄地、坡耕地玉米种植，根据种植土地质量和本地气候等特点科学选择需求多、价格高的特色农产品种植，丰富农产品种类，并指派专业技术团队全程跟踪指导新型特色农产品种植，保障新型农产品产量和质量，进一步增加农民收入。要持续抓实单产提升行动，保持粮食主产区优势，加快产业布局和结构调整，全面增强农业发展质量和农产品竞争力，尽快将通辽市打造成多种类粮食观先行地。

2. 强化政策保障，提高农户稳定收益预期

建设农业全产业链，提高农户在粮食产业链增值上的收益。加快健全种粮农民收益保障机制，推动粮食等重要农产品价格保持在合理水平。只有确保种粮农民收益才能保障有人种粮，所以，在农村空心化、老龄化、少子化现象越来越严重的情况下，亟须出台从多方面保障种粮农民收入增长的机制安排和制度建设，这是解决"谁来种地"问题和实现粮食安全稳产保供的

---

① 《河北清河县：生产全球 40% 的羊绒制品，把羊绒价格打到最低！》，https：//baijiahao. baidu. com/s？ id＝1790196885961198035&wfr＝spider&for＝pc，2024 年 2 月 18 日。

重要措施，也是粮食等重要农产品价格保持在合理水平的前提条件。从多维角度降低种粮农民生产生活成本，例如，在降低生产成本方面，严格限制粮食生产资料价格随意上涨行为，限制土地租赁价格乱涨价行为，完善粮食生产的基础设施；在降低生活成本方面，建设和谐共生的文明乡村，传承弘扬中华民族优良传统习俗，从而遏制部分人随意敛财的不良风气，提高本村公共服务能力，让老百姓在教育医疗领域尽可能地少支出，鼓励老百姓保持良好的生活习惯，增强国民体质，建设健康中国。有效发挥各种保险作用，保障种粮农民收入不降反增。

3. 建设粮食产业体系，提高粮食附加值

合理布局内蒙古粮食产业发展地区结构，有效发挥各地区优势资源和食物生产原料，努力构建多元化食物供给体系。在呼伦贝尔市、兴安盟大力发展玉米精深加工业的同时，还要重点开发大豆、红小豆、绿豆、荞麦、黑豆、甜菜等农产品的精深加工业，发展林下产品包装加工业，提高食物供给能力；在通辽市深度开发玉米加工业和荞麦加工业，尤其开发荞麦的保健功能，生产相关保健产品。在赤峰市，除玉米精深加工业以外，有效发挥杂粮杂豆生产优势。从而在蒙东四盟市加快建设多元化食物供给体系，增强多元化食物供给能力，把握和践行大食物观。

4. 加快补齐粮食烘干设施装备，减少粮食损失

粮食烘干机械化可以最大限度地降低粮食干燥环节损失，是保障粮食品质、减少粮食产后损失、确保粮食丰收到手的重要环节和关键措施。需要出台专项经费安排，加大粮食烘干机购置补贴力度，引导农民专业合作社、家庭农场、农业企业、种粮大户、农民个体购置和使用谷物粮食烘干机。同时，深入实施优质粮食工程，在内蒙古产粮大县建成多个粮食产后服务中心，实现产粮大县全覆盖，为农户提供代清理、代干燥、代收储、代加工、代销售等服务，推动农户存粮从"路边晾晒，自然风干"逐步向专业化、科学化、社会化服务转变。[1]

---

[1] 刘慧：《【粮食大事】补上粮食产地烘干机械化短板》，《经济日报》2023 年 5 月 4 日。

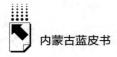
5. 保障化肥稳定供应，提高化肥使用率

为了避免政府给予农户生产资料补贴会产生化肥价格上涨的带动效应，应通过经济手段降低化肥生产成本，稳定化肥价格，遏制化肥生产企业因为国家增加农户生产资料补贴而紧跟上涨的行为。一是保障化肥供应链稳定运行，确保化肥价格平稳。根据国际化肥价格和生产化肥原料价格走势及时调整关税，对进口化肥产成品及生产化肥原料采取动态的关税措施，降低化肥生产的关税成本；从税收、信贷、土地上降低相关费用，扶持企业生产和稳定价格；对运输化肥原料及化肥产成品的运输车辆免征过路费，降低运输成本；加快化肥生产企业技术改造，使化肥生产企业向多品种、高效化、复混化、长效化和液体化方向发展，促进化肥生产企业绿色转型升级，达到实现"双碳"目标的要求，进而降低化肥的环境成本。二是在提高化肥利用效率上多下功夫。在提高服务方面，应加快解决粮食主产区农业技术推广人员短缺问题，解决土壤监测设备和交通工具短缺问题，这样春播时需要农业专家到田间地头教会种粮户按照规定要求使用化肥，避免浪费化肥以及对耕地造成板结和地下水污染；在化肥施用方面，改变粗放型施肥方式，积极发展配方肥料和作物专用肥料，针对不同地区实施区域配肥技术研究，推广测土配方施肥。①

6. 瞄准市场需求，改善品种结构

种薯企业要以加工薯为重点，研发培育淀粉含量高、抗性好、适合当地气候土壤环境、易于栽培的品种，改善品种结构。企业要严格按照种薯质量标准进行生产，运用科学有效的监测手段，确保种薯质量；种植户要打破盲目跟风的局面，选择易栽培、售价好、稳收入、可追溯的品种，降低因种薯质量造成的风险。加快发展高淀粉品种与加工专用薯生产，全面推进订单种植，降低市场风险。积极鼓励新型经营主体种植优质商品薯，确保产品适销对路。

---

① 赵志坚、胡小娟：《我国粮食生产中化肥投入的环境成本研究》，《湖南大学学报》（社会科学版）2013 年第 6 期。

7. 在增加国家对产粮大县的补贴力度的同时加快构建横向利益补偿机制

为了提高产粮大县生产粮食的积极性和改善产粮大县的公共服务水平，国家层面需要加大对产粮大县的各项补贴力度，提高产粮大县农牧民的获得感、幸福感、安全感，这是对产粮大县补偿的主要渠道。同时，建立省份与省份之间的横向利益补偿机制，补偿粮食主产区生产粮食的"机会成本"。产粮大县不能因为生产粮食而降低了当地的公共服务水平或因为减少收入而影响粮食生产安全保供。统筹建立粮食产销区省份与省份间的横向利益补偿机制，也是缩小发展差距和构建激励政策的重要措施，这是在省级层面对粮食主产区的补偿，是在粮食主产区利益补偿上迈出的实质步伐，能够充分调动粮食主产区生产粮食的积极性，有利于国家粮食安全保供。目前，有必要先进行试点，在积累一定经验后逐步推进，因为这也涉及粮食主销区的财政支付能力，可能会加大粮食主销区财政压力，也不能因为补偿主产区而引起主销区民众的不满，所以，补偿也要慎重推进。根据粮食主产区生产粮食的品质、产量、产值来补偿，还是根据生产粮食支出的土地、水资源等生产要素折价进行补偿，这些都需要进行探索，需要明细化和科学化。补偿方式分为两种，第一种是直接对粮食折价后进行资金补偿，第二种是可以对为改善粮食主产区的生产生活条件的建设投入，例如，在交通设施、教育、医疗、人才培养、改善生态环境等领域直接投入，这既改善了生产生活环境又降低了主产区的投入，更降低了主产区人民生产生活成本，提高了主产区人民的获得感、幸福感、安全感。因此，在实践中双方可以协商解决补偿问题。

8. 建立和完善高标准农田建设管理制度，让高标准农田成为粮食增产的主力

各县（市、区、旗）应根据本地需求，加强高标准农田建设的后续管护问题，建立规章制度，严格管理维护设备设施，保障粮食持续稳产增产。安排专人管理高标准农田设施设备，以统一灌溉方式管理使用水资源，既节水又提高用水效率，更能有效保护高标准农田建设设备设施。例如，赤峰市喀喇沁旗安排专人解决高标准农田建设后续管护和服务问题，做法是灌溉一亩地向农户收取 20 元费用，并且管理人员根据农田用水需求科学精准灌溉，

既节约用水又提高灌溉效率，解放了劳动力，更消除了农户为用水而产生的矛盾，进一步增强了村民对高标准农田设施设备爱护的自觉意识。

9. 加快治理东部盟市坡耕地的侵蚀沟和自然河道冲毁黑土地问题

内蒙古坡耕地决定着粮食的丰歉问题，坡耕地主要集中在兴安盟、呼伦贝尔市、赤峰市。当前尤其应加快治理兴安盟、呼伦贝尔市坡耕地的侵蚀沟和加固河道。近年来，兴安盟、呼伦贝尔市的雨水充沛，所以坡耕地粮食产量大丰收，为自治区保障粮食安全保供作了很大贡献，但坡耕地的侵蚀沟和自然"河道"越来越深且越来越宽，导致黑土地流失严重。因此，应通过安排专项经费，委托各县（市、区、旗）水利局，加快治理兴安盟、呼伦贝尔市坡耕地侵蚀沟并加固自然河道，有效保护好、合理使用好黑土地，进一步夯实"粮仓"根基。

（二）夯实"奶罐"建设的建议

1. 在降低奶牛养殖成本上下苦功夫

饲料成本支出约占奶牛养殖成本的70%，因此，降低饲料成本是降低奶牛养殖成本的关键。例如，政府担保提供无息贷款或者低息贷款，降低饲料种植户的贷款成本。同时对牧场提供多样化的科学饲料配比方案。协助牧场解决过度依赖进口饲料问题，把玉米秸秆、大豆秸秆粉碎后与其他精饲料搭配使用，扩大饲料供给来源。同时，提高豆粕、豆饼的本土化供给。在呼伦贝尔市、兴安盟的大豆主产地发展豆粕、豆饼生产企业，让优质大豆在本地加工，把利润空间留在本地，降低牧场使用豆粕、豆饼的交易成本和运输成本。

2. 协调相关金融机构，延长还款期限，降低奶牛牧场流动资金断裂风险

奶牛养殖牧场与金融机构已形成利益共同体，金融机构应帮助奶牛牧场渡过难关。相关部门应积极协调金融机构，通过调整内部申报流程，适度延长符合条件奶牛牧场的还贷款期限，保证奶牛牧场流动资金不断裂，这样就不会出现大范围卖牛杀牛现象；反之，奶牛牧场大量倒闭会引发金融坏账率上升，还会危及奶源根基的稳定性。同时，多方筹资支持企业生产平价巴氏鲜奶，加大收购生鲜乳力度，缓解奶牛养殖企业还贷款压力。应有效发挥总

工会、教育机构的作用，拓展乳制品销售市场。乳制品企业与教育机构合作，针对中小学生生产保质期短的平价"巴氏鲜奶"，并根据中小学个体饮用量差异化生产报送；乳制品企业与总工会合作，发放消费乳制品的代金券或消费券，让单位员工加大消费乳制品，深度挖掘消费市场；大力宣传政府支持企业生产平价"巴氏鲜奶"的举措，在人员密集的公共场所投放自助机器，提升消费平价"巴氏鲜奶"的便利度。鼓励广大消费者购买平价"巴氏鲜奶"。

3. 内蒙古奶业振兴应对 RCEP 市场的建议

（1）增强奶源基地竞争力

控制牧场的奶牛头数，减少不必要的风险和成本。因地制宜地发展奶牛牧场，不能盲目扩大头数规模。奶牛饲养地区应做到奶牛和牧场保持一定的距离，切断各种疾病的传染。在 RCEP 框架下，加强与日本奶源基地合作，加强交流学习奶源基地建设的成功经验；在发展奶业服务贸易方面，与日本加强合作，实现共赢。

（2）练好乳品企业内功

乳品企业管理层和相关人员应熟悉 RCEP 的各项政策和规则，熟练掌握 RCEP 条款是企业在 RCEP 市场走进去和深入走下去的必备条件。只有熟练掌握 RCEP 各项内容才能熟练用好 RCEP 的有利条件，才能逐步扩大业务和提高产品品牌知名度及赢得市场信任。由此，乳品企业管理层和相关人员要深入学习 RCEP 各项条款，熟练掌握各项知识；通过 RCEP 平台充分展示自己优势的同时补齐短板。RCEP 的 15 个国家都有乳业发展优势和成功经验，例如，日本乳制品包装、销售渠道、品牌培育、人才培养及各类简易耐用设备的研发等，甚至可以直接引进或购买服务，补齐区内不足。向全社会公开、公平、公正购买有利于乳品企业发展的各项服务，产品的研发、包装设计及广告宣传等业务的创新不能仅限于已签约的合作服务方，要面向全社会公开招标，给全社会人才展示才华的平台和机会，激发人才的创造能力，从而使企业与社会融为一体，为企业发展提供源源不断的创新产品和各项创意设计。

（3）全面深入培训各行业人员的同时加强高校培养各类人才力度

RCEP 巨大的广阔舞台提供了诸多发展机遇，我国成为 RCEP 成员预示着内蒙古制度型开放上了新台阶。RCEP 提供的发展平台对内蒙古而言挑战大于机遇。因此，应对党政机关人员、企事业单位人员及相关人员进行系统培训，全面了解 RCEP 的各项条款、各国风俗习惯、各国发展现状、各国之间贸易的商品种类及国际贸易知识，这是奶业大省融入 RCEP 市场的前提条件。同时，加大力度支持高校培养 RCEP 其他 14 个国家语言专业和国际贸易相关专业的专业型人才，为深度融入 RCEP 市场提供储备人才。

4. 大力支持地方特色奶酪产业发展，成为内蒙古奶业振兴的新增长极

（1）加大补贴力度，加快小作坊标准化建设

将传统手工作坊提档升级作为主攻方向，在已有扶持补贴的基础上，调整全区补贴指标分配，进一步加大对锡林郭勒盟奶酪生产经营主体标准化建设的补贴力度。采取政策扶持、资金补助、改善生产加工设施设备、规范生产流程、加强检验检测等一系列措施，打造一批专、精、特、新的地方特色奶酪示范点（店），扶持带动手工坊生产由"低散乱"向"精优强"转变。

（2）扎实推进品牌建设，扩大品牌知名度与美誉度

在"锡林郭勒奶酪"大品牌范畴内打造各县（市、区、旗）公用品牌，供符合品牌标准要求的奶食合作社、小作坊、企业和奶食店共同使用，规范产品包装设计，体现地域特色。建立统一的标识和追溯体系，通过中国电信视频监控平台接口，在消费者稽查溯源时，可实时以视频形式查看产品相关信息的生产基地等实况信息。提升营销管理水平，注重发展品牌化经营，科学引导市场主体规范使用食品标签，规范申请注册和使用商标，切实促进商标注册量持续增长，加大打击商标侵权工作力度。拓宽产品销售渠道，打通网络销售通道，扶持标准化作坊产品进网店、上平台。

（3）试点推行乳清喷粉项目，提高乳清利用率

目前，国内乳清粉市场需求巨大，主要依赖进口，现阶段乳清粉的平均成本约为 4000 元/吨，但国内市场进口乳清粉的价格约为 9000 元/吨，利润空间很大，乳清粉可以成为我区奶酪产业中新的增长极。因此，针对锡林郭

勒盟乳清的原料基础优势，可在锡林浩特市、锡林郭勒盟的正蓝旗和镶黄旗等奶酪生产较为集中的区域推进乳清粉试点项目。同时，继续加强对以乳清为原料的各类加工品的推广，推动乳清类洗涤用品、化妆品、饮品等高附加值消费品的生产和销售。

（4）产学研深度融合，创新科技协同机制

首先，在自治区科技成果转化项目等科研项目中设立奶酪研究专项，或对奶酪相关技术研发方向的课题进行立项倾斜。其次，定位产学研深度融合的协同方向，充分利用高等院校及科研机构在奶酪生产相关技术研究方面的优势，多机构共享科研平台、检测平台，横向开展联合研发，促进原始创新。最后，以纵向市场为导向，建立龙头企业牵头、科研机构支持、奶业协会广泛参与的科技创新联盟，加快科技成果转化，共享创新成果，生产更多符合大众口味的奶酪，加快开拓国内市场步伐，提高锡林郭勒奶酪在全国市场的占有率，让全国人民分享来自锡林郭勒草原的绿色健康中国特色奶酪。

（三）夯实"肉库"建设的建议

1. 全力以赴保留优质母牛，夯实肉牛产业根基

良种母牛是肉牛产业发展的根基，要积极引导养殖场（户）调整养殖结构，淘汰低产能、时间长、健康状况差的繁殖母牛，尽最大可能支持和指导场户留存优质能繁母牛，改善群体质量，保障产业优质产能。开展优质基础母牛鉴定登记，通辽市要在开鲁县、科左后旗、奈曼旗、库伦旗等旗县加快推动基础母牛扩群提质项目实施进度，力争基础母牛鉴定登记数量达到20万头以上，确保补贴资金足额发放到位。未实施基础母牛扩群提质项目的县（市、区、旗），要按照《科尔沁牛》（DB15/T 1965-2020）地方标准要求，同步启动基础母牛鉴定登记工作，重点围绕各级肉牛核心育种场、联合育种户、改良示范村（场），将达到二级及以上标准的基础母牛全部建档立卡，有效保护优势产能。

2. 在降低养殖成本上下功夫，减少损失

坚持"种青贮、养黄牛"的发展理念，突出抓好种养结合，积极引导

养殖场户"以草定畜"。不断扩大全株专用青贮种植面积，大力推广浅埋滴灌和密植高产技术，提高粗饲料自给率。探索打造"中央厨房"饲料供应模式，通过统一饲料集采、统一配方集中加工、统一给养殖场户配送全混合发酵饲料，提高养殖户饲料营养水平、降低饲料成本。支持肉牛养殖场户购置饲草料加工、自动饲喂、粪污处理等机械设备，提升全程机械化水平，降低人工成本。引导养殖场户密切关注市场价格，精准调整养殖周期，适时出栏，减少养殖损失。鼓励交易市场适当降低对入市、代存及交易牛只的收费标准。

3. 国家层面根据国内活牛价格趋势，对牛肉进口实施动态配额制管理

抑制进口牛肉的冲击，直面我国肉牛产业的产业安全问题，从实际出发，有序控制牛肉进口量，减缓进口速度，分批次分份额逐步流入市场，减少进口牛肉对国内牛肉市场的冲击。这对缓解牛肉价格下跌，特别是对国内从事肉牛产业的各类实体信心的恢复至关重要。建议以国内牛肉价格为参考指标，在行业低谷时也就是负利润时，减少进口牛肉配额。在行业可以产生正利润的时候，适当加大进口配额。在产业过热、价格过高的时候，进一步加大牛肉进口配额。进口牛肉应更多地扮演平抑市场波动的角色，这更加符合我国目前肉牛产业的实际情况。

4. 强化指导不断提高养殖水平和竞争力，确保稳定收益

开展各类培训，广泛组织养殖场户到精养户、标准化家庭牧场现场观摩学习，提升标准化养殖水平。强化肉牛良种繁育等技术的宣传、推广和指导，持续抓好公牛清群和冷配全覆盖工作。科学指导养殖场（户）根据母牛体况，选择适宜的优质冻精进行人工冷配，合理配置母牛各阶段营养日粮，提高养殖场户养殖质量和产出效益。加强对肉牛消化道、呼吸道疾病等常见病、多发病的防治技术推广，降低发病率，减少治疗成本。防止发生繁殖障碍性疾病，指导企业和场户做好能繁母牛和犊牛的饲养管理和疫病防控，提高母牛繁殖率和犊牛成活率。尤其针对育肥适宜期短的问题，落实自治区支持畜牧业发展6条措施，加强东部地区育肥场、合作社、养殖园区棚圈等基础设施建设，改造提升智能化养殖设施设备，增强防寒保暖能力，提高肉牛日增重水平；推动中西部地区发展散栏育肥，提升品质效益。推动解决架子牛外流问题，由卖"肉牛"向卖"牛肉"转变。针对育肥周期长、投入大、效益低等问题，落实"粮改饲"补贴政策，优先支持肉牛育肥主体收储青贮玉米等优质饲草，鼓励使用自配料，降低饲养成本。

5. 推动龙头企业高效发展，提高农户的带动力

应高度重视龙头企业的发展现状，建议通过市场化、法治化手段依法合规地支持和帮助其守住不发生经营风险的底线。这一措施旨在提高肉牛产业龙头企业的融资能力，缓解其流动性风险。财政资金的直接参与可以为其提供更多的融资渠道，降低融资成本。这也有助于增强地方政府与地方龙头企业的联系，促进产业发展等领域的合作。争取在短时间内解决科尔沁牛业的股权争议，给国外资本创造安全退出的渠道。再通过 1~2 年的培育，力争使科尔沁牛业在 2026 年左右登陆国内资本市场。借助资本市场的力量，做大做强，使龙头企业在自治区肉牛产业的发展中真正起到"链主"企业的作用。

6. 有效保护草原的同时提高草原使用效率

要因地制宜实施大自然的自我修复功能，恢复草原植被和密度，可以通过改变生产方式，提高草原使用效率。课题组实际调研得知，草原牧区需要改变生产方式，可以尝试以嘎查村为单位拆除围栏，在草场承载力之内养殖多样化的牲畜，从而达到既保护草原又提高草原使用效率的目的。例如，阿巴嘎旗别力古台镇阿拉腾杭盖嘎查牧民三兄弟始终未分割草场，共同使用的草场面积为 1.95 万亩，优化牲畜结构、实施规范划区轮牧模式、严格执行草畜平衡等措施大幅提高了草场的自我修复功能。目前，公用的草场已形成小气候，既恢复了草场植被密度和牧草长势，还提高了草场使用效率。经测量，草场植被盖度从 25% 提高到 35%，优良牧草占比持续增加，草场生物多样性有了明显提高，"绿水青山"也带来"生态红利"，2023 年，家庭牧场收入达 130 万元。这三兄弟在这片草场上不断摸索、实践，走上了生态优先、绿色发展之路。这种经营草场的模式和生产方式夯实了畜产品保供"根基"，值得大力推广。

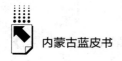

7. 加强产销对接，扩大市场份额

鼓励规模以上屠宰加工企业释放优势产能，在肉牛市场价格出现波动时，严格履约，优先收购合同牛、订单牛和市内育肥牛。引导鼓励域内餐饮、集体伙食等单位以及熟食加工、预制菜等企业积极消费本地牛肉产品，采取发放牛肉消费券等方式，激发本地牛肉市场消费活力。鼓励发展夜市经济，倡导消费本地牛肉产品，扩增餐饮消费市场需求。充分挖掘内蒙古肉牛及牛肉产品的品牌优势，不断提升品牌影响力，拓展区外市场，提高市场占有率。组织开展市场环节专项检查，采取"零容忍"态度，加大对走私牛肉的打击力度，对扰乱市场秩序的行为坚决予以查处。

（四）夯实"绒都"建设的建议

1. 促进羊绒产业链大中小企业协同发展，避免不必要的损失

大中小企业协同发展有利于加强产业内部关联，提高企业之间专业化分工与协作水平，建设利益共同体联盟。一是整顿羊绒加工企业，推动企业整合重组，加快建设布局合理、功能完善的产业集群。在现有羊绒产业的基础上，进一步优化羊绒产业结构，提高羊绒产业集中度。同时，充分发挥链主企业、龙头企业的带动作用，在与江南大学共建"羊绒针织科创联合研究中心"的基础上，健全完善羊绒产业技术创新战略联盟，引导大企业在联合研发、标准制定等方面创新，从而与中小企业共谋发展。二是有效发挥企业与高校和科研机构合作联盟的优势，扶持培育专业化的羊绒产业上中下游配套企业，制定支持羊绒产业集群发展的土地、资金、税收等一系列切实可行的配套优惠政策，促进原料、资金、人才等生产要素向优势企业集聚，与龙头企业构成资源共享、分工明确、高效协作的产业链。

2. 以人才培育为核心加快创新，大力发展羊绒产业的新质生产力

加快人才队伍建设。完善羊绒产业科技创新人才培育和引进体系，出台培育和引进羊绒产业科技创新人才的专项政策，引进重点紧缺人才，形成完整的科研创新人才梯队，促进产业链、创新链和人才链相融合，要提高绒纺企业员工技能水平；为解决绒纺行业原材料损耗高、打样成本高、品质波动大、人工耗用量大等问题，需深化羊绒产业数字技术的创新与应用。打造羊绒数字化生产车间，实施智能织造工程，在羊绒全产业链各环节运用智能化系统，如在养殖环节建立绒山羊辅助育种信息管理系统，在分梳环节建立自动化联合分梳机生产线等，形成完善的智能化生产加工链条；开展核心技术攻关，积极搭建高端科研平台。建设绒山羊种质基因库、基因分子检测分析实验室、分子生物实验室、绒毛及成品检测检验实验室四大科研平台，开展羊绒全产业链科研技术创新、人才团队引育、成果转移转化以及科技交流合作，为绒山羊科学饲养、品种选育及羊绒产品织造加工提供技术支撑。同时要完善科技资金投入和成果转化评价体系，充分调动企业科研团队的创新积极性，提高创新能力。

3. 通过羊绒交易中心市场，促进羊绒产业集聚效应的形成

鄂尔多斯羊绒交易中心的建立是鄂尔多斯市推动羊绒全产业链高质量发展的重要保障，对于加快羊绒产业提档升级，提升羊绒产业的地位和影响力，促进产业集群集聚和高质量发展，增强绒毛原料定价权和话语权等将起到积极的促进作用。目前，鄂尔多斯市正在申报创建羊绒交易中心，加快建设羊绒交易中心应制定配套政策，引导和鼓励全市羊绒企业及上游产业企业进入中心交易，通过建立产品溯源、质量分级、公证检测、市场拍卖的现代流通体系，提高羊毛、羊绒、皮革原料及成品的市场竞争力。

（五）因地制宜培育发展内蒙古农牧业新质生产力

1. 加快培养掌握技术、会管理、懂农牧业的劳动者

培育和发展农牧业新质生产力，需要加快培育与农牧业新质生产力相适应的农牧业劳动力。第一，要强化顶层设计，完善与培养新型职业农牧民、新农人等相关的政策体系，为促进形成农牧业新质生产力提供制度保障。第二，清理整顿"空壳子"合作社，集中经费大力扶持发展家庭农场、专业大户，让家庭农场、专业大户成为培育农牧业新质生产力的主力军；要改造升级传统农牧业生产方式，推动农牧业新产业、新模式、新动能的形成和发展。第三，通过职业院校大力培育应用型农牧业劳动者，包括农牧领域专业型人才、管理型人才、技术型人才、策划型人才、销售型人才、互联网人

才、人工智能人才等，着力解决农牧业新型劳动者严重短缺问题，为提升国家重要农畜产品生产基地综合生产能力不断输送各类人才。①

2. 加快部署研发农牧业的颠覆性技术和前沿技术

培育和发展农牧业新质生产力，要持续探索研究农牧业领域的先进技术，精准对标找差距补短板，用新技术改造提升传统农牧业技术，积极促进农牧业产业高端化、智能化、绿色化发展。要通过市场化手段持续加大投资力度，扎实推进生物基因技术、量子信息技术、人工智能、新材料、新能源、高端农牧装备、绿色环保、生态化等技术的基础前沿研究。在农牧业优质种子研发、优良牲畜品种培育、种植养殖管理方法、生产工艺和工具革新、仓储、物流等方面强化技术创新，着力解决农牧业领域"卡脖子"问题，尽可能减少粮食收割、仓储、加工、运输方面的损失。因此，要加快培育一批具备集成创新能力、适应市场需求的种业龙头企业，促进种业高质量发展，形成种业领域新质生产力，大幅提升国家重要农畜产品生产基地综合生产能力，筑牢国家粮食安全防线。②

3. 积极探索农牧业高效的生产组织模式

培育和发展农牧业新质生产力，要根据农牧业产品生产布局、生产水平、生产地势地貌特征和产品结构，因地制宜探索新型生产组织模式，提高农牧业综合生产能力。建立健全苏木乡镇（场）级的农牧业科技服务团队，及时有效解决农牧业生产领域遇到的技术难题；打破嘎查村级行政区域划分，整合嘎查村级边界耕地，形成连片的规模种植土地，更好地推进耕地改良、高标准农田建设，进一步推广农牧业机械化生产，通过统一生产要素降低交易成本、统一使用化肥农药减少土壤污染，从而提升耕地产能、改善耕地生态，持续提高农产品产量和农民收入；统一规划使用嘎查村级的公用草场，形成划区轮牧格局，助力恢复草场植被密度和草场生态，提高草场承载力和产草量，增强抵御自然灾害的能力；引导家庭农场之间、专业大户之间建立合作社，在

① 韩成福：《因地制宜培育发展农牧业新质生产力》，《内蒙古日报》2024 年 5 月 13 日。
② 韩成福：《因地制宜培育发展农牧业新质生产力》，《内蒙古日报》2024 年 5 月 13 日。

生产资料购置、生产管理、秋收收割、产品收储销售加工等领域开展多项合作，让合作社之间形成合作联盟，更好地应对激烈的大市场竞争、共同抵御自然灾害。促进家庭农场和专业大户之间形成一二三产业融合发展格局，增强农牧业生产能力，把农牧业打造成为大产业，逐渐提高第二、第三产业收益。①

4. 加快建设农牧业新质生产力的制度保障

完善的制度是促进农牧业新质生产力形成和发展的重要保障，加快推进农牧业现代化，就要深化农牧业领域制度改革，打通束缚农牧业新质生产力形成和发展的堵点卡点。要改革和完善当前有关农牧业发展的相关规章制度，制定培育发展农牧业新质生产力所需的劳动者发展规划；探索建立合理使用闲置宅基地的规章制度，提高闲置宅基地使用率；健全土地合理规范流转制度，遏制耕地租赁价格随意涨价问题，保障土地租赁市场规范化运行，从而降低粮食生产的土地租金价格；打通农畜产品流通"最后一公里"堵点，解决工业产品进入农村牧区市场和农畜产品进入城市的交易成本过高问题；建立健全工商业资本进入农村牧区的规章制度，合理使用工商业资本，在促进农牧业转型升级的同时，严格防范工商业资本侵害农牧民利益问题；加快制定农畜产品生产领域相关标准，促进农牧业规范化、标准化、品牌化发展。②

"农业稳，天下安"，当前和未来的时期，内蒙古将全力做好农牧业扩大数量、提高质量、增加产量的文章，加快推动农畜产品生产基地优质高效转型。扩大数量，通过改造耕地草地后备资源，扩大农牧业生产规模。提高质量，通过加强高标准农田建设、实施高水平草原修复、引育高质量种质资源，全面提高耕地、草地和种子质量。增加产量，通过扩大数量、提高质量，同时抓好先进种植技术推广、舍饲圈养模式推广，提高农畜产品产量，努力为国家供给更多优质绿色农畜产品。③ 这是今后内蒙古农牧业高质量发展的方向，即为国家农畜产品安全保供作出更多内蒙古的贡献。

---

① 韩成福：《因地制宜培育发展农牧业新质生产力》，《内蒙古日报》2024 年 5 月 13 日。
② 韩成福：《因地制宜培育发展农牧业新质生产力》，《内蒙古日报》2024 年 5 月 13 日。
③ 孙绍骋：《全面建设社会主义现代化国家新征程上书写内蒙古发展新篇章》，《学习时报》2022 年 9 月 21 日，第 1 版。

分报告

B.2
内蒙古粮食生产发展调查报告（2024）

韩成福[*]

摘　要：　保障国家粮食安全是内蒙古的重大政治责任。2023年，内蒙古粮食产量达到3957.8万吨，比上年增加57.2万吨，同比增长1.5%，占全国粮食总产量的5.7%，粮食产量稳居全国第六。但是，目前粮食生产发展也面临着不少问题，例如，土地租金不断上涨，农场缺少粮食烘干机、粮食损失率较大，农资成本居高不下，粮食单产较低，饲料加工业落后，原粮品牌建设滞后等，这些问题不同程度地影响着粮食稳产增产。所以应采取规范土地流转市场、降低土地租赁成本、补齐粮食烘干机装备、稳定化肥价格、通过农业社会化服务组织加快普及粮食增产技术、大力发展饲料加工业以降低养殖户购置饲料成本、改变农户粮食生产方式、降低机械租赁费用等措施，实现增产、增效、增收目标。

关键词：　粮食生产　粮食安全　土地流转　有机肥料

---

* 韩成福，内蒙古自治区社会科学院社会学研究所副所长，农业农村研究中心主任，硕士生导师，研究员，研究方向农牧业经济。

内蒙古是我国 13 个粮食主产区之一、5 个粮食净调出省份之一，也是全国耕地保有量过亿亩的 4 个省份之一，更是国家重要的土壤固碳库。近几年，内蒙古在党中央的大力支持下，在内蒙古上下各级政府和种粮者的共同努力下，粮食产量不断刷新纪录，已经成为全国粮食产量前六的省份，为国家粮食安全保供尤其饲料粮安全保供作出了突出贡献，较好地完成了重大政治任务。2023 年，粮食播种面积为 698.47 万公顷，较 2022 年增加 3.29 万公顷，同比增长 0.47%；粮食产量达到 3957.8 万吨，较 2022 年增加 57.2 万吨，同比增长 1.5%，占全国粮食总产量的 5.7%，粮食产量稳居全国第六位，单位面积产量达到 5666.4 公斤/公顷，比全国平均单位面积产量低 178.9 公斤/公顷。从粮食品种看，玉米产量为 3179.6 万吨，较 2022 年的 3098.4 万吨增加 81.2 万吨，同比增长 2.6%，占自治区粮食产量的 80.3%，同比上升 0.9 个百分点，占全国玉米产量的 8.2%，位居全国第三；大豆产量为 244.4 万吨，比上年减少 1.0 万吨，同比下降 0.4%，占全国大豆产量的 11.7%，位居全国第二；小麦产量为 132.5 万吨，比上年增加 6.1 万吨，同比增长 4.8%，人均小麦占有量仅为 55.3 公斤；稻谷产量为 82.1 万吨，较 2022 年减少 8.1 万吨，同比下降 9.0%，人均占有量仅为 34.3 公斤。为此，内蒙古口粮产量较低，却是国家重要饲料粮供应基地，对我国粮食安全保供及构建大食物观来说具有重要意义。

一 内蒙古粮食生产销售现状分析

2011~2023 年，内蒙古粮食产量增长较快，粮食产量经历了从全国前 10 强迈进前 8 强再进入前 6 强的快速发展过程，但这期间粮食产量的波动性也较大。主要原因在于内蒙古粮食生产主要依靠气候条件，内蒙古粮食主产区是东部的赤峰市、通辽市、兴安盟、呼伦贝尔市，而且这 4 个盟市除通辽市以外坡耕地较多，所以，坡耕地丰歉左右着内蒙古粮食产量的稳定性，如果风调雨顺就丰产，如果极端气候频繁发生就必定会影响粮食产量。

（一）粮食产量变动趋势

2011 年，内蒙古粮食产量为 2387.5 万吨，较 2010 年增长 10.6%，占全国粮食总产量的 4.4%，位居全国第 11；2012 年，内蒙古粮食产量挤进全国 10 强，粮食产量达到 2528.5 万吨，占全国粮食总产量的 4.5%；2014~2017 年，内蒙古粮食产量波动较大，2014 年粮食产量同比下降 0.7%，2015年同比增长 2.7%，2016 年同比下降 1.7%，2017 年同比增长率高达 17.1%，原因在于内蒙古粮食产量依然以"靠天生产"为主，这几年自然灾害发生率较高，所以粮食产量波动性较大；2018 年，粮食产量达到 3553.3 万吨，挤进全国 8 强，占全国粮食总产量的 5.4%；2021 年粮食产量达到 3840.3 万吨，挤进全国 6 强，占全国粮食总产量的 5.6%（见图 1），一直到 2023 年内蒙古粮食产量稳定丰产，保持了全国 6 强水平。内蒙古未来可通过增产技术和加大水资源保障力度推动粮食产量进入全国前 4 强。

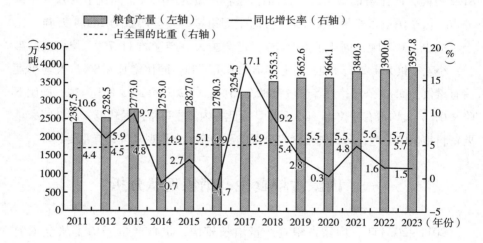

图 1　2011~2023 年内蒙古粮食产量情况

资料来源：2011~2016 年数据来自历年《中国统计年鉴》，2017~2022 年数据来自历年《内蒙古统计年鉴》，2023 年数据来自《内蒙古自治区 2023 年国民经济和社会发展统计公报》。

（二）各盟市粮食产量现状

2023 年，呼伦贝尔市、通辽市、赤峰市、兴安盟粮食播种面积位居全区前四，分别为 2461.9 万亩、1893.1 万亩、1706.8 万亩、1562.8 万亩，累

计面积占全区粮食播种面积的 72.8%（见图 2 和图 3）。粮食产量从高到低
排序为通辽市 189.0 亿斤、兴安盟 135.6 亿斤、呼伦贝尔市 132.1 亿斤、赤
峰市 130.0 亿斤，累计产量占全区粮食产量的 74.1%，这 4 个盟市是内蒙古
自治区的粮食主产区（见图 4 和图 5）。

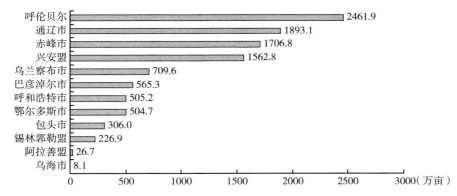

图 2　2023 年内蒙古各盟市粮食播种面积

资料来源：内蒙古调查微讯。

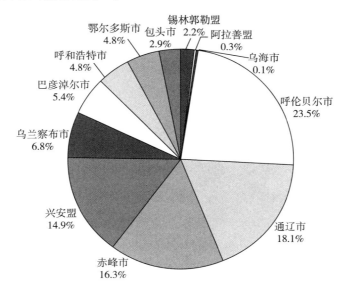

图 3　2023 年内蒙古各盟市粮食播种面积占比

资料来源：内蒙古调查微讯。

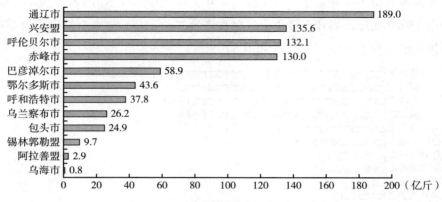

图4 2023年内蒙古各盟市粮食产量

资料来源：内蒙古调查微讯。

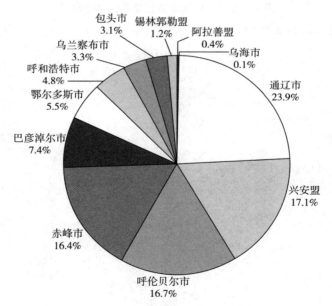

图5 2023年内蒙古各盟市粮食产量占比

资料来源：内蒙古调查微讯。

（三）粮食价格运行趋势

1. 小麦

小麦收购价格从 2023 年 1 月的 141.81 元/50 公斤上涨为 2023 年 6 月的 146.80 元/50 公斤，涨幅为 3.52%。但 2023 年 6 月至 2024 年 6 月呈波动式下降趋势。由 2023 年 6 月的 146.80 元/50 公斤下降至 2024 年 6 月的 144.40 元/50 公斤，降幅为 1.63%（见图 6）。一般情况下，每年 6~12 月小麦市场供应充足，所以小麦收购价格平稳略降，这是正常的市场现象，但 1~3 月，即春节前后小麦加工企业加大小麦采购量，农户销售小麦比较积极，市场交易量比较活跃，带动小麦收购价格小幅上涨。因此，每年第一季度的小麦价格影响着农户能否扩大冬小麦种植的意向。

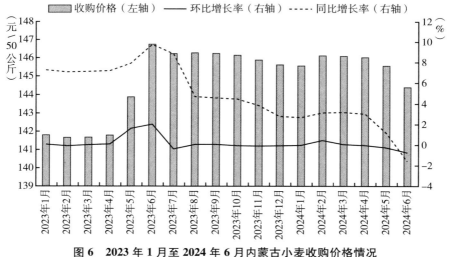

图 6　2023 年 1 月至 2024 年 6 月内蒙古小麦收购价格情况

资料来源：《2024 年上半年内蒙古粮价行情回顾及后市展望》，http://fgw.nmg.gov.cn/ywgz/jgjc/202407/t20240725_2546939.html，2024 年 7 月 25 日。

2. 玉米

玉米收购价格从 2023 年 1 月的内蒙古玉米标准品平均收购价格 131.87 元/50 公斤上涨至 2023 年 9 月的最高点，随后波动式下降，给农户带来一定损失。玉米收购价格同比增长率和环比增长率多次出现交叉，玉米收购价格波动性较大。原因在于新季玉米丰产、进口玉米大量到货以及进口大麦低价替代，供应端压力集中释放。玉米收购价格下降，2024 年 2 月收购价格降至 2022 年以来的最低点 116.39 元/50 公斤。春节后，随着气温回升，农户较快出售玉米，在积极的宏观政策下，玉米深加工企业有利可图，加速采购玉米，玉米收购价格逐步小幅回升。2024 年 4~5 月，随着小麦上市临近且预计丰产，玉米及替代谷物进口量降低，对国内玉米市场带来一定利空影响，价格再度小幅回落。2024 年 6 月，随着玉米供给减少，叠加贸易商收购成本支撑，玉米价格呈上升趋势。截至 2024 年 6 月底，内蒙古玉米平均收购价格为 119.21 元/50 公斤，较 2024 年初价格有所上涨。2023 年秋季以来我国玉米市场整体上处于下跌趋势，不但给农户带来预期收益的萎缩，也给农户 2024 年春播造成了一定的心理波动（见图 7）。

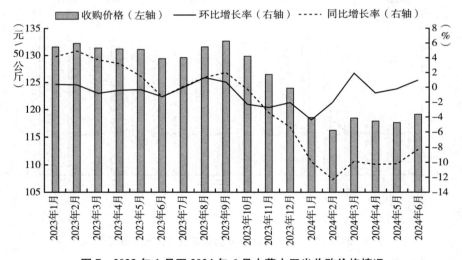

图 7　2023 年 1 月至 2024 年 6 月内蒙古玉米收购价格情况

资料来源：《2024 年上半年内蒙古粮价行情回顾及后市展望》，http：//fgw. nmg. gov. cn/ywgz/jgjc/202407/t20240725_2546939. html，2024 年 7 月 25 日。

3. 大豆

2023 年 1 月至 2024 年 6 月，内蒙古大豆收购价格环比增长率较平稳，但同比增长率整体处于下跌趋势。呼伦贝尔市大豆收购价格由 2023 年 1 月的 302.5 元/50 公斤下降至 2024 年 6 月的 235.00 元/50 公斤，下降幅度达 22.3%（见图 8）。原因在于 2022 年国内大豆丰产，2023 年春播前为缓解资金压力，农户出售大豆较快，可是市场总体消耗不高，下游企业观望气氛浓厚，尤其国际大豆价格波动下行将深度影响国内市场，导致国内大豆价格持续回落，持续打击了农户种植大豆的积极性。

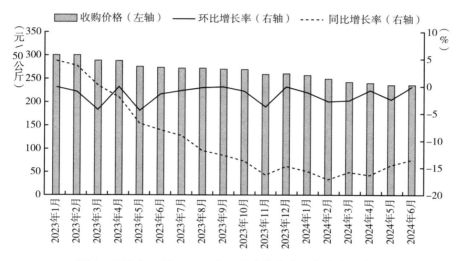

图 8　2023 年 1 月至 2024 年 6 月内蒙古大豆收购价格情况

资料来源：《2024 年上半年内蒙古粮价行情回顾及后市展望》，http：//fgw. nmg. gov. cn/ywgz/jgjc/202407/t20240725_2546939. html，2024 年 7 月 25 日。

4. 成品粮

2023 年第一季度到 2024 年第一季度，内蒙古成品粮零售价格走势基本平稳。粳米由 3.14 元/500 克上涨到 3.18 元/500 克，仅上涨 1.27%；特一粉由 3.04 元/500 克上涨到 3.10 元/500 克，仅上涨 1.97%；标准粉由 2.44 元/500 克上涨到 2.56 元/500 克，仅上涨 4.92%；玉米粉由 2.62 元/500 克下降到 2.58 元/500 克，下降 2.67%（见图 9）。成品粮零售价格比较平稳的原因在于，粮食是国家重要战略物资，粮食价格如果过度上涨会给社会稳定带来巨大隐患，所以，国家为了稳定百价之基的"粮价"加大了宏观调控力度，严格控制粮食价格过度上涨，只在合理区间上下浮动，也是为了照

顾城市弱势群体的消费能力。但是对种粮农户来说可能并不公平，这也是种粮农户收入增长缓慢，种粮农户不愿意种植粮食的根本原因所在。

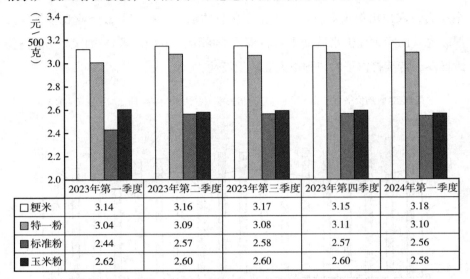

（元/500克）	2023年第一季度	2023年第二季度	2023年第三季度	2023年第四季度	2024年第一季度
□ 粳米	3.14	3.16	3.17	3.15	3.18
▨ 特一粉	3.04	3.09	3.08	3.11	3.10
▩ 标准粉	2.44	2.57	2.58	2.57	2.56
■ 玉米粉	2.62	2.60	2.60	2.60	2.58

图9　2023年第一季度至2024年第一季度内蒙古成品粮零售价格情况

资料来源：《2024年一季度内蒙古粮价行情回顾及后市展望》，http：//fgw. nmg. gov. cn/ywgz/jgjc/202404/t20240418_2496350. html，2024年4月18日。

（四）农户保存粮食和销售粮食情况

根据内蒙古自治区发展和改革委员会对内蒙古8个盟市21个县（市、区、旗）的284户农户的存售粮情况进行调查的数据，截至2023年3月31日，内蒙古调查户户均拥有耕地面积68.72亩，户均粮食播种面积为60.01亩，占调查耕地面积的87.33%。在2022年4月1日至2023年3月31日的调查期内，内蒙古户均粮食播种面积稳步上升，粳稻、小麦、玉米等谷物销售进度平稳，存粮数量上升，存粮仍以玉米和粳稻为主。[①]

① 《2023年内蒙古自治区农户存售粮情况调查分析报告》，http：//fgw. nmg. gov. cn/ywgz/cbjs/202306/t20230613_2331825. html，2023年6月13日。

1. 农户存粮情况

截至 2023 年 3 月 31 日，户均存粮总量上升。调查户户均存粮总量为 1452.73 公斤，比上年同期增加 286.98 公斤，同比增长 24.62%，其中，待售粮数量为 619.78 公斤，比上年同期增加 340.80 公斤，同比增长 122.16%。户均粮食产量稳中有增（户均粮食产量为 29574.28 公斤，同比增长 19.45%），粮食销售进度较慢，存粮总量上升，待售粮数量增加。一方面，部分农户由于春播使用的粮食生产资料一般在冬天购置储备，所以在春季或早或晚出售粮食都对这部分农户影响不大，另一方面，即使春播急需粮食生产资料的农户也保持观望态度，等待粮食价格上涨后再出售。为此，调查户待出售的余粮逐渐增长。从调查户存粮结构看，仍以玉米为主，调查期内，调查户存粮中粳稻占比 35.86%、小麦占比 9.23%、玉米占比 51.93%，其他谷物、薯类、豆类储存较少（见图 10）。

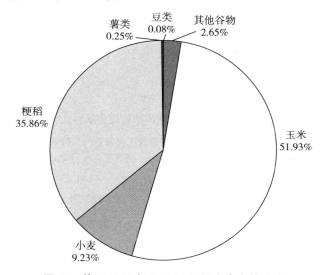

图 10　截至 2023 年 3 月 31 日调查户存粮结构

资料来源：《2023 年内蒙古自治区农户存售粮情况调查分析报告》，http：//fgw.nmg. gov. cn/ywgz/cbjs/202306/t20230613_2331825. html，2023 年 6 月 13 日。

2. 农户销售粮食情况

截至 2023 年 4 月 1 日，户均售粮数量增加。从调查农户看，农户户均出售粮食数量为 28085.52 公斤，比上年同期增加 5898.4 公斤，同比增长 26.58%；出售粮食收入为 86777.53 元，同比增长 25.56%；平均出售价格为 3.09 元/公斤，比上年同期只下降 0.02 元/公斤。在户均粮食产量增加的前提下，粮食销售数量同比增加。粮食零售品种依然以玉米和粳稻为主，占粮食销售总量的 87.79%（见图 11）。

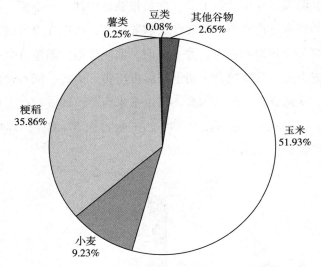

图 11　2023 年调查户户均粮食销售品种结构

资料来源：《2023 年内蒙古自治区农户存售粮情况调查分析报告》，http://fgw.nmg.gov.cn/ywgz/cbjs/202306/t20230613_2331825.html，2023 年 6 月 13 日。

从调查户的售粮渠道看，调查期内农户销售给国有粮食购销企业 40 公斤，占比 0.14%，同比增长 8.08%；销售给粮食加工企业和饲料加工企业 2540.72 公斤，占比 9.05%，同比下降 7.49%；销售给其他渠道（粮食经纪人）25504.8 公斤，占比 90.81%，同比增长 3.36%。可见，农户销售粮食的渠道以粮食经纪人为主，直接销售给国有粮食购销企业、粮食加工企业和饲料加工企业的粮食占比仅为 9.19%（见图 12）。国有粮食购销企业在收购过程中严格按照粮食标准和等级收购，农户需要自己组织运送，而粮食经纪人收购时，对含水量、等级等的要求相对灵活，上门收购并使用现金交易，对农民来说比较方便、实惠，因此，粮食经纪人成为农民售粮的主要渠道。粮食加工企业和饲料加工企业虽然在杂质、水分上要求较高，但收购价格也相对较高，所以农民也愿意把粮食出售给粮食加工企业和饲料加工企业，但粮食加工企业和饲料加工企业是以营利为目的的企业，收购粮食随意性较强，不便于农户销售。可见，从调查地区看，内蒙古农户售粮数量显著增长，说明目前粮食初始流通环节较顺畅，未出现"卖粮难"问题。

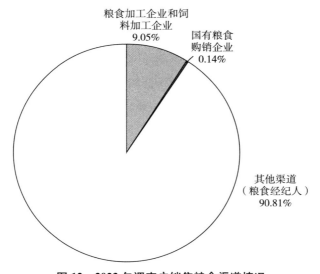

图 12　2023 年调查户销售粮食渠道情况

资料来源：《2023 年内蒙古自治区农户存售粮情况调查分析报告》，http：//fgw.nmg.gov.cn/ywgz/cbjs/202306/t20230613_2331825.html，2023 年 6 月 13 日。

二　制育种现状

作为国家重要农畜产品生产基地，内蒙古粮食制育种发展是必不可少的环节，制育种能力决定着生产成本和安全生产水平。其中，玉米育种始终是内蒙古的重要工作。本部分以玉米制育种为例介绍相关发展情况。

内蒙古现有玉米种子生产经营企业 49 家，其中，"育繁推"一体化企业有 4 家（巴彦淖尔市有 2 家、赤峰市有 1 家、兴安盟有 1 家），国家种业

阵型企业 1 家（巴彦淖尔市科河种业），自主知识产权品种自给率为 35%。内蒙古推广面积最大的玉米品种是京科 986，推广面积为 901.12 万亩（北京市农林科学院玉米研究所选育），内蒙古自育品种中推广面积最大的品种是科河 699 和峰单 189，推广面积均约为 80 万亩。[1]

在研发方面，内蒙古启动育种联合攻关项目，安排种业振兴资金 430 万元，支持玉米"看禾选种"平台建设。2023 年，审定普通玉米、青贮玉米、鲜食玉米品种共 105 个；首次审定宜机收玉米新品种。[2]

在制种方面，安排种业振兴资金 1400 万元，支持赤峰市松山区国家级玉米良种繁育基地和翁牛特旗自治区级玉米制种大县建设。内蒙古玉米制种面积为 29.8 万亩，占全国玉米制种总面积的 6.0%，制种量为每月 1.2 亿斤，80% 的种子供区内自用，其余销往黑龙江、吉林、辽宁、陕西、山西、宁夏、河北等省份。[3]

在推广方面，建设 27 个"看禾选种"平台，在呼和浩特市、包头市、呼伦贝尔市、兴安盟、通辽市、赤峰市、乌兰察布市、鄂尔多斯市、巴彦淖尔市、阿拉善盟提供示范品种 271 个，展示品种 936 个，内蒙古共组织玉米看禾选种现场观摩培训 53 次。[4]

三　粮食生产发展面临的问题

（一）土地流转市场供给趋紧，土地租金不断上涨

根据历年《全国农产品成本收益资料汇编》，亩均玉米和大豆土地价格

① 懂奇彪、侯丽丽、闫东主编《内蒙古自治区种植业重点产业链发展报告》，中国农业出版社，2024，第 15 页。
② 懂奇彪、侯丽丽、闫东主编《内蒙古自治区种植业重点产业链发展报告》，中国农业出版社，2024，第 15 页。
③ 懂奇彪、侯丽丽、闫东主编《内蒙古自治区种植业重点产业链发展报告》，中国农业出版社，2024，第 15 页。
④ 懂奇彪、侯丽丽、闫东主编《内蒙古自治区种植业重点产业链发展报告》，中国农业出版社，2024，第 15 页。

涨幅明显，推高玉米和大豆的生产成本。

内蒙古亩均玉米土地成本由 2005 年的 100.13 元上涨到 2020 年的 254.81 元，增长 154.48%，占玉米生产成本的比重由 21.8%上涨到 30.1%。2021 年，亩均玉米土地成本为 297.86 元，比上年上涨 43.05 元，增长 16.9%，占玉米生产成本的 32.7%。2022 年，亩均玉米土地成本为 352.04 元，比上年上涨 54.18 元，同比增长 18.19%。2023 年，亩均玉米土地成本为 448.44 元，比上年上涨 96.4 元，同比增长 27.4%。因为玉米价格持续高位运行，农民种植玉米意愿强烈，推高了玉米种植的流转地租金。

内蒙古亩均大豆土地成本由 2005 年的 62.52 元上涨为 2020 年的 208.69 元，增长 233.80%，占大豆总成本的比重由 19.4%上涨为 42.4%。2021 年，亩均大豆土地成本为 226.23 元，比上年上涨 17.54 元，同比增长 8.4%，占大豆生产总成本的 42.9%。2022 年，亩均大豆土地成本为 255.29 元，比上年上涨 29.06 元，同比增长 12.85%。2023 年，亩均大豆土地成本为 258.86 元，比上年仅上涨 3.57 元，同比增长 1.4%，但与 2021 年相比涨幅依然较大，主要原因在于内蒙古为落实国家下达的大豆扩种任务加大了生产者的补贴力度，2023 年继续提高大豆生产者补贴标准且标准不低于 260 元，调动了农民种植的积极性，但同时土地承包费也随之上涨。

（二）粮食烘干机短缺，粮食损失较大

传统的人工晾晒方法已经无法适应粮食生产新形势的需要。这是因为与使用粮食烘干机相比，传统晾晒方法时间长、损失大，还面临着用工成本高、晾晒场地不足等问题，加之在秋收季节，一旦遇上阴雨连绵的天气，如果不能及时晾晒，粮食很容易发生霉变。根据课题组在牙克石拥有 5000 亩耕地的家庭农场的调研，农场主反映，由于牙克石市林区降雨量充沛，尤其秋收时雨水不断，晒干小麦的日光天数较少，所以 2021 年秋收后没来得及晾晒的小麦有 2.0 万吨发霉，损失惨重。与此同时，即使秋收后没有雨水，晒干小麦雇用劳动力的费用也较高，日工 270 元左右，加之一日三餐等费用，推高了农场主的人工成本。当前该农场急需粮食烘干机，如果有足够的烘干机就

不会出现小麦发霉问题，还可以减少雇工费用，避免丰产不增收和粮食损失等问题。

（三）化肥投入量和费用同步增长，成为农资上涨的主力

化肥是粮食的"粮食"，对粮食的贡献率高达50%。保障化肥的充足供应和价格稳定，对保护农民种粮积极性、促进农民增产增收、维护国家粮食安全大局至关重要。[①] 根据历年《全国农产品成本收益资料汇编》，亩均玉米的化肥用量和价格涨幅明显，推高了玉米生产成本。内蒙古亩均玉米化肥用量由2018年的26.36公斤下降至2021年的24.43公斤，下降1.93公斤，但亩均玉米化肥费用由132.81元上涨至139.78元，增加了6.97元；2023年，亩均玉米化肥用量为27.28公斤，较2021年增加2.85公斤。与亩均化肥用量增加相比，亩均玉米产量由2018年的565.84公斤增长至2021年的570.82公斤，增加4.98公斤；2023年，亩均玉米产量为593.90公斤，较2021年增加23.08公斤，而亩均玉米化肥费用达到221.16元，较2021年增长58.2%。亩均玉米化肥用量在2021年出现下降，但2023年超过2018年，并且化肥价格也在上涨，所以化肥用量和价格对玉米生产成本有较大影响。

（四）粮食单产量较低，可增产的空间依然较大

2023年，内蒙古粮食单产每公顷5666.4公斤，比上年增产55.5公斤，可是相比全国平均水平低178.9公斤，如果内蒙古粮食单产超过全国平均水平，粮食总产量有望上升进入全国前5位。玉米单产的提升决定着全区粮食单产的提升，从现实看，内蒙古玉米仍以小户分散种植为主，规模化经营面积仅为40%，技术到位率较低，标准化生产水平不高，精准管理不到位，种植密度普遍不高，提升空间较大。因此，内蒙古推动粮食单产提升的主要途径是推动玉米单产提高。

---

① 张福锁：《应对化肥价格暴涨需从四方面入手》，《中国科学报》2022年4月6日。

（五）饲料企业加工规模过小，市场占有率十分低下

根据相关资料，内蒙古共有 408 家饲料加工企业，自治区级龙头企业有 25 家，仅占总数的 6.1%；有 3 家企业的加工能力超过 10 万吨，占 0.7%；388 家企业年加工能力不足 1 万吨，占 95.1%，企业整体规模偏小，实力薄弱，产能水平较低。[①] 饲料企业加工能力较低的现状不符合内蒙古全国饲料粮主产地区之一的地位，这是玉米、大豆饲料粮就地加工增值较低的原因之一，也是内蒙古设施畜牧业养殖成本较高的原因之一。

（六）原粮销售缺少品牌产品，附加值较低

内蒙古籽粒玉米品质较好，尤其"通辽黄玉米"农畜产品区域公用品牌已经获得原产地标记注册认证，但对品牌的利用率却不高，品牌营销的系统性、长期性较差，溢价能力较低。兴安盟的"白玉米"品质较好，可是未打造成品牌，更谈不上价格话语权。通辽市和兴安盟在玉米食品、玉米饲料方面未能体现优质的原料价值；鲜食玉米还没有打造出农产品地理标志和区域公用品牌，小微企业品牌影响力较低，品牌的市场认可度和市场占有率不高，实际上小微企业仍以原料形式销售为主，流失了较多利润。

四　粮食稳产发展的对策建议

（一）改善粮食产量大县土地质量，规范土地流转市场

1. 提高产粮大县"非耕地"土地的使用效率

深入研究领会和落实中共中央办公厅和国务院办公厅印发的《关于推进以县城为重要载体的城镇化建设的意见》（以下简称《意见》）。

[①] 董奇彪、侯丽丽、闫东主编《内蒙古自治区种植业重点产业链发展报告》，中国农业出版社，2024，第 15 页。

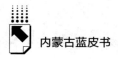

《意见》的重要作用在于通过疏散大城市经济功能，促进县域经济发展。减少大城市弊端，减少地区之间的贫富差距，为共同富裕打好县域经济基础。因此，内蒙古应加大投资力度，提高产粮大县的土地质量，改善土地公共服务，提高土地价格和使用效率，进而间接降低粮食生产土地成本。

2. 规范耕地租赁市场乱象，降低粮食生产的租赁耕地成本

在土地"三权分置"背景下，一是依据 2021 年 3 月 1 日起施行的《农村土地经营权流转管理办法》的相关内容，以市场为导向，在维护粮农利益的前提下，多方协商解决粮食生产者耕地租金问题。二是发挥村集体带头作用。为防止土地租赁价格过度上涨后耕地无法转包出现撂荒，由村集体代表村民，在确保村民合理利益的前提下，村集体整合耕地，以合理价格转包给耕地租赁者生产粮食，村集体与耕地转包者建立"风险共担，利益共享"的机制。三是建立稳定的土地使用价格协商机制。根据当年粮食市场价格，由村集体召开村民大会，协商确定下一年的土地使用价格，维护耕地租赁者和农户双方利益，稳定供给价格。四是将粮食补贴额度与种植成本挂钩，应根据农户种植总成本的变化适当调整补贴额度，土地成本主要是流转地租金，流转地租金已经占粮食生产成本的较大比重。建议增设租地补贴，缓解流转地租金过度上涨对粮食生产的影响。

（二）加快补齐粮食烘干设施装备，减少粮食损失

粮食烘干机械化可以解决粮食晾晒损失大、人工成本高、场地不足、"靠天吃饭"等问题，最大限度降低粮食干燥环节损失，是保障粮食品质、减少粮食产后损失、确保粮食丰收到手的重要环节和关键措施。为了补上粮食烘干机械化短板，建议相关部门出台专项经费扶持政策，加大粮食烘干机购置补贴力度，引导农民专业合作社、家庭农场、农业企业、种粮大户、农民个体购置和使用谷物粮食烘干机。同时，深入实施优质粮食工程，在内蒙古产粮大县建成多个粮食产后服务中心，实现产粮大县全覆盖，为农户提供代清理、代干燥、代收储、代加工、代销售等服务，推动农户存粮从"路

边晾晒，自然风干"逐步向专业化、科学化、社会化服务转变。① 大幅减少粮食产后晒干环节的损失不但保障粮食品质好、卖好价，还能收回粮食生产成本，间接减少了更大的损失。

（三）保障化肥稳定供应，大力推广有机质肥料

为了避免政府给予农户生产资料补贴会产生化肥价格上涨的带动效应，应通过经济手段降低化肥生产成本稳定化肥价格，遏制化肥生产企业因为国家增加农户生产资料补贴而紧跟上涨的行为。

1.保障化肥供应链的有效运行，稳定化肥价格

根据国际化肥价格和生产化肥原料价格走势及时调整关税，对进口化肥产成品及生产化肥原料进行动态的关税措施，降低化肥生产的关税成本；根据化肥价格的变动趋势采取灵活措施，从税收、信贷、土地上降低相关费用，扶持企业生产和稳定价格；对运输化肥原料及化肥产成品的运输车辆免征过路费，降低运输成本；增加优质化肥供给数量，多方面支持化肥生产，扶持加大科技创新投入，加快化肥生产企业的整合速度和技术改造，使化肥生产企业向多品种、高效化、复混化、长效化和液体化方向发展，促进化肥生产企业绿色转型升级，达到实现"双碳"目标的要求，进而降低化肥的环境成本。

2.降低有机质肥料的成本，提高有机肥料的使用率

建立健全农业技术推广机制和制度，切实解决农业技术人员、机械设备及交通工具无法满足测土施肥工作的需求，普及测土施肥技术，增加有机质肥料使用补贴，精准施用有机质肥料，提高耕地有机质含量，逐步减少化学化肥使用量；充分利用全区丰富的秸秆及牲畜粪便资源，生产有机质肥料，实现农业生产产生的废弃物在农业系统里进行良性循环，保障粮食绿色稳产。

3.在提高化肥利用效率上多下苦功夫

提高化肥利用效率是降低化肥用量的有效措施。在提高服务方面，应加快解决粮食主产区农业技术推广人员短缺问题，解决土壤检测设备和交通工

---

① 刘慧：《【粮食大事】补上粮食产地烘干机械化短板》，《经济日报》2023年5月4日。

具短缺问题，这样春播时需要农业专家到田间地头教会种粮户按照规定要求使用化肥，避免浪费化肥以及对耕地造成板结和地下水污染；在化肥施用方面，改变粗放型施肥方式，积极发展配方肥料和作物专用肥料，针对不同地区实施区域配肥技术研究，推广测土配方施肥。此外，改变传统的撒肥方式，采用深耕和翻耕等方式提高化肥利用率。[①]

（四）实施提升粮食单产行动，提高科技贡献率

因地制宜实施提高玉米单产行动，尤其为小农户推广提高粮食单产的技术。调研发现，整合现有资金，建设高产示范区，重点推广玉米密植高产精准调控技术模式，即采用水肥一体化、合理增密、化学调控等关键增产技术，使示范区亩均密度达到 6000 株，单产提高超过 400 斤/亩。通过项目引领、典型带动、整建制推进，以农业新型经营主体带动小农户普及增产技术，大力推进社会化服务组织发展，扩大服务范围，带动重点地区，加快普及粮食单产提升技术，同时率先实现农村剩余劳动力"分工分业""就近就地就业创业"，拓宽农户增收渠道，实现大面积均衡增产。

（五）饲料企业加工规模过小，市场占有率不高

大力发展饲料加工业是提高饲料粮加工增值和降低养殖业购置饲料成本的重要措施。内蒙古是国家重要饲料粮生产输出基地，但因为饲料加工业并不发达所以玉米就地加工产值较低，主要以原粮形式销往全国，流失大量利润。因此，应根据饲料需求量，因地制宜发展饲料加工业，鼓励企业兼并重组扩大生产加工能力，鼓励企业与农户或农业新型经营主体建立稳定的原料供应关系；加大饲料加工业发展的政策支持力度，激励企业加大对技术研发和创新的投入，引进和消化吸收国内外先进饲料生产技术，提高生产效率和产品质量，提高国内市场占有率。

---

① 赵志坚、胡小娟：《我国粮食生产中化肥投入的环境成本研究》，《湖南大学学报》（社会科学版）2013 年第 6 期。

（六）促进原粮品牌化发展，提高附加值

加快推进"蒙"字标认证。鼓励企业积极申报参加"蒙"字标团体标准宣传培训。按照"成熟一个，申报一个，认证一个"的工作思路，加快对符合条件的申报企业的认证速度。加快完善现有玉米团体标准等。针对玉米全产业链，研制玉米精深加工产品团体标准。加大品牌培训力度和质量提升咨询服务。强化宣传推广，加快区外品牌产品的学习借鉴进度，不断探索"蒙"字标线上线下一体化综合营销服务。加快以玉米为主的杂粮杂豆品牌化发展速度，提高原粮就地加工率，延长产业链，实现增效、增收。

（七）改变农户粮食生产方式，降低租赁作业费用

1. 提高农户与机械作业者的议价博弈能力

为了降低农户租赁机械作业费用和实现机械作业效率的最大化，应建立租赁农机合作社，农户之间合作形成集中连片的规模化耕地，以符合大型机械作业的要求，提高与机械作业者谈判降低机械作业费用的议价能力，进而降低粮食生产中租赁机械作业费用。

2. 改变转包耕地方式

在不改变耕地种粮的前提下，一方面，户均耕地面积较小地区的农户与租赁耕地粮食生产者签订长期合同，完全转包给粮食生产者，进而节省农户耕种的农资和租赁机械作业费用。另一方面，农户把耕地委托给村集体，让村集体集中土地后再转包耕地，这有利于农户在专心长期务工的同时获得租赁土地的租金，也有利于租赁耕地粮食生产者实现规模化耕种，更节省租赁耕地的谈判成本和交易成本。

B.3
内蒙古牛肉生产发展调查报告（2024）

焦志强**

摘　要：　内蒙古肉牛产业取得一定发展成果，但也面临严峻挑战。能否稳妥处理好这次持续发力的产业下行危机，使肉牛产业得到持续稳定的发展，关系到全区脱贫攻坚成果的稳定和大局的巩固。存在的问题和面临的挑战主要体现在外部冲击持续和产业内部不足凸显。本报告建议国家对牛肉进口实施动态配额制管理，多方向多种措施提升育肥水平，进一步强化技术服务指导，推动龙头企业高效发展，强化肉牛屠宰加工带动力，加大信贷保险支持力度，加快政府职能定位转型。

关键词：　内蒙古　肉牛产业　牛肉生产

近几年，我国肉牛产业得到了高度关注。2024年6月《农业农村部办公厅关于稳定肉牛生产发展的通知》发布。8月21日和26日，农业农村部分别召开奶牛肉牛生产形势座谈会和加大信贷保险支持奶牛肉牛生产座谈会，两次会议强调，当前奶牛肉牛养殖面临突出困难问题，中央对此高度重视，要认真贯彻落实习近平总书记重要指示精神，要有效应对当前困难挑战，相关部门正在系统研究部署应对举措，及时出台纾困政策，千方百计稳定产能、稳定市场、稳定信心、稳定预期，促进肉牛产业健康发展。

肉牛产业何以受到如此重视，涉及一个最核心的问题就是肉牛产业的关联度。由于大力发展肉牛产业是近几年的事，全国大部分省份在前几年的脱

---

　* 本报告除已标注出处的数据，均为内蒙古自治区农牧厅相关处室调研取得。

　** 焦志强，内蒙古自治区社会科学院社会学研究所研究员，研究方向为产业经济。

贫攻坚中都把肉牛养殖作为一个主要选择。所以肉牛行业发展到今时今日，已经和广大参与者息息相关，更与巩固脱贫攻坚成果、乡村振兴大局紧密联系在了一起。肉牛产业参与集中度相对较高，很多贫困苏木乡镇（场）和贫困嘎查村全民养牛。当市场供应过剩、行业剧烈波动来临的时候，如何避免相关养殖户集体性返贫是当前各地政府首先要考虑的问题。

近年来，内蒙古以解决草原过牧问题为契机，大力推动现代肉牛产业转型升级，通过优良品种选育推广、科学放牧及饲养技术培训、品牌建设和精深加工等多项产业发展政策，积极寻找生态、生产、生活的平衡点，总的来看，在巩固生态治理成效的同时，肉牛产业发展有了不小的进步。[①] 内蒙古的肉牛产业目前危机并存。能否稳妥推动肉牛产业稳定发展，关系到全区脱贫攻坚成果的稳定和大局的巩固，需要引起高度关注。

一 发展现状

（一）基本情况

内蒙古作为我国的畜牧业大省和重要的畜产品生产基地，近年来，在肉牛存栏量、出栏量和牛肉产量等方面都处于全国前列，肉牛产业已成为内蒙古自治区农牧民的主要收入来源之一。

2023 年，全区肉牛存栏 779 万头，同比增长 17.8%，位居全国第二；出栏 463.7 万头，同比增长 8.1%，位居全国第一。牛肉产量 77.8 万吨，同比增长 8.3%，占全国牛肉产量的 10.3%，连续 4 年居全国首位。育肥牛存栏 174 万头，占比 18.4%；出栏 170 万头，占比 36.7%。内蒙古肉牛产业的发展不仅在数量上占据优势，而且在质量上也得到了国内的普遍认可。[②]

---

① 《为解决草原过牧问题开出内蒙古"良方"》，《内蒙古日报》2024 年 6 月 18 日。
② 因统计口径不同，本报告部分数据与总报告不同，特此说明。

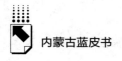

（二）区域布局

按照地域和产业定位的不同，内蒙古肉牛产业大致可以划分为三大产区，第一大产区为通辽市、赤峰市、兴安盟东部肉牛优势产区，依托玉米资源禀赋，以西门塔尔牛养殖为主，肉牛存栏525.8万头，占全区肉牛存栏量的67.5%；其中，规模养殖育肥牛存栏79.6万头，占全区育肥牛总量的45.7%。这也是全区肉牛产业的重点区域，尤以通辽市最为突出。科尔沁左翼后旗被誉为"中国黄牛之乡"，享誉全国。通辽市也正在创建"中国肉牛产业第一重镇"。第二大产区为鄂尔多斯市、巴彦淖尔市、呼和浩特市等西部高端肉牛产区，定位京津冀、长三角和粤港澳大湾区消费市场，发展西门塔尔牛、安格斯牛、和牛等高端品种，肉牛存栏166.7万头，占全区肉牛存栏量的21.4%；其中，规模养殖育肥牛存栏83.1万头，占全区育肥牛总量的47.8%。第三大产区为呼伦贝尔市、锡林郭勒盟草原肉牛特色产区，依托天然生态草场资源，以养殖西门塔尔牛、三河牛和蒙古牛为主，华西牛、安格斯牛、夏洛莱等为辅，肉牛存栏86.5万头，占全区肉牛存栏量的11.1%；其中，规模养殖育肥牛存栏11.3万头，占全区育肥牛总量的6.5%。

（三）品种规模

全区肉牛品种主要有西门塔尔牛、安格斯牛、三河牛等10个品种。其中，纯种西门塔尔牛（改良三代以上）存栏514万头，占比66%；安格斯牛存栏31.3万头，占比4%；三河牛存栏11.6万头，占比1.5%；夏洛莱、华西牛等其他肉牛存栏222.1万头，占比28.5%。从改良率来说，内蒙古肉牛在全国处于前列，本地传统优势品种三河牛占比较小。

（四）生产性能

2022年，全区肉牛平均单产167.8公斤/头（胴体重），高于全国平均水平19.5公斤/头。育肥牛平均单产350公斤/头（胴体重），高出全区肉牛平均单产1倍多。育肥牛成为近几年内蒙古肉牛发展的新主力。

（五）育肥水平

2023 年，全区年育肥牛出栏 50 头以上的育肥场（户）及园区共有 2672 家，出栏育肥牛 102 万头，占育肥牛出栏总量近六成。育肥方式主要有散栏育肥和拴系育肥 2 种，散栏育肥相较拴系育肥，设施投入成本低，育肥牛健康状况好、肌间脂肪沉积均匀，收购价格较拴系育肥牛价格高 1 元以上。内蒙古有土地、饲草、环境等方面的资源优势，发展散栏育肥也是今后差异化发展的重要方向。

二　存在的问题和面临的挑战

（一）外部冲击持续

1. 价格下行

目前肉牛产业的最大问题是活牛价格持续下跌，而价格下跌的核心是供需失衡。从需求来看，疫情导致部分居民收入预期趋于谨慎，在消费相对高端的商品时动力不足，这对牛肉价格产生了一定的影响。但是总的来看，总需求并没有明显下降，所以价格下跌的更主要原因是供给出现了较大的累积效应，由此带来的价格持续下跌又对产业本身产生了明显的反作用。

2023 年以来，我国肉牛价格呈不断下降趋势。从出栏价格看，目前肉牛出栏价格为 20～22 元/公斤，较 2023 年初环比下降 24.2%。其中，育肥牛出栏价格为 19～21 元/公斤，环比下降 37.6%。而肉牛出栏价格盈亏点为 25 元/公斤，目前绝大多数肉牛养殖户陷入亏损，并且出现了"养得越多亏得越多"的问题。

从消费终端数据看，农业农村部监测数据显示，2024 年 4 月，全国集贸市场牛肉平均价格为 76.36 元/公斤，比 1 月的 80.41 元/公斤下降 5%。5 月，牛肉平均价格为 65.12 元/公斤，相比 4 月底，普遍下降超 10%，基本到达了阶段性的底部之后逐渐平稳。从 2024 年 8 月的第四周情况看，略有

好转，但这是在传统旺季和中秋节预期作用下出现的情况，实际上并未有实质性的好转。

农业农村部畜牧兽医局对全国500个县集贸市场和采集点的监测数据显示，8月第四周（采集日为8月22日）全国牛肉平均价格为68.44元/公斤，与上一周持平，比上年同期下降16.8%。这个价格是平衡了全国各个产区、消费区水平后的整体指数，实际情况可能更加不乐观。很多地方的牛肉交易价格从2022年底就开始一路下降，2023年和2024年，20多元的牛肉随处可见。

从加工终端来看，以加工企业中实力最强的上市公司为例，上市公司财报中，牛肉生产加工企业鹏都农牧2023年肉牛及屠宰肉制品业务亏损约3.2亿元。2024年上半年，公司亏损了3.26亿元，后被深交所摘牌。

牛肉价格的波动是一个复杂的经济问题，需要政府、市场和社会各界共同努力，平衡好各方利益，才能使肉牛产业实现可持续发展，焕发新的生机。

2. 进口牛肉冲击

近年来，大量进口牛肉一方面提高了市场供给能力，另一方面也导致牛肉价格的进一步下降。据中国海关数据，我国进口牛肉数量近几年持续增长，由2019年的165.9万吨增至2023年的273.7万吨，年均增长13.3%。2024年1~6月，我国进口牛肉已达144万吨，比上年同期增长17.0%，进口牛肉价格大约为34元/公斤，价格优势明显。许多大型超市主推进口牛肉。在牛肉深加工环节，进口牛肉已经成了主角，例如，典型的牛肉干市场已基本被进口牛肉占领。从消费者角度看，这是一件好事，消费者以更低的价格买到更具性价比的产品，但是国内生产者的处境也需要认真考虑。消费者享受到了牛肉价格下降的福利，但养殖户却承受着巨大的经济压力。肉牛产业是一个典型的民生产业，所以这已经涉及维护本土产业安全的问题。如何在保障消费者利益的同时，确保养殖户的合理收益，成了一个亟待解决的难题。

3. 奶牛替代效应

2024 年 7 月 3 日，在中国奶业协会主办的 2024 中国奶业发展战略研讨会上，国家奶牛产业技术体系首席科学家、中国农业大学教授、中国奶业协会副会长李胜利指出，奶牛养殖业行业亏损面超过 80%。大型牧业集团到 2024 年 6 月已淘汰成年母牛近 5 万头，全国淘汰约 10 万头。自 2024 年 3 月去产能至今，全国每天消减近 4500 吨原奶，合计是 15 万头泌乳牛的产奶量。如此大面积的亏损和去产能情况也是近几年中首次出现。持续的亏损使一部分奶牛饲养户不得不忍痛杀牛，把乳牛当成肉牛出售，以此达到止损的目的。淘汰奶牛进入肉牛市场也是国际通用的做法，但是以往肉牛和奶牛景气度没有出现过联动，肉牛产业基本处于平稳上升阶段，所以部分淘汰奶牛改作肉用这一问题能够被市场所承受。但是近两年出现了肉牛奶牛产业同时进入下行，情况就不同了。肉牛产业本身已经供求失衡，价格下行，部分奶牛肉用进一步加剧了肉牛产业的危机。内蒙古既是全国的肉牛大省，也是久负盛名的全国乳业发展大省，这一情况更为突出，内蒙古的牛肉增量，有相当一部分来自淘汰奶牛。肉牛奶牛产业同时低迷也在进一步放大着这两个产业的风险，尤其肉牛产业承受的外部压力更大。

4. 市场竞争激烈

从全国范围看，肉牛产业优势地区的后备军较多。除了传统的云南、青海、山东等省份，一些占据饲料优势的传统农业区，也都在规划肉牛养殖扩产计划。以吉林省为例，近年来，吉林大力倡导千万头肉牛建设工程，肉牛养殖量从 2020 年的 523 万头增长到 2023 年的 770 万头，增速领跑全国。吉林计划到 2025 年，全省肉牛养殖量达 1000 万头，全产业链产值达 2500 亿元。[①]

（二）产业内部不足凸显

伴随着肉牛价格的持续下跌，内蒙古肉牛产业从养殖端到加工、销售端

[①] 《实探吉林省肉牛产业：全产业链发展　带动农民增收》，《证券时报》2023 年 5 月 5 日。

无一幸免出现危机，育种、养殖、屠宰、加工等产业链环节均受到冲击。在产业下行的时候，产业内部存在的问题会被放大。正视自身存在的问题，有助于找好未来发展的方向和着力点。

1.综合育肥成本高

肉牛育肥适宜温度为10~18℃，而内蒙古常年平均气温低于6℃，适宜的肉牛育肥期仅有180天，相比山东、河北等省份少了90天，要育肥达到同等体重，需增加饲料成本600元，育肥利润低。受饲草料价格和市场因素影响，架子牛多以犊牛形式出售

2.优势产区加工规模效应差

内蒙古肉牛存栏看似规模较大，但企业实际屠宰的本地肉牛数量并不多，整个肉牛产业的"大蛋糕"流向了其他市场。全区247家肉牛屠宰企业设计屠宰产能510万头，但多数规模小且粗加工，精深加工企业不足10家，平均屠宰量仅为1000多头，平均屠宰量超万头的企业只有5家，还有71家企业共计35万头的产能常年处于关停状态，区内实际屠宰产能仅为25.8万头。由于屠宰企业实力不强，资金短缺，收购育肥牛价格低于区外价格，内蒙古每年大约有100万头以上育肥牛外流。

3.龙头企业发育缓慢

目前，内蒙古在全国能够叫得响的实现肉牛产业化的企业只有"科尔沁牛业"。该企业在产业快速发展的黄金时期一度停滞不前，自身股权结构问题一度使这家企业处在风口浪尖上。作为多年自治区重点培育的拟上市企业，其表现也令人惋惜。一系列负面的情况消耗了企业的发展机会，随着产业景气度下降，发展压力更为突出。龙头企业的缺位使肉牛产业遭遇了很多困境。

4.金融支持疲软

肉牛养殖是一项重资产的经营活动，需要稳定及时的资金支持。但是一旦面对行业困难，小规模养殖户的银行贷款到期后，银行从放贷安全的角度出发，可能会不愿意再继续向养殖户放贷，这是一个不容回避的问题。前几年肉牛市场行情较好，各盟市将肉牛产业作为主要富民产业发展，出台多项利好政策，各大银行下沉到嘎查村向农牧民养殖贷款，不少农牧民通过贷款

扩大养殖规模。肉牛价格下跌后，大部分人处于观望状态，没有及时缩减养殖规模，部分人为了缓解压力，将存栏牛低价抛售，外出打工赚钱，还有部分人筹措借款维持生活。[①]

保险端的情况可能更不乐观，由于局部出现了肉牛市场价格比保险赔付死牛金额低的情况，所以在极端情况下出现过农牧民故意报损肉牛的情况。所以目前保险公司基本上已经不再提供养牛保险，理赔率也大幅下降。已经形成养牛户不敢养、银行不敢贷、保险公司不敢上的困难局面。

5.品牌建设滞后

目前内蒙古牛肉销售仍以农贸市场为主，超市为辅，不管什么品种，价格差异不大，品牌建设缺失。全区仅有屈指可数的几个品牌可以做到被消费者认可，优质优价的市场体系不健全。

6.优质饲草料不足

饲草料是制约内蒙古养牛业发展的一大难题。由于粗饲料资源具有价格低廉、体积大的特点，运输成本较高，如果从外地购买粗饲料，运费可能会高于粗饲料本身价格，所以粗饲料只能在当地或者就近解决才具备经济性。结合内蒙古实际，规模化的肉牛养殖优势地区靠近农区，纯牧区很难做到规模化饲养。另外，内蒙古饲草供应链目前还不完善，局部供应分布不均衡，大部分饲草生产依然难以摆脱"靠天吃饭"的基本特征，地区相对脆弱的生产条件也制约着饲草规模的大幅度提升。

7.潜在疫病发生概率加大

在肉牛产业大发展过程中，很多养殖户选择养牛时，都有一个共同的出发点，就是肉牛的疫病抵抗力强，不易生病。对比其他农畜产品的疫病，例如非洲猪瘟、禽流感等，肉牛天生免疫力较强。在以往养殖流程相对封闭、高度本地化的时候，这个出发点是成立的。但是现在随着肉牛规模化养殖，南北流通、东西流通力度的不断加大，肉牛的传染性疾病也逐渐多了起来。口蹄疫和牛炭疽这两大疫病时刻威胁着这个行业。

---

① 《卖一头牛赔三千元　养殖户无奈抛售》，《经济参考报》2024年6月25日。

三 内蒙古肉牛产业发展需要厘清的两个关系

（一）政府和市场的关系

现代市场经济环境下的地方政府应有较高的市场认知水平和能力。政府的职能更多地应该放在逆周期调节上。比如肉牛产业陷入低迷时就是政府干预的时候。而行业景气度预期处于明显上升的时候，市场因素已经完全可以解决相关资源的调动配置。政府只是助推行业阶段性高点加速出现。"推波助澜"的效用远不如"雪中送炭"和"未雨绸缪"。对产业布局进行方向性调整的时候，要充分考虑叠加效应的威力，结构性产能过剩危机这根弦必须时时刻刻紧绷。相较于已经出现明显的"猪周期""羊周期"，"牛周期"来得最迟。但迟来不是不来，一旦来了，趋势确定了，最后的结果必然是要把过剩的或者是不合格的产能出清。应积极指导养殖场户合理调整优化畜群结构，以辩证思维决策，很多在当时被认为是最大优势的决定经过一个产业周期的变化，反而可能成为发展的桎梏。事实证明，一旦环境因素发生变化，最后的结果就会发生异变。价格持续上升和持续下跌之间的距离并没有想象得那么遥远。

（二）集中和分散的关系

从内蒙古实际情况来看，确实需要因地制宜，规模化在大方向上是正确的，但是前提是这个过程必须完全在市场的引导下，如果是在产业政策、财政补贴下形成的，也可能在无形中积累了规模性风险。小规模散养是内蒙古肉牛养殖中难以避免的方式，内蒙古地广人稀，自然条件差异巨大，很多地区无法做到集中规模化养殖。面对这样的实际情况，产业支持政策的制定不能仅仅考虑规模化，更重要的是促进全产业链的组织化，为各种类型的养殖户提供均等的产业服务，这样的效果要比单纯进行基数补贴好得多。

四　对策建议

总的来看，肉牛产业在内蒙古属于新兴畜牧产业，近几年扩张力度最大，其中有收益激励因素，也有政策促进因素。肉牛产业在内蒙古既属于朝阳产业也属于弱势产业，这个基本定位在短期内不会改变。建议在制定政策和产业帮扶措施时要紧紧围绕内蒙古肉牛产业的基本属性，这样才能做到有的放矢。

（一）建议国家对牛肉进口实施动态配额制管理

抑制进口牛肉的冲击，直面我国肉牛产业的产业安全问题，从实际出发，有序控制牛肉进口量，减缓进口速度，分批次分份额逐步流入市场，减少进口牛肉对国内牛肉市场的冲击。这对缓解牛肉价格下跌，特别是对国内从事肉牛产业的各类实体信心的恢复至关重要。建议以国内牛肉价格为参考指标，在行业低谷时也就是负利润时，减少进口牛肉配额。在行业可以产生正利润的时候，适当加大进口配额。在产业过热、价格过高的时候，进一步加大牛肉进口配额。进口牛肉应更多地扮演平抑市场波动的角色，这更加符合我国目前肉牛产业的实际情况。

（二）多方向多种措施提升育肥水平

首先要加强基础设施建设。针对育肥适宜期短的问题，落实自治区支持设施畜牧业发展6条措施，加强东部地区育肥场、合作社、养殖园区棚圈等基础设施建设，改造提升智能化养殖设施设备，增强防寒保暖能力，提高肉牛日增重水平；推动中西部地区发展散栏育肥，提升品质效益。推动解决架子牛外流问题，由卖"肉牛"向卖"牛肉"转变。针对育肥周期长、投入大、效益低等问题，落实"粮改饲"补贴政策，优先支持肉牛育肥主体收储青贮玉米等优质饲草，鼓励使用自配料，降低饲养成本。尝试引导东繁西育。内蒙古东部五盟市有肉牛繁育的优势，架子牛牛源充足。西部呼包

鄂和巴彦淖尔等盟市有资金优势和市场优势，气候相对温暖，育肥发展势头强劲。东部地区持续抓好养殖户西门塔尔牛纯种繁育，加大企业育肥，鼓励繁育场户向西部输送优质架子牛；草原牧区突出抓好人工授精站点建设，扩大人工授精覆盖面，提高架子牛供给数量和质量；西部地区研究出台育肥牛支持政策，引进东部和草原牧区优质架子牛，建设高端育肥区。同时，引进优质基础母牛，开展冷配纯繁，替换低端杂交牛，提高优质架子牛自给能力。

（三）进一步强化技术服务指导

针对经营主体饲养管理水平低的问题，成立由高校、科研院所和推广机构专家以及大型育肥企业管理技术人员组成的技术服务团队，推广运用育肥技术操作指南，开展节本增效等实用技术培训与现场指导，总结可复制可推广的典型发展模式。要健全完善县（市、区、旗）、苏木乡镇（场）、嘎查村三级服务体系，稳定嘎查村级畜牧兽医服务队伍，通过统一招录的方式，补充县（市、区、旗）、苏木乡镇（场）两级专业技术人员，不断更新知识结构，提高服务水平。要强化数字化服务创新，加快推进乡村服务站建设，为养殖场（户）提供繁改、兽医、融资、保险、交易、技术指导、政策宣传等综合性服务，构建内蒙古肉牛数字化服务体系。

（四）推动龙头企业高效发展

高度重视龙头企业的发展现状，建议通过市场化、法治化手段依法合规地支持和帮助其守住不发生经营风险的底线。这一措施旨在提高肉牛产业龙头企业的融资能力，缓解其流动性风险。财政资金的直接参与可以为其提供更多的融资渠道，降低融资成本。这也有助于增强地方政府与地方龙头企业的联系，促进产业发展等领域的合作。争取在短时间内解决科尔沁牛业的股权争议，给国外资本创造安全退出的渠道。再通过1~2年的培育，力争使科尔沁牛业在2026年左右登陆国内资本市场。借助资本市场的力量，做大做强，使龙头企业在自治区肉牛产业的发展中真正起到"链主"企业的作用。

（五）强化肉牛屠宰加工带动力

肉牛屠宰环节占用资金多，需求急。针对区内屠宰企业带动力弱等问题，落实自治区支持设施畜牧业 6 条措施，对育肥牛出栏并在区内屠宰予以奖补；落实自治区支持农畜产品精深加工 9 条措施，对收购当地育肥牛的经营主体在流动资金贷款方面给予贴息支持，推动肉牛育肥企业、合作社、育肥大户、园区与屠宰加工企业建立长期稳定的合作关系，减少育肥牛外流。

（六）加大信贷保险支持力度

优化调整金融产品，安排肉牛政策性保险配套资金，降低肉牛养殖和市场风险。积极推动对暂时经营困难的养殖场户展期续贷，推行活牛抵押贷款和肉牛保险等金融产品，有条件的地方要出台专项补贴、以奖代补等支持政策。针对脱贫养殖户面临的返贫困难，"一户一策"开展精准帮扶，牢牢守住不发生规模性返贫的底线。实施畜牧业基础设施贷款、"育肥贷"、"青贮贷"等流动资金贷款贴息政策。重视肉牛保险在肉牛产业可持续发展中的"稳定器"作用，推动地方优势特色保险优先发展，在保险主体设立上积极探索符合地方特色的新模式，鼓励自治区优秀企业和稳健型上市公司积极投入到组建地方优秀农牧业产品保险公司的创立环节中来。

（七）加快政府职能定位转型

对于目前内蒙古肉牛产业来说，调节产能，稳定价格预期是核心问题。要解决供需失衡的问题，未来无论生产哪种产品，都应以牛肉及其制品的市场需求指导前端养殖。地方政府的产业引导基金要以全要素组织化、全域组织化、全产业链组织化为目标。充分尊重市场规则，审慎指导脆弱产业的发展。

B.4
内蒙古奶业生产发展调查报告（2024）[*]

韩成福　郭芮希^{**}

摘　要：　内蒙古奶业发展取得了举世瞩目的成就，但同时也面临着不少困难和问题。乳制品终端消费疲软传导生鲜乳价格持续下跌，导致奶牛养殖效益下滑，亏损面扩大，奶源稳定供应面临巨大挑战；规模养殖成本增长，效益下降；粮食、饲草生产"争地、争水"矛盾加剧；乳制品企业去库存喷粉压力持续加大。因此，针对奶业发展面临的问题或困境，应采取针对性的应急措施，在提振消费上多下功夫、健全多元合作机制和投资渠道、生产多样化乳制品、多途径降低奶牛养殖成本、提高牧草本土化供给，确保内蒙古乳业经济高质量发展。

关键词：　奶业生产　乳制品消费　奶牛养殖

一　内蒙古奶业生产面临国内严峻形势

当前内蒙古奶业发展面临着复杂的形势。一是 2022 年液态奶的消费出现 8 年以来的首次下降 8% 左右，乳制品结构和奶源南北不平衡导致我国奶

---

* 注：本报告除已标注出处的数据，来源于《中华人民共和国 2023 年国民经济和社会发展统计公报》、《内蒙古自治区 2023 年国民经济和社会发展统计公报》、内蒙古自治区统计局《2024 年 5 月统计月报》。

** 韩成福，内蒙古自治区社会科学院社会学研究所副所长，农业农村研究中心主任，硕士生导师，研究员，研究方向为农牧业经济；郭芮希，内蒙古自治区社会科学院社会学研究所助理研究员，研究方向为社会发展。

源阶段性过剩。① 二是在消费需求增长乏力情况下，原料奶价格出现持续下行和饲料价格上涨使原料奶生产成本长期保持高位，在原料奶供给持续增加的叠加下奶牛养殖业亏损面超过 60.0%，与此同时，原料奶收购中存在限收、压价问题，养殖场（户）中的乳企自有牧场与社会牧场存在不平衡，中小规模社会牧场、家庭牧场承担了大部分的市场风险。② 三是 2023 年液态奶销售额同比下降 1.5%，其中，常温奶销售额同比下降 0.4%，低温奶销售额同比下降 6.1%。③ 四是 2024 年上半年的奶业发展形势更加严峻，2024 年生鲜乳过剩情况显著高于 2023 年，公斤奶利润空间在国家奶牛产业技术体系记录以来首次进入负值，行业亏损面超过 80%。④ 在如此严峻的行业发展环境下，内蒙古奶业生产如何实现高质量发展是需要当地思考的问题。应坚持以问题为导向，科学谋划内蒙古奶业生产发展规划，顺应乳制品消费趋势，扎实推进奶业振兴战略，确保奶业产业安全稳定运行。

二 内蒙古奶业生产发展现状

内蒙古自治区是全国奶业生产大区，在政策的不断刺激下，内蒙古自治区奶业迅速发展。2017 年中央一号文件提出"全面振兴奶业"，2018 年国务院办公厅印发的《关于推进奶业振兴保障乳品质量安全的意见》提出，到 2025 年，奶业实现全面振兴，基本实现现代化，奶源基地、产品加工、乳品质量和产业竞争力整体水平进入世界先进行列。同时，内蒙古自治区政府也陆续出台奶业振兴激励政策，例如，出台《内蒙古自治区人民政府办

---

① 中国奶业协会副会长、中国农业大学教授李胜利在江西南昌召开的中国乳制品工业协会第 29 次年会暨 2023 中国（国际）乳业经济发展论坛上的演讲《中国奶业面临的挑战与政策建议》，2023 年 6 月 5 日。

② 《创新打造乳业增长新引擎》，《经济日报》2023 年 12 月 11 日。

③ 伊利集团消费趋势报告（乳制品）课题组：《促进乳品消费市场健康发展》，《经济日报》2024 年 3 月 19 日。

④ 中国奶业协会副会长、中国农业大学教授李胜利在第十五届中国奶业大会专场活动——中国奶业发展战略研讨会上的讲话，2024 年 7 月 3 日。

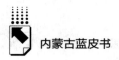

公厅关于推进奶业振兴的实施意见》（内政办发〔2019〕20号）、《内蒙古自治区人民政府办公厅关于推进奶业振兴九条政策措施的通知》（内政办发〔2022〕18号）、《奶业振兴三年行动方案（2020—2022年）》（内政办发〔2020〕39号）、《内蒙古自治区人民政府办公厅关于印发推进奶产业高质量发展若干政策措施的通知》（内政办发〔2023〕58号），持续加大对奶业的支持力度，促进奶业振兴战略落地落实，促进奶业加速发展。

（一）奶牛种业振兴推进现状

奶业振兴中最突出的是优质奶牛种业振兴问题。内蒙古自治区通过加大国家级核心育种场建设，培育出国内排名前100的荷斯坦种公牛25头、乳肉兼用型西门塔尔种公牛20头。每年推广使用性控胚胎2万枚以上、性控冻精15万头以上，奶牛规模养殖场良种覆盖率达到100%。[①] 内蒙古赛科星繁育生物技术（集团）股份有限公司培育的奶牛产奶量、育种值位居全球第97，取得突破性成就。目前，正在建设的呼和浩特市清水河奶牛牧场是世界级奶牛核心育种场，设计存栏3500头，顶级种公牛及高生产性能胚胎牛的培育和商业化发展，可逐步缓解奶业振兴对优质奶牛过度依赖进口的问题。

（二）奶牛饲养和原料奶产量现状

在激励政策的刺激和推动下，内蒙古奶牛饲养头数较快增长的同时原料奶产量也在加快增长。2023年，内蒙古11个盟市原料奶产量为803.6万吨，同比增长8.0%，占全国原料奶总产量的18.9%；内蒙古11个盟市奶牛存栏量为196.8万头，同比增长6.1%，约占全国奶牛存栏总量的25.3%。其中，奶牛存栏量超过30万头的盟市有呼和浩特市、巴彦淖尔市、呼伦贝尔市，原料奶产量分别为251.9万吨、135.0万吨、85.0万吨；奶牛存栏量

① 《绿色滋养好奶　产业蓄力升级——内蒙古全力推动乳业高质量发展综述》，《内蒙古日报》2022年7月14日。

为 10 万~26 万头的盟市有兴安盟、锡林郭勒盟、通辽市、赤峰市，原料奶产量分别为 75.1 万吨、61.1 万吨、38.0 万吨、41.6 万吨；奶牛存栏量小于 10 万头的盟市是鄂尔多斯市、乌兰察布市、包头市、阿拉善盟，原料奶产量分别为 45.8 万吨、29.8 万吨、24.5 万吨、15.8 万吨（见表 1）。

表 1　2023 年内蒙古 11 个盟市奶牛头数和原料奶产量

单位：万头，%，万吨

地区	奶牛存栏头数	同比增长	占 11 盟市总数比重	原料奶产量	同比增长	占 11 盟市总数比重
呼和浩特市	39.2	18.0	19.9	251.9	11.7	31.3
巴彦淖尔市	33.4	89.8	17.0	135.0	23.6	16.8
呼伦贝尔市	31.5	38.2	16.0	85.0	13.8	10.6
兴安盟	25.2	64.7	12.8	75.1	22.1	9.3
锡林郭勒盟	17.9	19.4	9.1	61.1	22.7	7.6
通辽市	13.8	5.3	7.0	38.0	11.8	4.7
赤峰市	10.9	5.8	5.5	41.6	12.1	5.2
鄂尔多斯市	9.4	16.0	4.8	45.8	21.2	5.7
乌兰察布市	7.9	27.9	4.0	29.8	27.9	3.7
包头市	5.4	34.9	2.7	24.5	36.4	3.0
阿拉善盟	2.2	22.2	1.1	15.8	29.2	2.0

资料来源：豆明主编《中国奶业统计资料 2024》，内部资料，第 147~149 页。

（三）乳制品加工业发展现状

乳制品加工企业是乳业产业链上的核心一环，对奶业安全稳定发展起着决定性的作用。目前，内蒙古已形成以伊利、蒙牛乳制品企业为主，相关配套产业为辅，大中小型企业协同发展的产业格局。2023 年，内蒙古乳制品产量为 473.0 万吨，同比增长 13.2%，占全国乳制品总产量的 15.5%。其中，呼和浩特市乳制品产量为 219.29 万吨，同比增长 21.4%，占全区乳制品产量的 46.4%，居全区首位。同时，在政策的扶持下，标准化、规范化的地方特色干乳制品生产加工的中小微企业或小作坊发展迅速。目前内蒙古

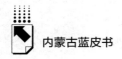

传统奶制品生产加工作坊发展到 1000 家以上，年加工产值超 10 亿元，干奶酪类产量占全国七成以上。① 由此，内蒙古地方特色干乳制品生产加工的中小微企业和小作坊已成为内蒙古奶业振兴的新兴力量、农村牧区产业振兴的主力和农牧民增收的重要途径之一。

（四）优质牧草种植业发展现状

内蒙古是全国最大的奶牛养殖地区，对饲料、牧草尤其是苜蓿草的需求量较大。目前，内蒙古苜蓿草种植业发展面临着耕地租赁价格的较快上涨推高苜蓿草种植成本、牧草种植成本上升推高奶牛养殖成本和挤压牧草种植企业利润等问题。为了降低奶牛养殖牧草成本，要因地制宜扩大牧场种植面积，就地就近缓解牧草短缺问题。2022 年，内蒙古青贮玉米种植达到 892.2 万亩，燕麦种植达到 139.4 万亩，苜蓿种植达到 495.4 万亩。② 截至 2023 年，内蒙古草种繁育基地面积达 26.5 万亩，年制种能力突破 500 万公斤，人工饲草种植 2172 万亩，各类饲草产量达 7543 万吨，草产业链产值达 802.1 亿元，产量、产值均居全国首位。③ 内蒙古扩大了饲草、青贮玉米、燕麦草、羊草的种植面积，提高了牧草料的供给能力。

三　奶业生产发展中面临的问题

（一）优质奶牛不足，供需矛盾加大

据报道，2022 年 9 月，呼伦贝尔市阿荣旗奶牛牧场从澳大利亚进口奶

① 《绿色滋养好奶　产业蓄力升级——内蒙古全力推动乳业高质量发展综述》，《内蒙古日报》2022 年 7 月 14 日。
② 《内蒙古草产业产量产值均居全国首位》，《内蒙古日报》2024 年 7 月 3 日。
③ 《推动五大任务见行见效奶业再升级"链"接全世界》，https：//www.nmg.gov.cn/ztzl/tjlswdrw/nxcpsc/202302/t20230206_2227072.html？slb=true，2023 年 2 月 6 日。

牛 2500 头；① 兴安盟科尔沁右翼前旗奶牛牧场在 2022 年 1 月 21 日至 2024 年 1 月 15 日累计进口奶牛 7206 头；② 达拉特旗农牧局数据显示，2023 年达拉特旗新进口奶牛 6279 头、性控胚胎 692 枚。③ 由此，优质奶牛种牛是内蒙古奶牛养殖业需要突破的短板之处，内蒙古有待提高自养优质奶牛比例，从而降低进口奶牛的成本和风险。

（二）年初养殖成本上涨，出现亏损

国内乳业产业特征是乳业产业链从下游到上游的传导性很强，也就是说，如果下游的加工企业或者市场不景气就易将亏损转嫁至上游养殖环节，但从上游到下游的传导性十分薄弱，上游的奶牛养殖环节基本无权决定生鲜乳价格能否上涨，养殖环节无法把亏损转嫁至下游加工企业和市场消费环节。所以，在乳业产业链上奶牛养殖场（户）是最脆弱的基础群体，即使是上市养殖企业也无权决定生鲜乳价格。实际上，乳制品加工企业和市场消费环节才真正决定着生鲜乳价格和奶牛养殖业效益。根据课题组在内蒙古某私人奶牛牧场的调研数据，2023 年 1~5 月，乳品企业对原料奶需求降低，导致生鲜乳价格持续下跌，而生鲜乳生产成本高于生鲜乳收购价格，生鲜乳生产出现亏损；2023 年 6~9 月，在生鲜乳价格稳定的前提下，成本呈现下降趋势，生鲜乳利润增长；2023 年 10~12 月，虽然生鲜乳价格出现先升后降趋势，但成本上涨幅度低于生鲜乳价格的下降幅度，所以依然可以实现盈利；2024 年 1~4 月，生鲜乳价格持续下跌，可是成本的涨幅较大，所以这几个月出现了亏损情况（见图 1）。从该私人奶牛牧场的经营情况看，6~12 月，奶牛养殖盈利的可能性较大，主因在于生鲜乳行业在这期间逐步进入旺季，自然牧草供给充足并且价格相对便宜，生鲜乳成本下降，利润增长。

① 《科右前旗 2023 年奶业项目验收情况的公示》，http：//kyqq. gov. cn/kyqq/bmxxgk70/bm97/5128065/5128066/5868259/index. html，2024 年 1 月 15 日。
② 《2023 年 12 月份生鲜乳收购价格情况》，http：//www. huhhot. gov. cn/2022_zwdt/bmdt/202401/t20240126_1653043. html，2024 年 1 月 26 日。
③ 《从"一棵草"到"一杯奶"，达拉特正在打造"百亿级"富民奶牛产业链》，http：//nmj. ordos. gov. cn/xwdt/qqdt/202311/t20231124_3532361. html，2023 年 11 月 24 日。

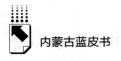

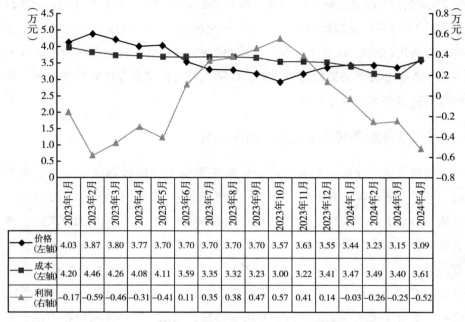

图1 内蒙古某私人奶牛牧场生鲜乳价格与成本利润情况

	2023年1月	2023年2月	2023年3月	2023年4月	2023年5月	2023年6月	2023年7月	2023年8月	2023年9月	2023年10月	2023年11月	2023年12月	2024年1月	2024年2月	2024年3月	2024年4月
价格（左轴）	4.03	3.87	3.80	3.77	3.70	3.70	3.70	3.70	3.70	3.57	3.63	3.55	3.44	3.23	3.15	3.09
成本（左轴）	4.20	4.46	4.26	4.08	4.11	3.59	3.35	3.32	3.23	3.00	3.22	3.41	3.47	3.49	3.40	3.61
利润（右轴）	-0.17	-0.59	-0.46	-0.31	-0.41	0.11	0.35	0.38	0.47	0.57	0.41	0.14	-0.03	-0.26	-0.25	-0.52

（三）规模养殖成本增长，效益下降

以内蒙古小规模和中规模奶牛养殖场为例，2023年，小规模奶牛养殖场平均每头奶牛产值为23741.44元，成本为29237.36元，净利润为−5495.92元，与2021年每头奶牛净利润−746.06元相比，亏损扩大4749.86元；中规模奶牛养殖场平均每头奶牛产值为28722.61元，成本为31100.30元，净利润为−2377.69元，与2021年每头奶牛净利润4836.38元相比，亏损额度更大；大规模奶牛养殖场平均每头奶牛产值为36090.52元，成本为33428.94元，净利润为2661.58元，与2021年每头奶牛净利润11101.64元相比，利润额度缩减。2023年小规模奶牛养殖场和中规模奶牛养殖场亏损及大规模奶牛养殖场利润下降的主要原因在于生鲜乳价格持续下跌。农业农村部畜牧兽医局监测数据显示，全国牛奶主产省份生鲜乳价格持续下跌，奶牛养殖业遭遇重创。内蒙古、河北等 10 个主产省份生鲜乳月度均价由 2021 年 12 月的 4.31 元/千克下跌至 2022 年 12 月的 4.12 元/千克，减少了 0.19 元/公斤，到 2023 年 12 月均价下跌至 3.67 元/千克，减少了 0.45 元/公斤。其中，呼和浩特市地区生鲜乳月度均价由 2023 年 1 月的 3.98 元/公斤下跌至 12 月的 3.70 元/公斤，下降了 7.0%。① 奶牛养殖效益持续下降。

（四）粮饲生产"争地、争水"矛盾加剧

根据《内蒙古统计年鉴 2023》，2022 年，内蒙古粮食作物播种面积为 695.2 万公顷，较 2021 年增加 6.8 万公顷，相比粮食作物播种面积，2022 年人工种草保有面积为 255.0 万公顷，较 2021 年减少 31.0 万公顷。并且，2020 年国务院办公厅印发《关于防止耕地"非粮化"稳定粮食生产的意见》，明确指出"耕地在优先满足粮食和食用农产品生产基础上，适度用于非食用农产品生产"。因此，扩大牧草种植面积的制度约束增强。为此，内蒙古扩大饲草尤其苜蓿草种植面积与保住粮食作物面积的矛盾凸显，并且会持续加剧。同时，苜蓿草是内蒙古种植面积最大的牧草种类。苜蓿草在干物质形成过程中需要大量的水分，形成 1 千克干物质需要消耗 900～1100 千克的水分，加之苜蓿草需要干旱气候和灌溉设施完善的叠加条件，不得不在干旱少雨的地区种植，然而内蒙古地表水匮乏、地下水有限的干旱半干旱区对苜蓿草的水资源供给压力较大。对水资源紧缺的内蒙古来说，扩大种植苜蓿草面积就会促使过度消耗地下水的风险上升，从而导致地下水位下降，隐藏着一些生态问题。同时内蒙古农田灌溉用水量占全区用水总量的 63.0%左右，换言之，内蒙古每年 60.0%以上的水资源用来生产国家 5.7%左右的粮食。因此，扩大种植苜蓿草面积可能会导致草粮"抢水"矛盾加剧。如何平衡种植牧草、粮食生产、水资源的矛盾是内蒙古当前面临的问题。

---

① 《奶价下行喷粉持续，奶牛养殖业应对渡难关》，《新京报》2023 年 7 月 27 日。

（五）乳品企业库存、销售压力加大

2023年7月，乳品企业每天喷粉的生鲜乳为4000~5000吨，2023年过剩生鲜乳将超过110万吨，喷粉库存为23万~30万吨。[①] 喷粉1吨约亏损4万~5万元人民币。根据报道，伊利、蒙牛两大乳品企业日喷粉量达10000吨，压力向产业链上游传导。[②] 2024年4~5月，龙头乳品企业平均每天喷粉的生鲜乳达到2万吨，约占收奶量的25%。截至2024年6月底，龙头乳品企业奶粉库存量不低于30万吨，生鲜乳过剩情况显著高于2023年。喷粉成本占据乳品企业流动资金的比重较大，可能给企业正常运行带来困难。同时，进口乳制品也占据国内部分市场，影响了乳制品的销售。2023年，我国共计进口各类乳制品287.81万吨，同比减少12%，进口额为120.82亿美元，同比下降13.3%，进口乳制品折合生鲜乳为1718万吨，同比减少10.4%（干制品按1∶8，液态乳品按1∶1折算，下同）。[③] 折算后占国内原料奶产量的40.9%，换言之，进口乳制品间接占了国内原料奶消耗市场的40.9%。2024年1~5月，我国共计进口各类乳制品109.46万吨，同比减少15%，进口额为45.05亿美元，同比下降24.6%，进口乳制品折合生鲜乳为674万吨，比上年同期减少16%，[④] 占2024年上半年全国原料奶产量（1856万）的36.3%。进一步加大了国内乳制品企业去库存的压力。

① 《呼和浩特市农牧技术推广中心陪同农业农村部调研组开展奶业专题调研》，http：//nmj.huhhot.gov.cn/ywgz/cmy/202404/t20240424_1690355.html，2024年4月24日。

② 中国奶业协会副会长、中国农业大学教授李胜利在第十五届中国奶业大会专场活动——中国奶业发展战略研讨会上的讲话，2024年7月3日。

③ 刘长全、李胜利主编《中国乳业贸易月报2024年01月》2024第1期（总第203期），2024年1月28日。

④ 刘长全、李胜利主编《中国乳业贸易月报2024年06月》2024第6期（总第208期），2024年6月27日。

四 奶业生产高质量发展的对策建议

（一）健全多元合作机制和投资渠道，提高优质奶牛本土化供给能力

优质奶牛育种培育是复杂系统的高科技工程，需要建立各个领域合作的团队，这样才能在某项技术上取得突破性成就。构建合作制度，补齐短板，优势互补，提高研究效率，公平合理分配产生的利润，充分调动各方积极性，加快培育产奶量高、性能好、各方面都表现优异的种牛。奶业发达国家与中国奶牛种牛繁育领域合作共赢的市场是广阔的，这也是有效开展国际合作的基础。从澳大利亚、新西兰、乌拉圭、智利、墨西哥、美国等奶业发达国家进口奶牛种牛的同时直接进口种牛冷冻精液，补充国内优质种质资源库的不足，增加优质种牛种子资源的保有量。当前，我国奶牛养殖业国产冻精的市场占有率约为30%，进口遗传物质的占有率约为70%，所以奶牛养殖业应广泛地和奶业发达国家进行遗传物质交换，加快优秀种牛群的建设，[1]提高高性能的纯奶牛头数和乳肉兼用牛的奶牛头数，推动乳业牛群品种多样化发展。同时做好资金保障，以市场化运作方式，运用财政资金撬动社会资本投入，以财政资金兜底，带动民间资本投入奶牛育种培育，建立投融资基金，实现常态化持续性投入，让优质奶牛育种培育人员全身心投入研发领域，推进育种工作顺利开展。

（二）生产多样化乳制品，有效供给不同消费群体

支持企业生产平价巴氏鲜奶，增加收购生鲜乳，为奶牛养殖业纾困。乳制品企业与教育机构合作，针对中小学生生产保质期短的平价"巴氏鲜奶"，并根据中小学个体饮用量差异化生产报送；乳制品企业与总工会合

---

① 《调整乳制品消费结构加快育种及牧场建设，中国乳业走出困境需多方位布局》，《中国食品报》2023年3月21日，第4版。

作，深度挖掘消费市场，各级总工会慰问职工时可以将乳制品纳入主要慰问品，各级单位工会带头采购乳制品作为慰问品，力所能及地纾困乳业经济，可发放消费乳制品的代金券和消费券，鼓励单位员工加大消费"巴氏鲜奶"；大力宣传政府支持企业生产平价"巴氏鲜奶"的举措，在人员密集的公共场所投放自助机器，提升消费平价"巴氏鲜奶"的便利度。鼓励广大消费者购买平价"巴氏鲜奶"。生产适合不同人群的干乳制品，尤其扩大奶酪产品的消费。针对老年人群、学生、三高人群、中年人群、青年人群，生产各类干乳制品，尤其要推动奶油类、奶酪类、乳清类、炼乳、稀奶油类产品的生产销售，在进口乳制品总量下降的形势下，抢占干乳制品的消费市场。我国干乳制品的消费量远低于乳业发达国家的消费量，我国居民仍以消费液态奶为主。例如，生产 1 公斤奶酪需要 10 公斤生鲜乳，同时产生 7 公斤左右的乳清，所以生产干乳制品是加快消化过剩生鲜乳的最佳途径。要从消费者的健康关切出发，加大针对健康与功能性乳品产品的研发力度，满足个性化需求。推动我国居民对奶酪等干乳制品的消费积极性，提高国产奶酪产出率和副产品乳清利用率，减少乳清进口成本。把干乳制品融入中式餐饮，培育多种形式的消费市场，从而有效缓解生鲜乳过剩问题。

（三）通过多种途径降低奶牛养殖成本，改变奶牛品种单一化问题

降低饲料成本。饲料成本支出基本占奶牛养殖成本的 70%，所以，降低饲料成本是降低奶牛养殖成本的关键。建议加大对饲料种植户的扶持力度，例如，政府担保提供无息贷款或者低息贷款，降低饲料种植户的贷款成本。同时对牧场提供多样化的科学饲料配比方案。协助牧场解决过度依赖进口饲料问题，把玉米秸秆、大豆秸秆粉碎后与其他精饲料搭配使用，扩大饲料供给来源。提高豆粕、豆饼的本土化供给。在呼伦贝尔市、兴安盟的大豆主产县（市、区、旗）发展豆粕、豆饼生产企业，让优质大豆在本地加工，将较多利润留在当地。争取让奶源集中地区的豆粕、豆饼实现本土化供给，降低牧场使用豆粕、豆饼的交易成本和运输成本。推进奶牛品种互补性养殖，缓解奶源供需失衡问题。充分发挥内蒙古目前大量养殖荷斯坦牛、西门

塔尔牛、安格斯牛的优势，合理配置奶牛品种，利用不同奶牛品种的产奶差异期，补齐不同季节原奶产量失衡的缺口，有效缓解原奶阶段性过剩和企业喷粉造成的成本压力，解决季节性原奶供应不足时奶价上涨导致的企业成本上升问题。同时多方努力稳定全年奶价，保障养殖户收入，确保奶牛饲养的持续性与稳定性。

（四）提高牧草本土化供给，降低过度依赖进口牧草的风险

提高边际土地使用率，提升苜蓿草本土化供给。提高盐碱地的利用率。目前内蒙古现有盐碱化耕地 1585.0 万亩，占全区耕地总面积的比重超过 9.0%。[①] 这些盐碱地为种植苜蓿草等牧草提供了契机。目前国家把内蒙古纳入国家盐碱地等耕地后备资源综合利用试点地区，将资金、技术、人才的支持力度加大，同时，中国农业科学院已在河北、宁夏、内蒙古等地区盐碱地上培育出紫花苜蓿，该品种苜蓿草不但可以改良土壤，还能产出优质苜蓿干草，平均每年的固氮量可以达到 100 公斤/公顷。[②] 因此，在盐碱地上扩大种植苜蓿草，提高自治区苜蓿草供给能力，可以减少苜蓿草种植对优质耕地资源的挤占，提高低产田利用效率。在低产田中采取苜蓿草与青贮玉米带状复合种植技术实施 4 年后，苜蓿单作和青贮玉米单作产量分别提高了31.1% 和 27.7%。草田轮作有 3~5 年的周期，种植豆科牧草可以使土壤有机质含量提高 20% 左右，固氮量增加 100~150 公斤/公顷，化肥用量减少超过 1/3，节水 10%~15%，减少水土流失 70%~80%，粮食产量提高 10%~18%。[③] 可见，带状复合种植技术和草田轮作方式既能改良和提高低产田产量又能提高牧场供给能力。加大对苜蓿草品种的研发投资，有效开发野生苜蓿草资源，通过生物繁育技术，提高苜蓿草种子繁育水平，提高苜蓿草品质和单产量，提升人们对国产苜蓿品种的认可度，从而提高国内苜蓿草自给

---

① 《内蒙古纳入国家盐碱地等耕地后备资源综合利用试点》，http：//nmt. nmg. gov. cn/xw/nmyw/202310/t20231019_2395744. html，2023 年 10 月 19 日。
② 《国产苜蓿如何打破增产瓶颈？》，《农民日报》2023 年 3 月 7 日。
③ 《发展草业促进粮草融合共赢发展》，《中国绿色时报》2023 年 5 月 31 日。

率，降低养殖业过度依赖进口苜蓿草的各种风险。同时，规范土地租赁市场，降低苜蓿草种植土地成本。以市场为导向，在维护多方利益的前提下，建立稳定的土地租赁价格协商机制。根据当年苜蓿草市场价格，由村集体和村民代表与牧草企业协商确定下一年的土地租赁价格，维护双方利益，稳定土地租赁价格。或者以土地入股牧草企业的方式，建立利益紧密的合作关系，防止土地租赁价格过度上涨后耕地无法转包出去而出现撂荒现象，避免村民提出的耕地租赁价格脱离实际市场价格带来不必要的损失。另外，牧草企业整平土地、建设灌溉设施等的投入较大，并且种植牧草的耕地再转变为播种粮食耕地时农户的投入更大。所以，由村集体代表村民，在确保村民合理利益诉求的前提下，与牧草种植企业协商解决土地租赁价格是稳定土地租赁价格和降低牧场种植土地成本的关键。

（五）乳制品企业推出人民满意的乳制品，提振消费

2023 年度，消费者更关注控糖、有机、特殊蛋白等细分品类，青睐天然营养补充、无负担、具有创新形态的产品。从 2023 年乳制品销售额同比增长率来看，凝固型酸奶同比增长率高达 90.9%，乳铁蛋白牛奶为 60.5%，酪蛋白牛奶为 33.8%，有机乳制品为 20.9%，减糖乳制品为 13.7%，高钙牛奶为 3.2%。[①] 在此基础上，企业应扩大社会公益活动，引起全社会的广泛关注。让更多人参与乳制品企业社会公益活动，让全社会全面了解乳制品企业和整个奶业的困境，争取广大民众的支持，掀起全社会拯救民族产业奶业的热潮，从而减轻企业库存压力。例如，通过相关部门，为国防建设人员赠送奶酪等干乳制品，有效满足边防官兵对蛋白质和维生素的需求，同时也可以缓解企业库存压力。在销售方式上可借鉴君乐宝的"备胎产品"模式。"简醇"最早与褐色酸奶"慢醇"同时上市，上市之初并未大力推广，而是在销售的过程不断检验和优化产品。当"涨芝士啦"等产品进入增长瓶颈

① 经济日报—伊利集团消费趋势报告（乳制品）课题组：《促进乳品消费市场健康发展》，《经济日报》2024 年 3 月 19 日。

期后，君乐宝开始转向发力，推广"简醇"，最终使得"简醇"成为近2年来酸奶品类增长最快的品牌。① 君乐宝的"备胎产品"销售模式创造了销售奇迹，为企业不断赢得市场份额，值得学习与借鉴。

五 结论

经过对内蒙古奶业发展状况的调查、观察和研究，奶业高质量发展是内蒙古现代畜牧业的标志，是当地经济发展的风向标，直接和间接在带动畜牧业发展和解决就业问题方面发挥着重要作用。但目前内蒙古奶业面临的问题和困难不可忽视，应厘清思路，在"十五五规划"期间注重顶层设计和中长期发展规划，大力培育奶业新质生产力，为奶业可持续高质量发展打好扎实基础。

① 侯俊伟主编《2023 中国乳业营销发展白皮书》，《内部资料》，第 136 页。

B.5
内蒙古羊绒生产发展调查报告（2024）

——以鄂尔多斯市为例

李秋月　敖　明*

摘　要： 羊绒产业是内蒙古的优势畜牧产业，推进羊绒产业发展是内蒙古建设国家重要农畜产品生产基地的重要内容。内蒙古自治区鄂尔多斯市是世界上最大的优质羊绒主产区、羊绒制品生产加工基地，拥有全国规模最大的阿尔巴斯绒山羊种源基地，产业规模逐渐扩大、产业链条不断延伸、品牌知名度和影响力持续提升、科技创新能力稳步增强，为羊绒全产业链高质量发展奠定了基础。然而在此过程中鄂尔多斯市面临着市场竞争不断加剧、新纤维面料对羊绒带来冲击等市场环境挑战，以及羊绒产业集群效应不强、羊绒整体品质下降等羊绒产业自身建设挑战。对此，建议鄂尔多斯市从延链补链强链、健全支撑体系、强化保障措施等方面提升羊绒全产业链的稳定性和竞争力，增强羊绒全产业链发展活力。

关键词： 羊绒产业　羊绒全产业链发展　鄂尔多斯羊绒基地

　　建设国家重要农畜产品生产基地是习近平总书记赋予内蒙古的重大战略定位，而推进羊绒产业发展是内蒙古建设国家重要农畜产品生产基地的重要内容。羊绒产业是内蒙古的优势畜牧产业，也是自治区18个重点产业链之一。内蒙古拥有丰富的羊绒资源，全区山羊绒总产量占全国的40%，羊绒

---

* 李秋月，中共鄂尔多斯市委党校讲师，研究方向为公共经济；敖明，中共鄂尔多斯市委党校市情研究中心主任、副教授，研究方向为产业经济。

制品产量占全国市场的 60% 以上，有着"世界羊绒看中国，中国羊绒看内蒙"的美誉。[①] 因此，《中国共产党内蒙古自治区第十一届委员会第八次全体会议公报》强调"强化农牧业全产业链发展政策保障"，政府提供外推力延链、强链、提链、补链，引导羊绒产业集群化、集约化、一体化发展。

鄂尔多斯市地处北纬 37°畜牧业黄金带，是全国乃至世界优质山羊绒原料基地，拥有全国规模最大的阿尔巴斯绒山羊种源基地，也是世界上最大的优质羊绒主产区、羊绒制品生产加工基地，其羊绒产量占内蒙古羊绒产量的52%，占全国的 22%，占全球的 13%，年收储原绒 5000 吨，羊绒加工营销能力占全国的 1/2，占全球的 1/3，2022 年被授予"中国绒都"称号。[②] 多年来，依托羊绒资源优势，经过产业调整和技术升级，鄂尔多斯市羊绒产业规模不断扩大，效益不断提升，已获国家优势特色产业集群项目支持，是鄂尔多斯市传统优势主导产业。近年来，鄂尔多斯市以"构筑世界级羊绒产业"为目标，全面推进羊绒产业振兴，在鄂尔多斯市推动羊绒全产业链高质量发展，聚焦建设国家重要农畜产品生产基地的战略定位，全面提升羊绒产业的整体影响力、品牌竞争力和国际话语权等方面具有重要意义。

一 鄂尔多斯市推进羊绒全产业链高质量发展的基础

鄂尔多斯市羊绒产业规模逐渐扩大、产业链条不断延伸、品牌知名度和影响力持续提升、科技创新能力稳步增强，为羊绒全产业链高质量发展奠定了坚实的基础。

（一）产业规模逐渐扩大

1. 羊绒产量大

鄂尔多斯市是全国羊绒产量最大的地级市，也是全球优质山羊绒原料来

---

① 《中国绒都的世界梦——内蒙古推进羊绒全产业链高质量发展观察》，http://nm.people. com.cn/n2/2023/0814/c347194-40530571.html，2023 年 8 月 11 日。

② 《鄂尔多斯市羊绒产业 熠熠生辉再前行》，http://gxj.ordos.gov.cn/tt/202308/t20230808_ 3458474.html，2023 年 8 月 7 日。

源地，被誉为"中国绒都"。2017~2022年，鄂尔多斯市山羊绒产量呈现波动式上升趋势（见图1）。2017~2023年，鄂尔多斯市羊绒占内蒙古和全国的比重均整体呈上升趋势。2023年，鄂尔多斯市的羊绒产量占内蒙古的比重为58%，相比2017年提升21个百分点；占全国的比重为24%，相比2017年提升7个百分点（见图2）。

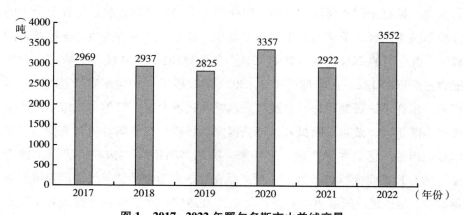

图1 2017~2022年鄂尔多斯市山羊绒产量

资料来源：《鄂尔多斯统计年鉴2023》。

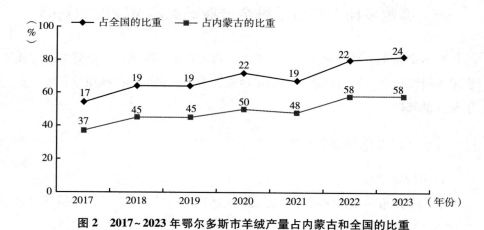

图2 2017~2023年鄂尔多斯市羊绒产量占内蒙古和全国的比重

资料来源：2017~2022年数据来源于历年《内蒙古统计年鉴》《鄂尔多斯统计年鉴》，2023年数据来源于鄂尔多斯市农牧局官网。

从产量地区分布来看，鄂尔多斯市羊绒产量比较高的旗区是达拉特旗、鄂托克旗、杭锦旗和鄂托克前旗。2022年，达拉特旗、鄂托克旗、杭锦旗和鄂托克前旗的羊绒产量分别为1035吨、909吨、452吨和450吨（见图3），分别占鄂尔多斯市羊绒总产量的29.1%、25.6%、12.7%和12.7%。

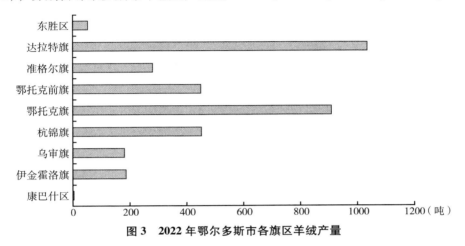

图3　2022年鄂尔多斯市各旗区羊绒产量

资料来源：《鄂尔多斯统计年鉴2023》。

2. 绒山羊存栏量多

优质绒山羊品种是鄂尔多斯市羊绒产业高质量发展的基础。在绒山羊养殖方面，鄂尔多斯市通过种质资源保护、品种选育和标准化养殖增加羊绒产业上游规模，引导农牧民养殖超细绒山羊，每年可向区内外提供优质绒山羊种羊5万只以上。在绒山羊存栏量方面，鄂尔多斯市绒山羊存栏量常年稳定在600万只以上，占全市牲畜存栏量的52%，绒山羊良种率为98%以上。预计到2025年，鄂尔多斯市优质绒山羊存栏可超过700万只，年产优质羊绒3500吨。[1]与内蒙古白绒山羊三大品系中的阿拉善白绒山羊和二狼山白绒山羊相比，鄂尔多斯市的阿尔巴斯白绒山羊存栏量达到156万只，[2]远高于阿拉善白

---

[1]　《中国绒都的世界梦——内蒙古推进羊绒全产业链高质量发展观察》，http://nm.people.com.cn/n2/2023/0814/c347194-40530571.html，2023年8月11日。

[2]　《（走进中国乡村）阿尔巴斯白绒山羊"闯世界"》，https://baijiahao.baidu.com/s?id=1793776322242059771&wfr=spider&for=pc，2024年3月17日。

绒山羊的存栏量（80万只）① 和二狼山白绒山羊的存栏量（248万只）②。

3. 羊绒制品加工能力强

鄂尔多斯市在羊绒新型染整、新型纺纱、羊绒印花等技术开发方面取得了重大突破，是全国绒纺行业技术创新的领先者。凭借着丰富的羊绒资源和先进的加工技术，鄂尔多斯市已成为我国重要的羊绒制品生产加工基地，年生产羊绒制品达650万件，羊绒制品的生产能力占全国的比重达50%，在全球占比约为40%。③ 2017～2023年，鄂尔多斯市羊绒衫产量总体稳定，与2022年相比2023年有小幅度增长（见图4）。

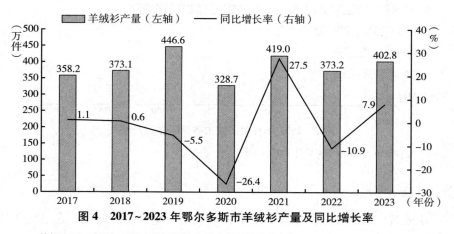

图4 2017～2023年鄂尔多斯市羊绒衫产量及同比增长率

数据来源：《鄂尔多斯市国民经济和社会发展统计公报》。

（二）产业链条不断延伸

1. 完整的产业链条形成

鄂尔多斯市作为我国重要的羊绒生产加工基地，已形成从绒山羊品种选

① 《阿拉善盟全力推动白绒山羊产业发展》，https：//baijiahao.baidu.com/s？id=1799547096
　406255798&wfr=spider&for=pc，2024年5月20日。
② 《独特羊品种撑起优质羊绒产业》，https：//baijiahao.baidu.com/s？id=17373713761991
　95181&wfr=spider&for=pc，2022年7月4日。
③ 《「财经分析」鄂尔多斯：何以"绒"耀世界？》，https：//baijiahao.baidu.com/s？id=1803
　542137526332474&wfr=spider&for=pc，2024年7月3日。

育、规模化养殖，到产品研发、生产、加工、品牌、营销各个环节协同发展的有机整体，形成了比较完整的产业链条。鄂尔多斯市羊绒产业链中下游企业情况如表1所示。2023年，鄂尔多斯市羊绒全产业链产值达170亿元，同比增速达14.9%。[①] 其中，内蒙古鄂尔多斯资源股份有限公司建立了从牧场建设、原料采购到初加工、深加工、成衣生产、品牌推广、渠道建设、产品销售的全产业链发展模式，拥有"原料运营—分梳—染纺—针织/机织"的羊绒全产业链运营链条，大幅提升了羊绒产品附加值。

表1　鄂尔多斯市羊绒产业链中下游企业情况

企业类型	分布旗区	主要内容
绒纺初加工企业	东胜区、达拉特旗及鄂托克旗	以分梳无毛绒为主
绒纺制品精深加工企业	东胜区、高新技术产业开发区	以生产羊绒衫为主，围巾、披肩、羊绒大衣、羊绒毯等为辅

资料来源：作者根据公开资料整理。

2. 龙头企业带动引领

在产业链上下游企业协作发展过程中，鄂尔多斯市羊绒产业链基本形成了以鄂尔多斯羊绒集团、伊吉汗羊绒制品公司等企业为龙头，以东胜羊绒产业园为重点的羊绒产业中心的发展格局。截至2023年底，鄂尔多斯市从事绒山羊产业的龙头企业有44家，其中，国家级龙头企业有1家，自治区级龙头企业有7家，市级龙头企业有36家。[②] 国家级羊绒龙头企业内蒙古鄂尔多斯资源股份有限公司是国内最大、最高端的绒纺加工企业。

（三）品牌知名度和影响力持续提升

原绒是羊绒产业链的上游原材料，决定羊绒产业中间品和最终品的质量

---

① 《「财经分析」鄂尔多斯：何以"绒"耀世界？》，https://baijiahao.baidu.com/s? id=1803 542137526332474&wfr=spider&for=pc，2024年7月3日。

② 《鄂尔多斯市羊绒产业　熠熠生辉再前行》，http://gxj.ordos.gov.cn/tt/202308/t20230808_ 3458474.html，2023年8月8日。

和价格。阿尔巴斯山羊绒被誉为"纤维宝石"，是优质羊绒原料来源，欧洲纤维委员会授予阿尔巴斯山羊绒"柴格纳"绒毛品质奖，其羊绒品质获得世界认可。鄂尔多斯市建立了全国规模最大的国家级阿尔巴斯绒山羊保护场和种源基地，并于2024年2月成功注册"阿尔巴斯山羊绒"地理标志证明商标，提升了阿尔巴斯山羊绒品牌价值和品牌影响力。

此外，2024年6月，世界品牌实验室发布的《中国500最具价值品牌》显示，中国的"鄂尔多斯"品牌价值已达1809.72亿元，连续18年居纺织服装行业榜首。鄂尔多斯市连续举办六届中国（鄂尔多斯）国际羊绒羊毛展览会，搭建了羊绒产业对接、交流、交易的平台，在向全世界推广中国羊绒品牌、推动羊绒全产业链发展方面发挥了重要作用。

（四）科技创新能力稳步增强

1. 科技创新资金投入与政策支持

为推动羊绒产业高质量发展，鄂尔多斯市以科技创新为抓手，持续推出羊绒产业科技支持政策，科技创新资金投入与支持力度全国领先。第一，持续加大对羊绒产业科技创新的资金支持力度。《鄂尔多斯市构筑世界级羊绒产业行动方案》指出，2023~2027年鄂尔多斯市财政每年安排1亿元资金振兴羊绒产业，重点开展绒山羊保种、选育提高、标准化示范牧场等内容；《鄂尔多斯市高质量建设国家重要农畜产品生产基地全面推进乡村振兴若干政策措施》要求，2023年鄂尔多斯市级预算安排推进农牧业高质量发展资金3亿元，重点用于支持全市农牧业产业发展、科技创新等。[①] 第二，以推动羊绒产业科技创新为目标出台系列支持项目和政策，如鄂尔多斯市农牧局"揭榜挂帅"项目、《鄂尔多斯市羊绒产业科技创新发展实施方案（2024-2027年）》等，不断完善羊绒产业各领域政策支持措施。同时印发《全市农牧业和生态科技领域创新能力提升重点任务

---

① 《鄂尔多斯市人民政府关于印发深入落实"科技兴蒙"行动以科技创新驱动高质量发展实施方案的通知》，http://www.ordos.gov.cn/ordosml/ordoszf/202106/t20210602_2902334.html，2021年5月28日。

分工方案》，对全市各部门进行重点任务分工，聚焦助力世界级羊绒产业发展等重点任务，从平台建设、项目支持、人才培育等方面为羊绒产业高质量发展提供科技支撑。

2. 搭建科研技术创新平台

鄂尔多斯市搭建高端科研创新平台，构建羊绒产业科技创新载体。《鄂尔多斯市羊绒产业科技创新发展实施方案（2024—2027年）》提出，鄂尔多斯市将按照"一个中心+一个联盟+两大实验室+五大应用场景"羊绒科技发展布局，推动国家羊绒产业科技创新中心建设。此外，鄂尔多斯市建立了绒山羊院士工作站，挂牌"鄂尔多斯市羊绒研究院"，全力推动国家级绒山羊科创中心建设。截至2024年，鄂尔多斯市累计建成6个羊绒产业国家级、自治区级创新平台，对羊绒产业集聚创新资源、攻克关键技术具有重要意义。①

二　鄂尔多斯市推进羊绒全产业链高质量发展面临的挑战

鄂尔多斯市羊绒产业面临着来自外部市场环境的挑战以及产生于内部的自身建设挑战，这些是推进羊绒全产业链高质量发展过程中不可避免的问题。

（一）市场环境挑战

1. 市场竞争不断加剧

各地羊绒产业发展较快，鄂尔多斯市羊绒产业在发展过程中也面临着越来越大的市场竞争压力。从全国范围看，河北清河县、陕西榆林市等羊绒产业集群发展较快且效益较好，与鄂尔多斯市形成了产业区域竞争新格局。从内蒙古范围看，包头市、赤峰市、阿拉善盟等盟市大力发展羊绒产业，与鄂

---

① 《内蒙古鄂尔多斯市："暖城"全力构筑世界级羊绒产业》，http://kjj.ordos.gov.cn/xwzx 2020/qnwkj/202306/t20230613_3439009.html，2023年6月13日。

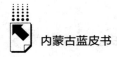

尔多斯市羊绒产业形成了区内竞争态势。

2. 新纤维面料对羊绒带来冲击

随着科技的不断进步，纺织行业也有很大的变化，具有独特性能和优势的新纤维面料的出现，会给传统的羊绒产业带来巨大冲击。新纤维面料具有耐磨性、抗皱性、良好的透气性和吸湿排汗功能等特征，穿着者在各种环境下都能保持舒适感，并且这种面料可以通过现代化的生产线进行大规模生产，生产成本相对较低。相比之下，羊绒在耐磨性和易打理方面略显不足，且羊绒的采集过程不仅耗时耗力，而且产量有限，这使得羊绒制品的价格相对较高，对羊绒市场构成了挑战。

3. 个性化消费需求升级

在服装行业，消费者对个性化消费需求的升级已经成为一个不可忽视的趋势，消费者对产品设计、质量、品牌、时尚、穿着体验等要求越来越高。对于传统羊绒企业来说，如何转变经营策略，从大规模生产转向小批量、多样化的定制生产，如何应用大数据、人工智能等技术更精准地捕捉消费者的个性化需求，如何建立更加灵活和高效的供应链体系以适应市场的变化等问题，都给传统羊绒企业带来巨大挑战。

（二）自身建设挑战

1. 羊绒产业集群效应不强

虽然鄂尔多斯市羊绒产业链条完整，但是产业集聚效应不强，导致羊绒虽然产量高但是产值较低。例如，与我国最大的羊绒集散地河北省清河县相比，从羊绒企业数量看，截至 2024 年底，鄂尔多斯市东胜区共有羊绒企业 361 家，个体经营商户 296 户，① 而河北省清河县羊绒企业有 1000 余家，羊绒产业市场主体有 1 万余家，从业人员有 10 万余人；② 从产值看，2023 年，

---

① 《「财经分析」鄂尔多斯：何以"绒"耀世界？》，https：//baijiahao.baidu.com/s？id＝1803542137526332474&wfr＝spider&for＝pc，2024 年 7 月 3 日。

② 《王忠杰：清河羊绒焕新，打造全球影响力"世界绒谷"》，https：//baijiahao.baidu.com/s？id＝1804439398854769886&wfr＝spider&for＝pc，2024 年 7 月 12 日。

鄂尔多斯市羊绒全产业链产值为 170 亿元,[①] 而河北省清河县羊绒年产值为 420 多亿元。[②]

鄂尔多斯市羊绒产业集群效应不强,一方面,羊绒产业链上的企业缺乏有效的协同合作,许多企业各自为战,没有形成紧密的产业链合作关系,整体竞争力不强,而且羊绒龙头企业带动中小企业作用发挥不充分。另一方面,鄂尔多斯绒纺产业创新示范园项目正在建设,园区集聚效应没有充分显现。

2. 羊绒整体品质下降

山羊育种和养殖是羊绒产业链的起点,优质的绒山羊品种直接决定了原绒的质量,鄂尔多斯市羊绒整体品质有下滑的趋势,对羊绒产业的可持续发展是很大的挑战。一方面,随着羊绒产业的快速发展,在很长一段时间里绒山羊养殖企业和牧民片面追求羊绒单产,利用各种高产品种绒山羊特别是含安哥拉血缘的公羊与阿尔巴斯白绒山羊进行杂交,使阿尔巴斯白绒山羊种质资源遭到破坏,羊绒品质下降,失去了羊绒以细为贵的品质和价格优势。另一方面,受生长速度、产肉量的影响,与外来畜种相比,阿尔巴斯绒山羊的养殖利用成本高,收入回报低,导致养殖企业和农牧民改变饲养方式,养殖高品质绒山羊的积极性也有所下降。

3. 羊绒产业数字化转型进程慢

鄂尔多斯市羊绒产业数字化进程慢给羊绒产业链协同发展带来了挑战。数字化技术可以运用到羊绒产业链的各个环节,助力羊绒企业提高生产效率、降低生产成本。羊绒产业是传统产业,产业链条长且分散,鄂尔多斯市羊绒产业整体的数字化、信息化水平不高,容易出现产业链各环节数据不互通的问题。而且,鄂尔多斯市羊绒企业大多数都是中小微企业,数字化转型需要投入的资金多、周期长、风险大,很多中小微企业担心技术门槛过高,

---

① 《解码"绒都"鄂尔多斯 产业链创新链加速融合》,http://gxq.ordos.gov.cn/gxyq/tzgx/hzzs/202407/t20240709_3633623.html,2024 年 7 月 9 日。

② 《河北清河县:生产全球 40% 的羊绒制品,把羊绒价格打到最低!》,https://baijiahao.baidu.com/s? id=1790196885961198035&wfr=spider&for=pc,2024 年 2 月 18 日。

对转型效果与转型成本也心存顾虑，存在不敢转、不会转等问题。

4. 羊绒企业人才结构性短缺

羊绒产业是传统的劳动密集型产业，其转型升级迫切需要人才和科技支撑，在推进羊绒全产业链高质量发展的过程中，鄂尔多斯市将面临劳动力结构性短缺和产业人才匮乏的挑战。第七次全国人口普查资料显示，鄂尔多斯市65岁及以上人口的比例为9.80%，已超过国际通用老龄化标准起点线（7%），而且老年人口比重也在不断上升。[①] 鄂尔多斯市人口老龄化程度进一步加深，劳动力人口相对减少，而且传统行业对年轻劳动力吸引力不足，羊绒产业链上中下游企业普遍都面临着劳动力供需失衡、劳动力成本上升、招工难等问题。除此之外，鄂尔多斯市羊绒产业不仅缺乏懂纺织、服装设计、生产、检测、销售的专业型人才，也缺少适应新模式、新动能发展的数字型、创新型、复合型高技能人才。

三　鄂尔多斯市推进羊绒全产业链高质量发展的对策建议

推进羊绒产业发展是建设国家重要农畜产品生产基地的重要内容，鄂尔多斯市要按照扩大数量、提高质量、增加产量的原则保优势、补短板、强弱项，从延链补链强链、健全支撑体系、强化保障措施等方面推进羊绒全产业链高质量发展。

（一）延链补链强链，推进羊绒全产业链深度融合发展

1. 促进羊绒产业链中大中小企业协同发展

大中小企业协同发展有利于加强产业内部关联，提高企业间专业化分工与协作水平，能够使鄂尔多斯市羊绒产业更好地应对集群效应发挥不充分的

---

① 《鄂尔多斯市人口老龄化程度进一步加深》，https：//www.ordos.gov.cn/ordosml/xxgk_new/fdzdgknr/sjfb/202106/t20210608_2906391.html，2021年6月8日。

挑战，是推动鄂尔多斯市羊绒全产业链深度融合发展的重要保证。一是整顿羊绒加工企业，推动企业整合重组，加快建设布局合理、功能完善的产业集群。在现有羊绒产业的基础上，进一步优化羊绒产业结构，提高羊绒产业集中度。同时充分发挥链主企业、龙头企业的带动作用，在与江南大学共建"羊绒针织科创联合研究中心"的基础上，健全完善羊绒产业技术创新战略联盟，引导大企业在联合研发、标准制定等方面创新，加大与中小企业的合作力度。二是培育专业化的羊绒产业上中下游配套企业，制定支持羊绒产业集群发展的土地、资金、税收等一系列切实可行的配套优惠政策，促进原料、资金、人才等生产要素向优势企业集聚，与龙头企业构成资源共享、分工明确、高效协作的产业链。三是高标准建设高新区绒纺产业创新示范园，制定优惠政策，在满足土地、建筑、水电、通信、交通等方面需求的同时，在培训、融资、咨询等方面也要做好保障，吸引更多的客商和企业入驻。同时要抓好园区公共服务设施建设，方便企业生产和员工生活，促进产城融合发展。

2. 构建羊绒优质品种"育繁推"一体化体系

"育繁推"一体化体系是指将育种、繁殖和推广环节有机整合形成相互衔接、相互促进的综合性体系。在鄂尔多斯市羊绒产业中构建"育繁推"一体化体系不仅可以加速优质绒山羊品种的培育和推广进程，提高羊绒品质，还能提高生产和研发效率。一是大力实施品种保护、品质提升工程，同科研院所深度合作，在生长发育、动物营养、胚胎移植、人工授精等方面加强技术攻关和应用，积极推广种公羊集中统一管理、育龄母羊人工授精技术，逐年扩大核心群养殖规模，提高14.5微米以下的优质绒山羊比重。二是加强绒山羊的选育工作，完善繁育、推广和质量检测体系。通过个体遗传评定和体形鉴定，对优秀个体进行良种登记，选育和组建育种核心群，不断培育优秀种羊。建立市县村三级联动的推广体系，依托市级畜牧技术推广站，举办"育繁推"技术培训班，提高优质绒山羊供种率，增强其竞争力。

3. 完善羊绒优质优价机制

优质优价政策不仅能够提高农牧民收入、激发农牧民养殖阿尔巴斯白绒

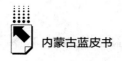

山羊的积极性，还能够提高羊绒品质、从源头上推动羊绒产业高质量发展。一是开展绒毛公共检验和第三方标准化检测认证，推动羊绒交易有据可依。以市场需求的质量特征或羊绒的使用价值为导向，逐步改进羊绒收购中的分级标准设计，完善羊绒质量分级，做好等级区分，尽快建立完善羊绒以质论价体系，做到分级抓绒分级收购，实现"优质羊绒、优价收购"。二是继续实施白绒山羊评比大会，创新激励制度，设立质量奖项，科学制定质量奖获奖标准，引导企业、农牧民对照标准制定改进措施，从而提高农牧民饲养优质绒山羊的积极性，增强改良羊绒品质的原动力。

（二）健全支撑体系，增强羊绒全产业链发展活力

1. 持续加强羊绒产业科技创新体系建设

科技创新是产业创新的内生动力，以科技创新推动羊绒全产业链高质量发展是全面振兴羊绒产业的必由之路。一是开展核心技术攻关，积极搭建高端科研平台。建设绒山羊种质基因库、基因分子检测分析实验室、分子生物实验室、绒毛及成品检测检验实验室四大科研平台，开展羊绒全产业链科研技术创新、人才团队引育、成果转移转化以及科技交流合作，为绒山羊科学饲养、品种选育及羊绒产品织造加工提供技术支撑。二是完善科技资金投入和成果转化评价体系，以科技创新质量、绩效、贡献为核心和评价导向，发挥科技成果评价的"指挥棒"作用，全面准确反映羊绒产业科技资金投入效率、科技成果转化水平以及对羊绒产业发展的实际贡献，以便更好发挥科技成果评价作用，促进科技与羊绒产业发展更加紧密结合。

2. 加快羊绒产业人才队伍建设

人才是羊绒全产业链高质量发展的重要支撑，是未来竞争的关键，因此要加快羊绒产业人才队伍建设。一是完善羊绒产业科技创新人才培育和引进体系，出台培育和引进羊绒产业科技创新人才的专项政策，引进重点紧缺人才，形成完整的科研创新人才梯队，促进产业链、创新链和人才链相融合。二是稳定绒纺企业员工队伍，优先满足企业所需的外地管理人员、研发人才、产业工人的落户需求，并在租房购房、子女入学等方面给

予重点保障。

3.深化羊绒产业数字技术的创新与应用

实现产业的高端化、智能化、绿色化，数字技术支撑必不可少。为解决绒纺行业原材料损耗高、打样成本高、品质波动大、人工耗用量大等问题，鄂尔多斯市需深化羊绒产业数字技术的创新与应用。一是打造羊绒数字化生产车间，实施智能织造工程，在羊绒全产业链各环节都运用智能化系统，如在养殖环节建立绒山羊辅助育种信息管理系统，分梳环节建立自动化联合分梳机生产线等，形成完善的智能化生产加工链条。二是运用精益生产管理经营方式，运用大数据不断完善提升羊绒企业生产流程和管理模式、优化布局，对员工进行数智化培训，实现降本增效的目的。三是发展壮大羊绒电商业务，出台电商创业贷款免息、邮寄费用限额补贴等系列扶持政策，建立羊绒重点企业联系制度，组织开展网络直播、线上营销等电商人才技能培训，积极培育网红主播，全力做大新型电商市场主体。同时加快拓展跨境电商业务，推动羊绒产业外贸转型升级。实施企业依托跨境电商 B2B 出口业务享受优先查验、一体通关等优惠政策，推动跨境电商与"一带一路"物流渠道融合。

（三）强化保障措施，提升羊绒全产业链稳定性和竞争力

1.加快建设羊绒交易中心

鄂尔多斯羊绒交易中心的建立是鄂尔多斯市推动羊绒全产业链高质量发展的重要保障，对于加快羊绒产业进档升级，提升羊绒产业的地位和影响力，促进产业集群集聚和高质量发展，增强绒毛原料定价权和话语权等将起到积极的促进作用。目前，鄂尔多斯市正在申报创建羊绒交易中心，加快建设羊绒交易中心应制定配套政策，引导和鼓励全市羊绒企业及上游产业企业进入中心交易，通过建立产品溯源、质量分级、公证检测、市场拍卖的现代流通体系，提高羊毛、羊绒、皮革原料及成品的市场竞争力。

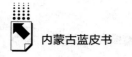
2. 创新生产经营合作机制

科学合理的生产经营合作机制能够促使羊绒产业整合要素、盘活资源、激发内生动力，是鄂尔多斯市羊绒全产业链高质量发展的重要"引擎"。一是优化"龙头企业+合作社+农牧户+社会化服务组织"产业化联合体，既发挥好龙头企业连接大市场的作用，又发挥了村党支部领办合作社组织、管理农户的优势。建设集仓储物流、水洗分梳加工、分级打包、质量检测、拍卖交易等为一体的综合性羊绒集中拍卖交易市场，实现产销一体化经营，延伸产业链、提升价值链，掌握市场主导权和商品定价权。二是实施"龙头企业+标准化种羊繁殖基地+牧户"利益联结模式，在绒山羊主产区，开展产业化规模化养殖，优先支持在羊绒产业链中贡献大、规模大、资信好的羊绒生产加工企业承担羊绒收储任务，实行羊绒收购保护价和分级奖补，使农牧民分享更多产业利润并增强抵抗市场风险的能力。三是提升"行业协会+企业"整体经营管理水平，行业协会是行业自律的引导者，也是政府与企业间的桥梁，应引导行业自律，避免羊绒企业之间互相压价、恶性竞争，并及时向政府反映行业需求和问题。

参考文献

胡登峰、黄紫微、李博等：《关键核心技术突破助推链长职能的培育机制研究——以中国建材补链强链为例》，《管理世界》2024年第6期。

贾卫峰、李尚蓉、王艺宁：《产业政策视角下数字技术对产业链与创新链融合的影响》，《科技进步与对策》2024年4月24日。

卢福财、王雨晨、徐远彬：《头部企业在数字化转型中的作用》，《数量经济技术经济研究》2024年第5期。

马晓君、宋嫣琦、于渊博等：《产业数字化如何走"实"向"深"？——数字要素全产业链溢出的内在逻辑与测算实践》，《统计研究》2024年第7期。

王萍、梁靖一、温占茂等：《"鼓"发展士气"强"特色产业——内蒙古羊绒产业高质量发展的困境与出路》，《北方经济》2024年第1期。

吴晶英、图雅：《内蒙古农牧业供给侧存在的主要问题及高质量发展对策建议》，

《内蒙古社会科学》2022 年第 5 期。

熊凤水、徐丽：《内外兼具：紧密型农企利益联结机制的实践探索》，《经济与管理》2024 年第 1 期。

杨蕴丽、王莹莹、邱婷：《我国畜牧业全产业链综合效益评价与高质量发展对策建议》，《中国畜牧杂志》2024 年第 3 期。

张祝祥、沙咏梅、代丹丹：《内蒙古推动农畜产品生产基地优质高效转型的思路和建议》，《实践》（思想理论版）2021 年第 10 期。

专题篇 ◪

B.6
内蒙古人口变动趋势及对策研究

胡伟华*

摘　要： 人口变动趋势与地区的经济发展、资源配置、公共服务供给以及社会稳定紧密相连。深入剖析内蒙古人口变动趋势，有助于准确把握地区发展的机遇与挑战，为制定科学合理的人口政策、经济政策和社会政策提供坚实的理论依据。通过对人口变动的深入研究，探寻有效的应对策略，对于促进内蒙古的可持续发展、提升人民生活质量、维护边疆稳定和谐具有不可替代的重要作用。目前，内蒙古应注意以下问题，一是人口总量进入负增长时代，二是内蒙古人口年龄结构发生了根本性转变，三是内蒙古人口城镇化率高于全国的同时东部盟市城镇化步伐明显滞后，三是区域人口增减的不均衡加剧了人口与经济规模的不匹配，四是常住人口性别比持续改善但城乡差异显著，五是特殊功能地区的人口与发展问题需要高度重视。因此，要采取科学决策应对人口下滑趋势，大力培育高素质人才，在提高边境地区人民福祉上多下功夫。

关键词： 内蒙古人口　人口负增长　城镇化　城乡差异

---

* 胡伟华，内蒙古师范大学经济管理学院副院长、教授，研究方向为人口资源环境经济学。

人口作为社会发展的基本要素，其数量、结构、分布等方面的变化犹如一面多棱镜，折射出经济、社会、文化等诸多领域的发展动态。内蒙古作为我国重要的边疆地区，其独特的地理环境、民族文化和经济结构，决定了人口变动呈现复杂而多元的特征。近年来，内蒙古人口在总量、城乡分布、年龄结构、性别比例以及地区流动等方面均出现了显著变化，这些变化既受到全国宏观人口变化趋势的影响，又具有鲜明的区域特色。

一　内蒙古人口发展现状与未来趋势①

当前，内蒙古人口总量进入负增长时代，并且人口减少数量较大，尤其从未来人口发展趋势看，内蒙古人口数量下降幅度很大，根据预测，2050 年，内蒙古人口将下降到约 1900 万人。由此，如何应对人口总数降低是内蒙古当前面临的难题。

（一）从历史人口总量变化来看

内蒙古常住人口在 2010 年前保持了 60 多年的总量增长。从阶段划分来看，增长呈现了"先快后慢"的趋势，2000 年前人口增长较快，人口从 1953 年的 609.1 万人增长到 2000 年的 2375.54 万人，年均人口增长 37.6 万人。2001~2010 年人口增长较为缓慢，年均增长 9.7 万人。

（二）从近期人口总量变化来看

内蒙古常住人口在 2010 年达到峰值 2472.2 万人，之后呈现缓慢下降趋势，比全国人口总量下降提前了 12 年。2020 年，内蒙古常住人口为 2402.8 万人，2010~2020 年常住人口减少 69.4 万人（见图 1）。截至 2023 年末，

---

① 本研究基于内蒙古自治区第七次全国人口普查数据，采用由原国家人口与计划生育委员会研发的 CPPS（中国人口预测系统）对 2021~2050 年内蒙古人口总量进行预测，在 CPPS 预测中存在两个基本假定：一是未来人口的死亡模式保持不变，二是所研究的人口为封闭人口（即不考虑预测期间省与省之间的人口流动情况）。预测结果如图 2 和表 1 所示。

全区实际常住人口为2396.0万人，跌破2400万整数关口，比2022年减少5.17万人，减幅0.22%，继续呈现出轻微下降的态势。

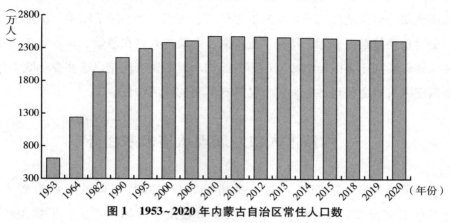

图1　1953~2020年内蒙古自治区常住人口数

资料来源：根据历年《内蒙古统计年鉴》和历次全国人口普查数据整理。

（三）从未来人口总量变化来看

2020~2040年，人口总量呈缓慢下降趋势，预测到2040年人口总量为2171.93万人，人口总数减少约230万人，年均下降速度0.50%。2041~2050年，内蒙古人口总量的下降速度有所加快，年均下降幅度约1.36%，预计2050年人口总量为1899.59万人。

（四）少数民族人口稳步增长

内蒙古是一个多民族共居的地区，改革开放以来，内蒙古经济社会快速发展，社会结构快速转型，少数民族人口进入一个新的发展阶段。1982年，全区居住着43个少数民族，少数民族人口为299.68万人，占全区常住人口的15.55%；1990年，居住在内蒙古的少数民族增加到48个，少数民族人口为416.64万人，占全区常住人口的19.42%；2000年，居住在内蒙古的少数民族增加到54个，少数民族人口为493.15万人，占全区常住人口的20.76%；2010年，全区居住着54个少数民族，少数民族人口为505.56万人，占全区常住人口的 20.45%；2020 年，全区居住着 56 个民族，是民族种类齐全的自治区，少数民族人口达 511.36 万人，占全区常住人口的 21.28%。

2020 年，各少数民族常住人口中，1 万人以上的少数民族有蒙古族、满族、回族、达斡尔族、鄂温克族和朝鲜族 6 个民族，人口合计占少数民族常住人口数的 98.80%。

内蒙古自治区成立以来，在中国共产党的领导下，少数民族人口保持了稳步增长态势。改革开放以来，全区少数民族人口以 1.42% 的年均增长率快速增长（同期全区常住人口年均增长率为 0.58%，汉族人口年均增长率为 0.4%），占全区常住人口的比重呈上升趋势。少数民族人口稳步增长有利于保持内蒙古的文化多样性，为文化旅游等产业发展提供丰富的资源。可以开发具有民族特色的旅游产品，促进经济增长。同时，少数民族的传统文化和手工艺品也可以成为经济发展的新亮点。

（五）高素质人才增长显著，受教育年限明显增加

内蒙古自治区第七次全国人口普查数据显示，全区常住人口中，拥有大学（指大专及以上，下同）文化程度的人口为 449.43 万人，比第六次全国人口普查增加 197.24 万人；拥有大学文化程度的人口的比例由 10.21% 提高至 18.69%，占比高于全国水平（15.47%）3.22 个百分点，全区受高等教育人数较快增长，高素质人才数量提升明显。

与第六次全国人口普查相比，15 岁及以上人口的平均受教育年限由 9.22 年提高至 10.08 年，平均受教育年限高于全国水平（9.91 年）0.17 年。文盲率由 4.07% 下降至 3.30%，下降 0.77 个百分点，全区基础教育普及成绩显著，教育事业繁荣发展。

劳动力素质结构提升有利于产业结构调整优化，但就目前来看整体受教育程度不高。分产业来看，第一产业中占比最高的是初中及以下学历劳动者，大学及以上学历劳动者总体构成较小。在第二产业、第三产业中，大学及以上学历劳动者人数不断提升，相比较而言，在第三产业中占比最高，提升幅度也最快。劳动力素质结构直接影响劳动力产业间的转移就业决策，受

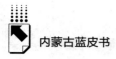

教育程度较高的个体进入或留在第三产业的概率较高,充分说明随着劳动力素质的不断提升,对第二产业、第三产业的发展均有直接的促进作用,而这种促进作用也可以通过间接的如第三产业中的农业技术服务传递到第一产业。

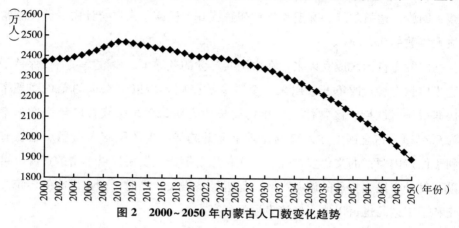

图 2　2000~2050 年内蒙古人口数变化趋势

资料来源:历年《内蒙古统计年鉴》,2000~2021 年人口数为实际数据,2022~2050 年人口数基于内蒙古自治区第七次全国人口普查数据采用 CPPS 预测得到。

表 1　2000~2050 年内蒙古人口总量现状及预测数据

单位:万人

年份	总人数	年份	总人口	年份	总人口
2000	2372.40	2017	2433.40	2034	2285.27
2001	2381.40	2018	2422.20	2035	2268.95
2002	2384.10	2019	2415.30	2036	2251.60
2003	2385.80	2020	2402.80	2037	2233.21
2004	2392.70	2021	2400.00	2038	2213.83
2005	2403.10	2022	2401.43	2039	2193.39
2006	2415.10	2023	2397.77	2040	2171.93
2007	2428.80	2024	2392.85	2041	2149.37
2008	2444.30	2025	2386.73	2042	2125.64
2009	2458.20	2026	2379.48	2043	2100.80
2010	2472.20	2027	2371.20	2044	2074.95
2011	2470.10	2028	2361.92	2045	2047.98
2012	2463.90	2029	2351.64	2046	2020.08
2013	2455.30	2030	2340.41	2047	1991.29
2014	2449.10	2031	2328.09	2048	1961.47
2015	2440.40	2032	2314.79	2049	1930.96
2016	2436.20	2033	2300.54	2050	1899.59

资料来源:历年《内蒙古统计年鉴》,2000~2021 年人口数为实际数据,2022~2050 年人口数基于内蒙古自治区第七次全国人口普查数据采用 CPPS 预测得到。

二 人口下降带来的负面影响

内蒙古人口已全面进入负增长时代，人口下降趋势仍在加快，这将带来一系列不利的影响。

（一）人口总量下降的直接结果是劳动力供给减少

人口总量下降的直接结果是劳动力供给减少，企业在招工方面面临困难，企业的用工成本上升，这可能导致企业利润空间被压缩，影响企业的扩大再生产和技术升级投入，进而阻碍产业的发展。

（二）劳动力供给减少也可能影响内蒙古的产业结构调整

一些需要大量劳动力的传统产业可能因劳动力不足而难以继续扩张，甚至可能出现萎缩。而新兴产业和高端制造业等对高素质劳动力需求较大的领域，也可能因劳动力短缺而发展受限。

（三）人口总量下降必然导致消费市场萎缩

人口减少意味着消费群体规模缩小，对各类商品和服务的总需求相应降低，比如，日常消费品如食品、服装、家电等的市场需求可能会因人口负增长而减少。人口减少进而会影响相关产业的生产规模和发展速度。

（四）可能导致投资吸引力下降

人口负增长可能会使投资者对地区经济的发展前景产生担忧，从而减少在该地区的投资。例如，房地产市场可能会因人口减少需求下降，进而使房地产投资放缓。此外，对制造业、服务业等其他产业的投资也可能因市场规模缩小、劳动力不足等受到抑制，影响地区经济的资本积累和产业升级。如何应对人口下降、如何进行合理的人口布局是内蒙古当前面临的重要问题。

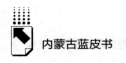

三 需要关注的问题

（一）内蒙古人口年龄结构发生了根本性转变

按照国际上通用的人口年龄分组标准，将总人口按照年龄分为 0~14 岁少年儿童年龄组，15~64 岁劳动年龄人口组，65 岁及以上老年人口组。依据历次全国人口普查数据，内蒙古人口年龄结构如表 2 所示。

表 2　全国人口普查年份内蒙古人口年龄结构

单位：万人，%

项目	1964 年		1982 年		1990 年		2000 年		2010 年		2020 年	
	人数	占总人口比重	人数	占总人口比重	人数	占总人口比重	人数	占总人口比重	人数	占总人口比重	人数	占总人口比重
0~14 岁	550.75	44.6	684.59	35.5	610.37	28.4	505.56	21.3	348.26	14.1	337.77	14.04
15~64 岁	645.63	52.3	1173.22	60.9	1449.29	67.5	1742.85	73.4	1935.56	78.3	1753.26	72.90
65 岁及以上	38.48	3.1	69.62	3.6	85.99	4.0	127.13	5.4	186.81	7.6	313.89	13.05
总人口	1234.86	100.0	1927.43	100.0	2145.65	100.0	2375.54	100.0	2470.63	100.0	2404.92	100.00
老少比	6.99		10.17		14.09		25.15		53.64		92.93	
人口年龄结构类型	年轻型		年轻型		年轻型向成年型过渡		成年型		中度老年型		深度老年型	

注：老少比是指老年（65 岁及以上）人口数与少年儿童（0~14 岁）人口数之比，用百分数表示。通常可以按照以下标准通过老少比来判断人口年龄结构类型：老少比低于 15% 为年轻型；老少比 15%~30% 为成年型；老少比高于 30% 为老年型。

资料来源：根据历次全国人口普查数据整理计算得到。

从历史数据来看，1964 年第二次全国人口普查时，内蒙古总人口数为 1234.86 万人，0~14 岁人口数：15~64 岁人口数：65 岁及以上人口数为 44.6：52.3：3.1，老少比只有 6.99%，是年轻型人口年龄结构。

1982 年第三次全国人口普查时，全区 0~14 岁人口比重为 35.5%，65 岁及以上人口比重为 3.6%，老少比为 10.17%，人口年龄结构类型仍属于年轻型。

1990 年第四次全国人口普查时，全区 0~14 岁人口数：15~64 岁人口数：65 岁及以上人口数为 28.4：67.5：4.0，老少比达到 14.09%，人口年龄结构类型已经开始从年轻型向成年型过渡。

2000 年第五次全国人口普查时，全区 0~14 岁人口数：15~64 岁人口数：65 岁及以上人口数为 21.3：73.4：5.4，老少比达到 25.15%，人口年龄结构属于成年型。

2010 年第六次全国人口普查时，全区 0~14 岁人口数：15~64 岁人口数：65 岁及以上人口数为 14.1：78.3：7.6，老少比快速上升到 53.64%，人口年龄结构类型属于中度老年型。

2020 年第七次全国人口普查时，全区 0~14 岁人口比重为 14.04%，65 岁及以上人口比重为 13.05%，老少比高达 92.93%，人口年龄结构类型为深度老年型。

可以看出，内蒙古人口年龄结构已发生了根本性转变，历经年轻型、成年型、老年型，如果目前的超低生育率得不到有效缓解，未来内蒙古老龄化程度将越来越深。表 3、图 3 是基于第七次全国人口普查数据对未来内蒙古人口年龄结构的预测，可以看出，少子化持续、老龄化加深、劳动力规模缩减的趋势更加明显。到 2035 年，全区总人口将下降到 2268.95 万人，0~14 岁人口占比为 7.32%，15~64 岁劳动年龄人口占比 64.49%，65 岁及以上老年人口占比将达到 28.19%，老年人口将是少年儿童人口的 3.85 倍。

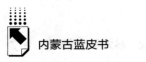

表3 2020~2050年内蒙古人口数量与人口结构预测

单位：万人，%

年份	0~14岁人口	0~14岁人口占比	15~64岁人口	15~64岁人口占比	65岁及以上人口	65岁及以上人口占比	总人口
2020	337.77	14.04	1753.26	72.90	313.89	13.05	2404.92
2021	328.54	13.67	1741.28	72.44	333.99	13.89	2403.81
2022	318.06	13.24	1726.96	71.91	356.41	14.84	2401.43
2023	307.40	12.82	1714.61	71.51	375.76	15.67	2397.77
2024	296.14	12.38	1703.97	71.21	392.74	16.41	2392.85
2025	285.04	11.94	1687.83	70.72	413.86	17.34	2386.73
2026	273.74	11.50	1680.08	70.61	425.66	17.89	2379.48
2027	258.67	10.91	1664.41	70.19	448.12	18.90	2371.20
2028	245.85	10.41	1636.81	69.30	479.27	20.29	2361.92
2029	229.62	9.76	1617.46	68.78	504.57	21.46	2351.64
2030	220.19	9.41	1592.02	68.02	528.20	22.57	2340.41
2031	206.61	8.87	1571.45	67.50	550.03	23.63	2328.09
2032	193.77	8.37	1553.69	67.12	567.33	24.51	2314.79
2033	184.22	8.01	1523.54	66.23	592.78	25.77	2300.54
2034	173.21	7.58	1498.13	65.56	613.93	26.86	2285.27
2035	166.19	7.32	1463.17	64.49	639.60	28.19	2268.95
2036	163.17	7.25	1426.34	63.35	662.09	29.41	2251.60
2037	160.66	7.19	1390.88	62.28	681.67	30.52	2233.21
2038	158.63	7.17	1356.60	61.28	698.60	31.56	2213.83
2039	157.01	7.16	1322.59	60.30	713.78	32.54	2193.39
2040	155.69	7.17	1292.74	59.52	723.50	33.31	2171.93
2041	154.47	7.19	1264.95	58.85	729.95	33.96	2149.37
2042	153.17	7.21	1242.30	58.44	730.17	34.35	2125.64
2043	151.73	7.22	1217.99	57.98	731.08	34.80	2100.80
2044	150.09	7.23	1192.33	57.46	732.54	35.30	2074.95
2045	148.24	7.24	1167.10	56.99	732.64	35.77	2047.98
2046	146.18	7.24	1140.56	56.46	733.34	36.30	2020.08
2047	143.80	7.22	1108.72	55.68	738.76	37.10	1991.29
2048	141.07	7.19	1082.20	55.17	738.20	37.64	1961.47
2049	137.98	7.15	1053.63	54.57	739.34	38.29	1930.96
2050	134.61	7.09	1028.11	54.12	736.87	38.79	1899.59

资料来源：2020~2050年数据均基于内蒙古第七次全国人口普查数据采用CPPS预测得到，部分年份数据加和存在误差且较小，不影响分析，故未做机械调整，特此说明。

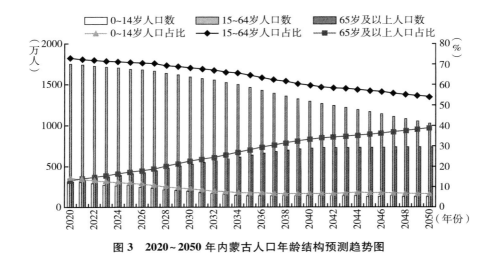

图3 2020~2050年内蒙古人口年龄结构预测趋势图

这一预测结果无疑敲响了警钟，揭示了内蒙古地区未来社会结构面临的严峻挑战。一是少子化加剧，超低生育率短期内难以有效缓解，人口长期均衡发展目标难以实现。特别是在乡村地区，生育率下降、城市对农村年轻人产生虹吸效应、城乡教育资源配置失衡、乡村小学撤并这些因素相互交织、互为因果，陷入了"生育率下降—学龄儿童越来越少—乡村小学撤并数量越来越少—乡村教育质量越来越差—学龄儿童流出—学校生源越来越少直至清零—学校消失"的恶性循环，从根本上动摇了乡村基础教育。二是老龄化程度加深，养老和医疗保障压力加大。三是人口年龄结构深刻影响消费结构变化。随着人口老龄化加剧，老年人口比例上升，消费需求结构也会发生改变。老年群体对医疗保健、养老服务、老年用品等方面的需求增加，但在一些新兴消费领域如电子产品、时尚消费等方面的需求可能相对较弱。这种消费结构的变化，一方面会促使相关养老产业发展，另一方面也可能导致整体消费市场的活跃度和创新动力不足，因为老年群体的消费观念相对保守，且消费能力可能受到养老金等因素的限制。

面对如此深刻的人口年龄结构变迁，社会各界需携手并进，采取多维度、综合性的措施，以减缓老龄化进程，促进人口均衡发展。

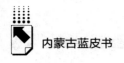

（二）人口城镇化率高于全国的同时东部盟市城镇化明显滞后

从历史数据来看，内蒙古的人口城镇化率除 1983~1990 年统计口径变化导致数据异常外，总体呈上升趋势，1980 年内蒙古城镇化率为 23.08%，2023 年达到了 69.58%。从阶段性变化来看，1980~1990 年，城镇化率在波动中由 23.08%增长到 36.12%。1990~2020 年，城镇化率稳步上升，虽有小幅度波动，但整体保持增长态势，2020 年达到 67.48%。2020 年后，城镇化率增长速度有所加快。2023 年，全区城镇常住人口为 1667.1 万人，比 2022 年增加 19.94 万人；乡村常住人口为 728.9 万人，比 2022 年减少 25.11 万人。全区常住人口城镇化率为 69.58%，比 2022 年提高了 0.98 个百分点，高于全国平均水平 3.4 个百分点（见图 4）。

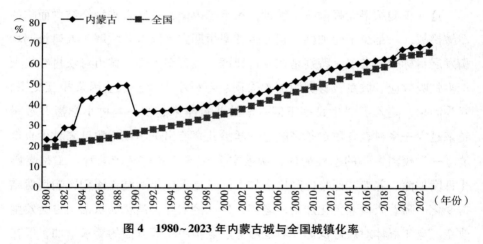

图 4　1980~2023 年内蒙古城与全国城镇化率

资料来源：历年《内蒙古统计年鉴》。

总体来看，内蒙古城镇化率高于全国平均水平，表明内蒙古的城镇化建设发展快速，但是也带来了乡村"空心化"持续加剧、城镇吸纳劳动力就业能力滞后于城镇化的速度等现实问题。一方面，从抚养比来看，乡村的老年抚养比明显高于城市和城镇。排除人口迁移的原因，城市和城镇的人口出生率一般要低于乡村，也要比乡村更快进入老龄化社会，数据却显示乡村老年抚养比更高，乡村出现大量的"空巢老人"，年轻型人口不断减少，乡村空心化持续加剧（见表4）。另一方面，对比内蒙古城镇就业人员比重与城镇化率（见图5），可以看出城镇吸纳劳动力就业能力滞后于城镇化发展速度，意味着城镇吸纳劳动力不足，这即限制了产业规模的扩张，劳动力就业不足反过来又会阻碍城镇化的发展。

表4　2020年内蒙古城市、城镇、乡村人口抚养比

单位：%

区域	总抚养比	少儿抚养比	老年抚养比
城市	37.17	19.27	17.90
城镇	37.61	22.72	14.90
乡村	41.07	16.24	24.84

资料来源：内蒙古第七次人口普查数据。

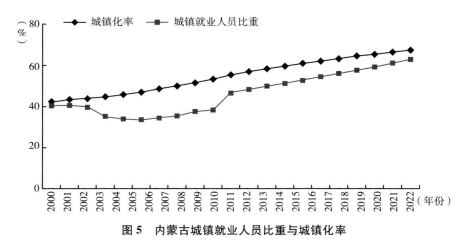

图5　内蒙古城镇就业人员比重与城镇化率

资料来源：历年《内蒙古统计年鉴》。

2023年，全区城镇化表现出明显的不均衡性。呼包鄂城市群城镇化率达82.50%，高于全区平均水平12.92个百分点，而赤通城市圈城镇化率仅为54.05%，低于全区平均水平15.53个百分点。区域经济发展不平衡加剧。

呼和浩特、鄂尔多斯和包头等地区城镇化率较高且人口呈增长趋势，产业集聚，资源进一步集中，经济发展优势更加明显，而东部盟市可能因人口流失和城镇化滞后，经济发展面临较大困难（见表5）。

表5 2023年内蒙古各盟市人口数和城镇化率

单位：万人，%

地区	年末常住人口	同比增长	城镇化率
全区	2396.0	−0.22	69.58
呼和浩特市	360.41	1.49	80.72
包头市	276.17	0.78	87.56
呼伦贝尔市	216.63	−1.11	75.76
兴安盟	138.49	−0.80	54.87
通辽市	280.66	−0.99	51.89
赤峰市	396.67	−0.86	55.57
锡林郭勒盟	111.65	−0.25	75.48
乌兰察布市	160.48	−1.61	61.94
鄂尔多斯市	222.03	0.89	79.19
巴彦淖尔市	150.34	−0.94	61.65
乌海市	55.62	−0.71	96.38
阿拉善盟	26.84	−0.22	83.63

资料来源：内蒙古自治区统计局。

（三）区域人口增减的不均衡加剧了人口与经济规模的不匹配

2010年第六次全国人口普查到2020年第七次全国人口普查的10年间，随着人口向教育文化发达、经济活跃度高的地区集聚，内蒙古常住人口在盟市和地域之间的分布发生了较为明显的变化。

分盟市看，2020年第七次全国人口普查结果显示，2010~2020年，全区12个盟市人口"6增6降"，呼和浩特市、鄂尔多斯市、包头市、锡林郭勒盟、乌海市和阿拉善盟6个盟市的常住人口有不同程度的增加，共增加98.53万人，同比增长10.7%。其中，呼和浩特市和鄂尔多斯市的人口增加较多，分别增长了 20.2% 和 11.0%。乌兰察布市、呼伦贝尔市、通辽市、赤峰市、兴安盟和巴彦淖尔市等 6 个盟市的常住人口不同程度减少，共减少 164.24 万人，减少 10.6%。其中，乌兰察布市、呼伦贝尔市、赤峰市、通辽市 4 个盟市常住人口减少明显，分别减少了 20.4%、12.0%、7.0% 和 8.5%。2023 年，12 个盟市人口"3 增 9 降"，只有呼和浩特市、鄂尔多斯市和包头市 3 个市人口数分别同比增长 1.49%、0.89%、0.78%，其他 9 个盟市人口全部下降。

从"十四五"规划划分的东中西三大区域人口分布看，2023 年，东部五盟市（呼兴通赤锡）、中部四盟市（呼包鄂乌）、西部三盟市（巴乌阿）常住人口分别为 1144.1 万人、1019.1 万人和 232.8 万人，占全区的比重分别为 47.8%、42.5% 和 9.7%。相比 2010 年，东部减少了 123 万人，占比下降 3.5 个百分点；中部增加了 59 万人，占比增长 3.7 个百分点；西部减少了 10.6 万人，占比下降了 0.2 个百分点。

这一人口分布变化趋势既受人口内部自然增长率的影响，更是人口迁移流动的直接结果。2020 年第七次全国人口普查结果显示，内蒙古常住人口中，流动人口为 906.8 万人，占常住人口的 37.71%，与 2010 年第六次全国人口普查相比，流动人口增加了 2939749 人，增长 47.97%。内蒙古流动人口以区内流动为主，区内流动人口占比达 81.40%。在政治、经济和环境等因素的影响下，区内城市之间、城乡之间人口流动日趋频繁。流动人口向呼和浩特市和区域经济中心鄂尔多斯市、赤峰市、包头市流动明显，尤其是呼和浩特市流动人口集聚更为显著。

在人口变迁形势下，内蒙古人口总量与经济规模不匹配问题更加凸显，拉大了区域间的发展差距。呼包鄂城市群经济总量占全区的 56%，人口只占全区的 36%。赤通城市圈经济总量占全区的 15%，而人口却占全区的 28%。特别是鄂尔多斯市经济总量占全区的 24%，人口只占全区的 9%。流动人口向呼和浩特市和区域经济中心集聚，会促使产业布局向这些地区集中。一方面，有利于形成产业集群，提高经济效益；另一方面，也可能导致其他地区产业空心化，影响当地经济发展。

（四）常住人口性别比持续改善但城乡差异显著

1982～2020 年全国人口普查内蒙古常住人口性别比与全国常住人口性别比如表 6 所示。

表 6　1982～2020 年全国人口普查内蒙古常住人口性别比
与全国常住人口性别比（女性＝100）

地区	1982 年	1990 年	2000 年	2010 年	2020 年
内蒙古	109.02	108.30	107.17	108.05	104.26
全国	106.30	106.60	106.74	105.20	105.70

资料来源：历次全国人口普查数据。

性别结构持续改善。1982～2010 年，内蒙古常住人口性别比均高于全国常住人口性别比，表明在这几个时间节点上，内蒙古男性人口相对多于女性人口的程度高于全国。从具体数值来看，1982 年内蒙古常住人口性别比为109.02，1990 年为 108.3，2000 年为 107.17，2010 年为 108.05，虽然整体呈波动下降趋势，但始终处于较高水平。到 2020 年，内蒙古常住人口性别比下降至 104.26，低于全国常住人口性别比（105.70）。这显示出内蒙古常住人口性别比在长期处于较高水平后，出现了较为明显的下降，性别结构得到一定程度的改善。

年轻群体性别比城乡差异显著。依据第七次全国人口普查数据，选取20～39 岁年轻人口组进行分析，可以看出存在城乡差异。乡村人口性别比远高于城市和城镇，20～39 岁年龄组中，乡村人口性别比高达 131.02，而城市人口性别比为 100.90，城镇人口性别比为 103.26。这表明在乡村该年龄段的男性人口数量明显多于女性人口，性别比失衡情况较为突出；相比之下，城市和城镇的人口性别比相对较为均衡，并且数值较为接近。

产生这一差异的原因是显而易见的。一是经济发展和就业机会差异。城市和城镇通常经济较为发达，产业多元化，就业机会丰富，能吸引大量的年轻人口前往就业和生活，从而使性别比相对均衡。而乡村地区经济发展相对滞后，就业机会有限，可能导致部分年轻女性选择外出到城市或城镇寻求更好的发展机会，使乡村年轻女性人口减少，性别比升高。二是传统观念影响。在部分乡村地区，传统的生育观念可能仍然较为浓厚，可能存在一定的男孩偏好，这在一定程度上可能影响了人口的性别结构。三是人口流动因素。人口流动往往是从乡村流向城市和城镇，外流的年轻劳动力可能包括较多的年轻女性，导致乡村年轻人口性别比失衡加剧。而城市和城镇作为人口流入地，接纳了来自不同地区的人口，性别结构受单一地区传统观念等因素的影响相对较小。

一是出现乡村婚姻问题。乡村较高的性别比可能导致部分男性在适婚年龄面临择偶困难。二是不利于乡村地区人口的长期均衡发展，影响乡村的劳动力结构和社会活力。同时，也可能对乡村的养老保障等带来一定压力。三是一定程度上可能进一步拉大城乡发展的差距。城市和城镇人口性别结构相对合理，有利于社会稳定和经济发展；而乡村的性别比失衡问题可能会在一定程度上制约其发展，使城乡之间的差距难以缩小。

（五）特殊功能地区的人口与发展问题需要高度重视

1. 粮食主产区人口依然占全区人口较大比重

2023 年，通辽市、呼伦贝尔市、兴安盟、赤峰市、巴彦淖尔市五盟市粮食产量占全区的 81.5%；常住人口共有 1182.79 万人，占全区的 49.4%，人口呈现较多状态。随着农牧业生产方式进一步现代化，预计出现劳动力转移现象。

2. 生态保护区人口持续减少

2020 年第七次全国人口普查数据显示，内蒙古生态功能区人口为 546.19 万人，占全区人口的 22.71%，与 2010 年第六次人口普查相比总量减少了 115.35 万人，占比下降了 4.07 个百分点。这有利于生态功能区的保护。

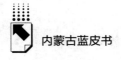

3. 边境地区人口流失严重

2020 年，内蒙古 19 个边境县（市、区、旗）中有 15 个县（市、区、旗）人口出现净流出，常住人口较 2010 年共减少了 31.08 万人，占全区比重下降了 16.75 个百分点，人口"空壳化"趋势加剧。目前，沿边境线 3 公里以内地区人口不足 1 万人，平均每平方公里仅有 2 人，对兴边稳边固边形成挑战。

四　内蒙古人口高质量发展的对策建议

应对内蒙古人口变化趋势及其带来的影响是一个系统工程，需要政府、社会、企业和个人共同努力，综合采取措施，促进人口长期均衡发展，推动经济社会持续健康发展。在实施过程中，要根据实际情况不断调整和完善政策措施，确保各项工作取得实效。

（一）落实生育支持政策，促进生育率提升

生育率的提升是改善人口结构、促进人口长期均衡发展的根本途径。

一是完善生育支持政策。政府部门应出台一系列鼓励生育的政策措施，如延长产假、陪产假，给予生育津贴、育儿补贴等，减轻家庭生育养育的经济负担。同时，完善生育保险制度，扩大生育保险覆盖范围，确保生育女性的合法权益。

二是保障女性就业权益。企业应严格遵守相关法律法规，不得歧视或辞退育期女性员工。政府可以通过税收优惠、奖励等方式，鼓励企业为生育女性提供灵活的工作安排，如弹性工作时间、远程办公等，帮助她们平衡工作与家庭。

三是增加托育服务供给。加大对托育服务的投入，建设更多的托育机构提供多样化的托育服务模式，如全日托、半日托、计时托等，满足不同家庭的需求。鼓励幼儿园开设托班，招收 2~3 岁的幼儿，缓解托育压力。

四是加强生育宣传与教育。通过多种渠道和方式，宣传生育的重要意义和价值，引导年轻人树立正确的生育观念。开展科学备孕、孕期保健、育儿知识等方面的培训和指导，提高家庭的生育意愿和养育能力。

（二）积极应对人口老龄化

一是完善养老保障体系。加大对养老保险的投入，提高养老金待遇水平，确保老年人的基本生活需求得到满足。同时，鼓励发展商业养老保险，为老年人提供更多的养老选择。

二是推进医疗卫生与养老服务结合。加强医疗机构与养老机构的合作，建立医养结合的服务模式。例如，鼓励医院在养老机构设立医疗点，为老年人提供便捷的医疗服务；支持养老机构配备专业的医护人员，提升养老服务的医疗保障水平。

三是发展老年产业。鼓励社会资本进入老年产业，开发适合老年人的产品和服务，如老年食品、保健品、康复护理用品等。同时，培育和发展老年旅游、老年教育等新兴产业，丰富老年人的精神文化生活。

四是弘扬敬老文化。加强宣传教育，营造尊老、敬老、爱老的社会氛围，提高全社会对老年人的关爱和尊重。鼓励家庭成员关心照顾老年人，倡导子女与父母同住或就近居住，增强家庭养老功能。

（三）统筹城乡人口发展

内蒙古城镇就业劳动力结构与乡村就业劳动力结构存在很大差异，统筹城乡人口协调发展是一项长远而系统的工程。2035年乡村振兴取得决定性进展，农业农村现代化基本实现；2050年，乡村全面振兴、农业强、农村美、农民富全面实现，统筹城乡人口发展是保证这一系列短、中、长期目标实现的重要举措。

1. 促进人口向城市群和区域中心城市集聚

城市化发展要求人口逐渐向中心城区聚集，政府进行城市化规划的目的是希望人口、产业向这些城市群集中，促进国土高效利用，但人口密度的快

速增长会导致生态环境恶化。2020年，呼包鄂乌城市群、东部区域中心城市赤峰市和通辽市的城市人口占全区总人口的比重仅为28.5%，远没达到作为区域中心城市的人口集聚规模，人口集聚的创新效应也未发挥出来。

一是加快潜力地区城镇化速度。根据预测，2035年，内蒙古城镇化率将达到75%左右。从区域来看，目前乌海市、包头市、阿拉善盟、呼和浩特市和鄂尔多斯市5个盟市的城镇化率接近或超过了80%，城镇化空间已经相对有限。而赤峰市、通辽市、兴安盟、巴彦淖尔市和乌兰察布市5个以传统农业为主的盟市的城镇化率均低于65%，将是未来城镇化发展的重点区域。因此，要以人口规模为基本依据，完善区域公共资源配置，通过"互联网+"、合作共建等方式，提高优质教育、医疗资源供给能力。支持返乡创业，加大技能培训，扩大政府购买公益性岗位，推动农村牧区人口有序向中心城镇转移就业。

二是推动全区人口向呼包鄂城市群集中。突出呼包鄂城市群核心地位，强化生态环境、水资源等约束和城镇开发边界管控，依托特色资源和产业基础，促进城市分工协作、错位发展，优化城市群内部功能布局和空间结构，构建集约高效一体化发展的空间格局。加大人才引育用留政策落实，重点关注区外高校内蒙古籍毕业生群体，持续开展"高校毕业生服务内蒙古"等行动，尽可能多地吸纳全区高校毕业生在呼包鄂就业落户，同时增强优质资源的虹吸能力和对周边中小城市的涓滴效应。支持呼和浩特市成为全区最具吸引力、竞争力、创新力、影响力的人才中心，推动呼包鄂建成全区人才集聚程度最高、创新创造活力最强、科技和人才成果最多的人才"高地"。

三是提高呼伦贝尔市、兴安盟、锡林郭勒盟、乌兰察布市、巴彦淖尔市等盟市政府所在地人口集聚能力。加强基础设施配套和优质公共服务供给，培育优势特色产业，提高人口集聚能力和综合承载力。强化盟市政府所在地与周边中小城镇基础设施、产业园区、公共服务等一体化融合发展，如推进海拉尔区与鄂温克族自治旗、乌兰浩特市与科尔沁右翼前旗、集宁区与察哈尔右翼前旗一体化发展等。

2. 积极调整农牧业产业结构

产业结构决定着产业的未来，劳动力在一定程度上决定着产业的未来和农村牧区的未来。乡村振兴战略的实施关键在于"人"，对于内蒙古广大农村牧区来说，对于中青年劳动力，首先得"留得住"，其次要"用得好"，最后还要"引得回"。调整农牧业结构必须考虑三个结合。一是与当前人们的消费选择相结合。消费是生产动力，也是市场需求，是农牧业结构调整绝对不能忽视的一点。二是与本地资源优势相结合。内蒙古自治区农牧业在结构调整发展绿色农业等方面具有得天独厚的优势，可以打造"一村一品"的特色种植、养殖结构。在这个过程中，既可以结合老年劳动力的经验优势，又可以充分发挥中青年劳动力思想活跃、市场感知度强的特点。进而通过这样的农牧业产业结构调整起到"留得住"青年劳动力的作用。三是与现代农牧业产业体系建设相结合，现代农牧业产业体系大大延伸了农牧业产业链、价值链，促进一二三产业交叉融合发展，使技术人才、市场流通人才、经营管理人才等各类人才在广大的农村牧区都有了用武之地，才有可能吸引高水平人才回流至农村牧区创业就业。

3. 促进城乡人口双向流动

健康的人口流动应该是双向的，当前人口更多涌向城市，政府部门应该制定激励政策，鼓励部分城市人口向农牧区流动，带动农村地区的经济发展。由于农村地区人们的受教育水平相对较低，技术水平比较落后，政策的着力点应放在吸引人才下乡、返乡创业，提高农村地区的生产力水平，增加农牧民的收入，改善农牧民生活质量等方面。另外，政府部门应该吸引企业在农村地区建工建厂，这样不仅可以促进农村地区的人口就业，还能带动当地经济发展。

（四）推动国家级生态功能区和生态脆弱区人口有序退出

加快实现"产地双休""人沙共退"，推动重点生态功能区、生态脆弱区人口有序退出，将国家级自然保护区的核心区、缓冲区常住人口全部迁出，加快除边境地区以外的农村牧区人口向城镇转移步伐。引导库布齐沙

漠、毛乌素沙地、丘陵沟壑区、土石山区等生态脆弱地区人口向城镇转移，逐步降低人口数量。引导大小兴安岭森林生态功能区、科尔沁草原生态功能区等人口超载严重地区的人口退出，向城市化发展区转移。疏导浑善达克沙漠化防治生态功能区、阴山北麓草原生态功能区、黄土高原丘陵沟壑水土保持生态功能区等人口饱和地区的人口有序退出，减轻人口对生态环境的压力。

（五）优化人力资本供给结构

新一轮科技革命和产业变革使各类生产要素相对地位发生明显变化，人力资本、科技创新能力正在成为区域竞争格局的关键变量。要充分发挥人力资源优势，树立以人的发展作为社会经济全面发展根本动力的观念，优先投资于人的发展，加紧人的发展与社会经济发展的有机联系。

1. 统筹城乡教育投入，加大对农村牧区基础教育的拨款

为了改变农村基础教育的弱势地位，首要做的是提高国家财政对教育的整体投入力度。统筹城乡教育投入，一是要保证城乡教育投入总量大致相当，逐步消除城乡教育在经费投入上的倒挂现象，并且要向农村牧区倾斜。二是要加大力度改善农村中小学校的办学条件和基础设施，缩小城乡教育资源配置在硬件上的差距，特别是数字信息基础设施建设，为推进信息技术与乡村基础教育的深度融合提供保障。三是以人为本科学规划农村牧区学校布局，大幅度提高乡村教师的待遇，以吸引更优秀年轻教师到乡村任教，均衡配置基础教育师资。

2. 加快"双一流大学"建设，实现高等教育内涵式发展

未来经济社会的发展一定是创新驱动的，创新驱动的决定因素当然是人才，加快"双一流"大学建设，能从根本上加宽加厚创新所需的高层次人才形成的基础。另外，高校专业设置考虑当地经济发展和社会发展的需要，人才培养体系要具有灵活性和适应性，培养出来的人才具有个性和特色，所以学校应该确定好办学方向、目标定位，改变传统办学思维定式，在培养体系上体现出差异，以适应社会的需求。当内蒙古城乡新增劳动力更多地接受了高等教育，必将有效提高劳动力的整体素质。

3. 培养创新型人才，优化创新创业环境

改革院校创新型人才培养模式，优化学科结构，推动科教融合，改革人才评价方式，引导推动人才培养链与产业链、创新链的有机衔接。组织实施一批重点人才工程、重大科技任务和攻关项目，在创新实践中着力发现、培养、集聚一批科技领军人才和企业家人才。

4. 优化创新创业环境

合理引导各部门的人力资源配置，充分发挥人力资本在基础研究、基础创新成果应用化和应用专利产业化等方面的作用，提升创新效率。营造良好的科研环境，激发人才创新活力，进一步改善科技创新的基础设施，健全人才激励机制，提升基础研究在应用型研究中的作用和应用型研发产业化的激励效果，注重创新成果的知识产权保护。提高企业部门人力资本的创新效率，释放潜在人才红利，推动经济高质量发展。

（六）应用现代科技手段助力守边戍边

为确保边境一线人口规模稳定，应制定全面的政策措施，如提高边境地区人民工资待遇、边民补贴标准，鼓励边民在边境地区居住，在住房、医疗、子女教育等方面给予特殊优惠，提升边境县（市、区、旗）基础设施和公共服务的均等化水平。为弥补边境人口减少带来的影响，应树立科技戍边的理念，积极采用先进的科技手段，如监控技术、地理信息系统、无人监测系统、电子围栏、传感器网络以及卫星遥感技术等，提高边境地区的管理效率和安全水平，减轻人力资源不足的压力。

B.7
内蒙古农牧民收入结构变迁及对策研究

马钰琦[*]

摘　要： 本报告通过对 2014～2023 年内蒙古农村牧区居民人均可支配收入状况分析发现，内蒙古农牧民人均可支配收入水平稳步提升，逐步接近全国平均水平，城乡收入差距逐步缩小。农牧民收入呈现出明显的结构性特征。一是农牧民收入主要依靠经营净收入，工资性收入比重明显偏低且呈下降趋势。二是农村牧区第二、第三产业欠发达，非农就业率低。三是转移净收入在农牧民收入中占比较高，增速明显。四是财产净收入的绝对值近十年变化较小。针对内蒙古农牧民收入结构和增长机制存在的问题，本报告提出以下几点对策建议。一是以加强乡村产业融合为重点，促进农牧民收入均衡增长。二是以创造更多就业机会为载体，激发农牧民增收活力。三是以全面深化农村改革为突破，优化农牧民收入结构。

关键词： 收入结构　增收机制　农牧民收入

党的二十大报告指出，"全面推进乡村振兴，坚持农业农村优先发展，巩固拓展脱贫攻坚成果，加快建设农业强国"。实现共同富裕最艰巨最繁重的任务在农村，农民是关键群体。促进农牧民收入持续稳定增长是推动共同富裕的客观要求，而促进农牧民收入的持续稳定增长重点在增长，难点在持续稳定。党的十八大以来，内蒙古相继出台一系列支农惠农政策，有力带动了农村牧区低收入群体增收，农村牧区居民收入持续保持较快增长。同时，

---

* 马钰琦，博士，内蒙古自治区社会科学院社会学研究所助理研究员，研究方向为民族社会学、社会治理。

不断缩小地区之间的收入差距，解决经济社会发展过程存在的不平衡、不充分问题，仍然是内蒙古实现共同富裕的目标任务和关键着力点。

一 内蒙古农村牧区居民收入结构变化及现状分析

（一）脱贫攻坚时期内蒙古农牧民收入变化

2013～2020 年，内蒙古贫困地区[①]农牧民人均可支配收入增速持续快于全区农牧民收入增速。2020 年，内蒙古贫困地区农牧民人均可支配收入为13458 元，相比 2013 年的 6545 元增加了 6913 元，增长 105.62%，年均增长10.85%，快于全区农牧民人均可支配收入年均增速 1.72 个百分点（见图1）。内蒙古通过调整救助标准与坚持开发式扶贫相结合的方针，实现贫困地区农牧民收入水平稳步增长。

一方面，在建立科学救助标准的基础上，形成动态调整机制，确保困难群众基本生活水平与经济增长同步。内蒙古农村牧区低保平均标准由 2016年的 4197 元/人年提高到 2020 年的 6307 元/人年，年均增长 5.22%，农村牧区特困人员供养平均标准达到 10043 元/人年。[②] 自 2016 年起，内蒙古农村牧区低保平均标准和所有县（市、区、旗）农村牧区低保标准均高于同期扶贫标准。贫困地区农牧民转移净收入增长显著。内蒙古不断强化低保制度与扶贫政策的有效衔接，精准实施农村低保、特困人员救助供养、临时救助等政策，贫困地区农牧民转移净收入显著增长。2020 年，内蒙古贫困地区农牧民人均转移净收入为 3782 元，比 2013 年增长 2.5 倍，年均增长19.6%，快于全区农牧民人均转移净收入年均增速 3.6 个百分点，对贫困地

---

① 内蒙古贫困地区指 2013 年开始的国家农村贫困监测专项调查范围内的贫困地区，样本分布在内蒙古 57 个扶贫开发重点县（市、区、旗）及大兴安岭南麓山区集中连片特困地区。2013 年，国家统计局对城乡住户调查实行一体化改革，统一使用人均可支配收入衡量城乡居民收入状况。可支配收入指的是居民家庭在调查期内获得的、可用于最终消费支出和储蓄的总和，即可以用来自由支配的收入。

② 本书编写组：《建设亮丽内蒙古——内蒙古自治区脱贫攻坚答卷》，人民出版社，2021。

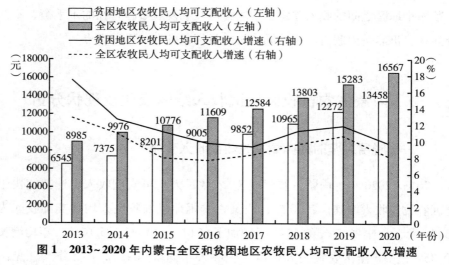

图 1　2013~2020 年内蒙古全区和贫困地区农牧民人均可支配收入及增速

资料来源：国家统计局农村贫困监测调查，住户收支与生活状况调查。

区农牧民收入增长的支撑作用不断增强。

另一方面，坚持开发式扶贫方针，特别注重增强贫困群众内生动力，引导、支持困难群众用自己的双手增加收入、创造财富。内蒙古贫困地区农牧民人均可支配收入增速持续快于全区农牧民人均可支配收入增速。内蒙古不断加大就业扶贫和生态扶贫力度，以转移就业、技能培训、岗位开发、劳务协作为主要抓手，打造培训基地，搭建服务平台，拓展就业渠道，贫困地区农牧民工资性收入增长较快。2020 年，内蒙古贫困地区农牧民人均工资性收入为 2557 元，比 2013 年增长 119.0%，年均增长 11.8%，快于全区农牧民人均工资性收入年均增速 2.9 个百分点。①

（二）内蒙古农牧民收入结构变化及发展现状

1. 内蒙古农村牧区居民收入趋势分析

从 2014~2023 年内蒙古农村牧区居民人均可支配收入与全区全体居民、

---

① 《人间奇迹》编写组编《人间奇迹——中国脱贫攻坚统计监测报告》，中国统计出版社，2021。

城镇居民人均可支配收入对比情况可以看出，人均可支配收入均呈逐年递增趋势。其中，全区全体居民人均可支配收入从 2014 年的 20559 元增长至 2023 年的 38130 元，增长了 17571 元，年均增长率为 7.10%。城镇居民人均可支配收入从 2014 年的 28350 元上升至 2023 年的 48676 元，增长了 20326 元，年均增长率为 6.19%。农村牧区常住居民人均可支配收入从 2014 年的 9976 元上升至 2023 年的 21221 元，增长了 11245 元，年均增长率为 8.75%。内蒙古农村牧区居民人均可支配收入 2023 年首次超过 2 万元，但相比全国农村居民人均可支配收入达到 2 万元的时间，仍然晚了一年。农村牧区居民人均可支配收入年均增速高于全区全体居民人均可支配收入年均增速，也高于城镇居民人均可支配收入年均增速（见图 2）。

图 2　2014~2023 年内蒙古居民人均可支配收入

资料来源：根据历年《内蒙古统计年鉴》《内蒙古自治区 2023 年国民经济和社会发展统计公报》整理得到。

值得注意的是，虽然农村牧区居民人均可支配收入增速较快，但与城镇居民人均可支配收入绝对值的差距仍然较大。2014 年，城镇居民人均可支配收入高于农村牧区居民人均可支配收入 18374 元，城镇居民人均可支配收入是农村牧区居民人均可支配收入的 2.84 倍；同年，全国城乡居民人均可支配收入比为 2.75,内蒙古城镇和农村牧区居民人均可支配收入比值高于全国平均水平。2023 年,城镇居民人均可支配收入高于农村牧区居民人均可支配收入27455 元,城镇居民人均可支配收入约为农村牧区居民人均可支配收入的 2.29倍,比值呈现逐步缩小的趋势,并且低于全国平均水平(2.39)。虽然收入差距有所缩小,但主要原因不是农牧民收入高,而是城镇居民收入水平低。同时,内蒙古城镇居民人均可支配收入与农村牧区居民人均可支配收入在 2014~2023 年的绝对值差距并没有减少,而是整体在增长(见图 3)。

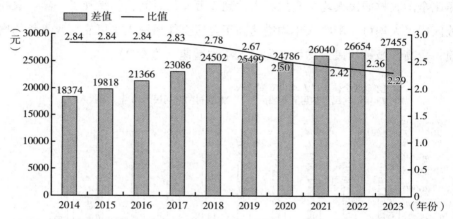

图 3 2014~2023 年内蒙古城镇与农村牧区居民人均可支配收入差值和比值

资料来源:内蒙古统计局网站。

2. 内蒙古农村牧区居民收入结构变化纵向分析

随着内蒙古农牧业现代化、工业化、城镇化进程的加快,农村牧区居民收入快速增长。农村牧区居民收入增长的同时,收入结构也发生了相应的变化。从经营净收入、工资性收入、财产净收入和转移净收入 4 项收入分析,2014~2023 年,经营净收入和转移净收入逐渐成为农村牧区居民的主要收入来源。从各项收入的绝对值和比重来看,工资性收入由 2014 年的 2071 元增长到 2023 年的 4086 元,增长了 0.97 倍;在人均可支配收入中的比重则从2016 年最高的 21.10%,下降至 2023 年的 19.25%。经营净收入由 2014 年的 5872 元增长到 2023 年的 11607 元,增长了 0.98 倍;在人均可支配收入中的比重呈现先下降后上升的趋势，从 2014 年的 58.86% 下降至 2017 年的 50.73%，之后逐渐上升到 2023 年的 54.70%。财产净收入由 2014 年的 389 元增长到 2023 年的 580 元，增长了 0.49 倍；在人均可支配收入中的比重变化幅度不大，2017 年达到最高值 4.09% 后，逐渐下降，2021～2023 年均不到 3%。转移净收入由 2014 年的 1644 元增长到 2023 年的 4948 元，增长了 2.01 倍，增幅最大；在人均可支配收入中的比重也从 2014 年的 16.48%，增长至 2023 年的 23.32%，2023 年转移净收入的绝对值高于工资性收入，是农村牧区居民的第二大收入来源（见表 1）。这与中央坚持"多予，少取，放活"的方针和自治区政府持续加大财政对农牧业补贴的力度有很大关系。通过对种粮农户进行良种补贴、农机具购置补贴和农业生产资料综合补贴，使农村牧区居民转移净收入稳步上升。

表 1　2014～2023 年内蒙古农村牧区居民人均可支配收入结构

单位：元，%

年份	工资性收入		经营净收入		财产净收入		转移净收入	
	绝对值	比重	绝对值	比重	绝对值	比重	绝对值	比重
2014	2071	20.76	5872	58.86	389	3.90	1644	16.48
2015	2250	20.88	6185	57.40	425	3.95	1916	17.78
2016	2449	21.10	6216	53.54	453	3.90	2492	21.46
2017	2649	21.05	6385	50.73	515	4.09	3036	24.12
2018	2897	20.99	7181	52.02	520	3.77	3205	23.22
2019	3174	20.77	8067	52.79	523	3.42	3519	23.03
2020	3353	20.24	8828	53.29	498	3.01	3888	23.47
2021	3603	19.65	9980	54.43	473	2.58	4281	23.35
2022	3795	19.32	10718	54.57	500	2.55	4628	23.56
2023	4086	19.25	11607	54.70	580	2.73	4948	23.32

资料来源：根据历年《内蒙古统计年鉴》《内蒙古自治区 2023 年国民经济和社会发展统计公报》整理得到。

2014～2023 年，内蒙古农村牧区居民人均可支配收入增速在 7%～11% 波动，2014 年、2019 年和 2021 年增速分别达到 11.0%、10.7% 和 10.7%。

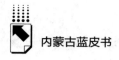
2022~2023 年，增速有所放缓，分别为 7.1%和 8%。从经营净收入、工资性收入、财产净收入和转移净收入四项收入增速来分析，转移净收入增速波动幅度最大，2014 年、2016 年和 2017 年增速分别为 19.6%、30.1%和21.8%，2017 年后波动下降，2023 年增速降为 6.9%。经营净收入增长率经历了快速下降又上升的趋势后，逐渐趋于平稳。2016 年经历了 0.5%的增长率的最低值，随后 2018 年、2019 年和 2021 年增长率分别达到 12.5%、12.3%和 13.0%，2023 年又放缓至 8.3%，但经营净收入在总收入的增长来源中贡献最大。财产净收入在 2019 年仅有 0.6%的增速，2020 年更是出现4.8%的负增长，2021 年恢复正增长。2023 年财产净收入增长率达到16.0%，但增长的绝对值相对较低，仅有 80 元。财产净收入增长乏力也与农牧民财产净收入来源单一、农民财产权益价值并没有得到充分释放、农村牧区缺乏投资渠道、理财服务匮乏等制约因素有关。工资性收入的增长幅度较为稳定，在 7%~10%波动。工资性收入的持续稳定增长与乡镇企业、私有企业的快速发展和更多的农牧民外出就业息息相关。工资性收入从绝对值来看一直呈增长趋势，但是从工资性收入占人均可支配收入的比重来看，总体呈现波动的情况，出现这种情况的原因，一方面是内蒙古农畜产品产量连年增长，并且国家实施粮食保护价收购，经营净收入所占比重并没有快速下降；另一方面是随着财政支农惠农力度的加大，农民转移净收入所占的比重整体呈增长趋势。从内蒙古农村牧区居民各项收入的年均增长率来看，转移净收入的增长率最高，其次是经营净收入、工资性收入和财产净收入（见图 4）。

农牧民经营净收入是农牧民收入的主要组成部分，主要由农业、牧业、渔业、工业、建筑业、运输业、批发商饮业、服务业等收入构成。2014~2022 年内蒙古农村牧区居民经营净收入稳步提升，由 2014 年的 5872 元增加到 2022 年的 10718 元。在内蒙古农村牧区居民经营净收入中，第一产业所占的比重较大，除 2017 年和 2018 年略低外，其余各年的比重都在 87%以上。其中，农业净收入占到了经营净收入的 50%以上，2020~2022 年占比超过 55%；牧业净收入常年对经营净收入的贡献在 30%左右。经营净收入

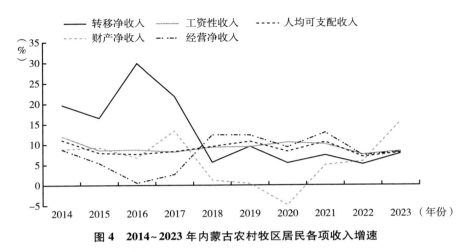

图4 2014～2023年内蒙古农村牧区居民各项收入增速

资料来源：内蒙古统计局网站。

中的第二、第三产业收入所占比重整体呈现波动趋势，第二产业收入占比大部分年份在1%以下，第三产业收入除2016～2019年占比达到11.0%～12.2%，其余各年均在10.3%以下（见表2）。经营净收入中第二、第三产业发展水平相对较低，大多数农牧民只是进行简单再生产，生产的农畜产品直接进入市场，没有进行加工，这使得农畜产品的生产与市场需求不相适应，多数农畜产品深加工转化层次低，制约了农牧民收入的可持续增长。

表2 2014～2022年内蒙古农村牧区居民经营净收入结构分析

单位：元，%

| 年份 | 经营净收入 | 第一产业净收入 | | | | | | 第二产业净收入 | 第三产业净收入 |
		绝对值	比重	其中:农业净收入	比重	其中:牧业净收入	比重		
2014	5872	5246	89.33	3416	58.17	1823	31.04	96	530
2015	6185	5500	88.91	3598	58.16	1833	29.63	50	636
2016	6216	5477	88.11	3469	55.81	1930	31.05	47	692
2017	6385	5542	86.80	3307	51.80	2164	33.90	66	777
2018	7181	6243	86.94	3747	52.18	2483	34.59	63	875
2019	8067	7086	87.84	4272	52.96	2799	34.70	60	921

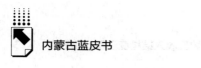

续表

年份	经营净收入	第一产业净收入						第二产业净收入	第三产业净收入
		绝对值	比重	其中：农业净收入	比重	其中：牧业净收入	比重		
2020	8828	8075	91.47	5009	56.74	3040	34.44	30	723
2021	9980	8958	89.76	5577	55.88	3359	33.66	86	936
2022	10718	9691	90.42	6052	56.47	3578	33.38	64	963

资料来源：根据历年《内蒙古统计年鉴》整理得到。

3. 内蒙古农村牧区居民收入结构变化横向分析

从全国来看，2014~2022 年内蒙古全体居民人均可支配收入在全国一直位居第 10，2023 年提升 1 位，位居第 9。内蒙古农村牧区居民人均可支配收入在全国的排名位次有较大波动，也与全体居民人均可支配收入的排名位次有一定差距，但近几年逐步趋近。2014 年，内蒙古农村牧区居民人均可支配收入在全国位居第 16，2015~2017 年，位次分别下滑至第 19、第 19 和第 20。从 2018 年起，排名有所提高，2019 年位居第 15，超过 2014 年的位次。2021~2023 年，位次稳定在全国第 12，虽然相较内蒙古全体居民人均可支配收入的排名还相差 2~3 位，但也说明内蒙古城乡收入差距正在逐步缩小（见表 3）。

表 3　2014~2023 年内蒙古居民人均可支配收入在全国的排名

地区	2014	2015	2016	2017	2018	2019	2020	2021	2022	2023
农村牧区	16	19	19	20	18	15	13	12	12	12
全区	10	10	10	10	10	10	10	10	10	9

资料来源：根据历年《中国统计年鉴》，各省、市、自治区《2023 年国民经济和社会发展统计公报》整理得到。

2014~2023 年，全国农村居民人均可支配收入与内蒙古农村牧区居民人均可支配收入均呈稳步上升的趋势，且内蒙古与全国的差距整体在缩小。2014 年，内蒙古农村牧区居民人均可支配收入与全国平均水平相差 513 元。此后三年差距逐渐扩大，到 2017 年差距最大，内蒙古农村牧区居民人均可支配收入比全国农村居民人均可支配收入低 848 元。2019 年起差距有所缩小，2020 年内蒙古与全国平均水平差距重新回到 600 元以下，2020 年与 2021 年的差距分别为 564 元和 594 元，2023 年差距缩小至 470 元（见图 5）。

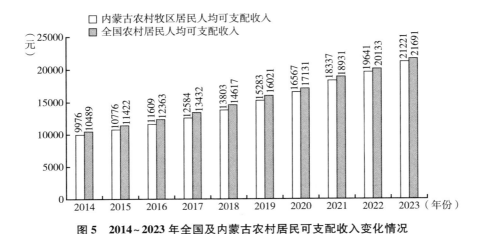

图 5　2014～2023 年全国及内蒙古农村居民可支配收入变化情况

资料来源：根据历年《中国统计年鉴》、历年《内蒙古统计年鉴》、《内蒙古自治区 2023 年国民经济和社会发展统计公报》整理得到。

从全国农村居民按收入五等份分组的人均可支配收入来看，内蒙古农村牧区居民收入明显高于 20% 低收入组家庭和 20% 中间偏下收入组家庭的人均可支配收入。与 20% 高收入组家庭人均可支配收入相比还有较大差距。2014～2023 年，内蒙古农村牧区居民人均可支配收入介于全国农村 20% 中间收入组家庭和 20% 中间偏上收入组家庭人均可支配收入之间。相比全国中间收入组家庭平均水平，内蒙古农村牧区居民收入从 2014 年仅高于该水平 472 元，到 2023 年超过 2742 元。但内蒙古农村牧区居民收入与全国农村 20% 中间偏上收入组家庭人均可支配收入仍有较大距离，2014 年相差 3473 元，此后大部分年份的差距不断扩大，2022 年相差 5005 元（见表 4）。因此，内蒙古在全面推进乡村振兴中要坚持农牧民主体地位，实现农村牧区居民收入持续稳定较快增长，进军全国中上游水平。

表4　2014～2023年内蒙古农村牧区人均可支配收入与全国对比

单位：元

年份	全国农村20%中间收入组家庭人均可支配收入	内蒙古与20%中间收入组水平差值	全国农村20%中间偏上收入组家庭人均可支配收入	内蒙古与20%中间偏上收入组水平差值
2014	9504	472	13449	-3473
2015	10311	465	14537	-3761
2016	11159	450	15727	-4118
2017	11978	606	16944	-4360
2018	12530	1273	18051	-4248
2019	13984	1299	19732	-4449
2020	14712	1855	20884	-4317
2021	16546	1791	23167	-4830
2022	17451	2190	24646	-5005
2023	18479	2742	25981	-4760

资料来源：根据历年《中国统计年鉴》、内蒙古统计局网站数据计算得到。

　　从内蒙古农村牧区居民人均可支配收入各项来源与全国农村居民人均可支配收入的对比分析可以发现，整体来看全国农村居民工资性收入占比从2014年起逐步扩大，而内蒙古农村牧区居民的工资性收入占比逐渐减小。全国非农就业人数较多，工资性收入比例较高，农民收入形式相对多样化。全国工资性收入占比从2014年的39.58%增长至2023年的42.24%，增加了2.66个百分点；而内蒙古则从2014年的20.76%下降至2023年的19.25%，减少了1.51个百分点。受市场化、工业化、城镇化步伐的加快，农村农业经营中剩余劳动力大幅向城镇、非农产业转移，家庭经营收入占比降低。2014年全国农村居民经营净收入占比为40.39%，到2023年快速下降至34.26%，减少了6.13个百分点。内蒙古作为粮食和畜牧业生产大省，耕地面积相对较多，粮食生产和畜牧业养殖等经营净收入仍然是内蒙古农牧民收入的主要来源，在人均可支配收入中占比超过50%，且2023年该比值高于全国经营净收入占比平均水平20.44个百分点。同时，内蒙古农牧民经营净收入占比虽然整体有所降低，但2023年比2014年仅下降4.16个百分点，下降幅度也小于全国。2014~2023 年，内蒙古农牧民财产净收入占比都略高于全国平均水平，但差距逐渐缩小，从 2014 年相差 1.78 个百分点缩窄至 2023 年的 0.24 个百分点，内蒙古农牧民的财产净收入占比持续下降。从转移净收入占比看，随着国家支农惠农力度加大，财政对农牧业转移支付的支持力度不断加大，全国农村居民转移净收入占比整体提高。内蒙古在此基础上由于特困供养金、养老保险金、生态补偿金等转移支付使农牧民转移净收入占比也整体呈增长趋势。2017 年内蒙古转移性净收入占比高于全国平均水平 4.74 个百分点（见表5）。

表5　2014~2023 年内蒙古农村牧区人均可支配收入来源与全国平均水平对比

单位：%

| 年份 | 工资性收入占比 | | 经营净收入占比 | | 财产净收入占比 | | 转移净收入占比 | |
	内蒙古	全国	内蒙古	全国	内蒙古	全国	内蒙古	全国
2014	20.76	39.58	58.86	40.39	3.90	2.12	16.48	17.89
2015	20.88	40.27	57.40	39.43	3.95	2.21	17.78	18.09
2016	21.10	40.62	53.54	38.35	3.90	2.20	21.46	18.83
2017	21.05	40.93	50.73	37.43	4.09	2.26	24.12	19.38
2018	20.99	41.02	52.02	36.66	3.77	2.34	23.22	19.98
2019	20.77	41.09	52.79	35.97	3.42	2.35	23.03	20.59
2020	20.24	40.71	53.29	35.47	3.01	2.45	23.47	21.37
2021	19.65	42.04	54.43	34.68	2.58	2.48	23.35	20.80
2022	19.32	41.97	54.57	34.63	2.55	2.53	23.56	20.88
2023	19.25	42.24	54.70	34.26	2.73	2.49	23.32	21.01

资料来源：根据历年《中国统计年鉴》《中华人民共和国 2023 年国民经济和社会发展统计公报》《内蒙古自治区 2023 年国民经济和社会发展统计公报》计算得到。

为研究内蒙古农村牧区居民收入结构与其他省份农村居民收入结构的差异，从东北、华东、华中和华南地区选择辽宁省、江苏省、湖北省和广东省4 个省份作为比较对象。2022 年，江苏省农村居民人均可支配收入在全国各省份中排名第 5，广东省排名第 7，辽宁省排名第 10，湖北省排名第 11，内蒙古排名第 12。内蒙古农村牧区居民工资性收入占比低于全国平均水平，在横向比较的5个省份中绝对值和占比也是最低的。2018年，内蒙古农村牧区居民工资性收入绝对值仅为湖北省的59.26%、辽宁省的51.30%、广东省的34.03%、江苏省的28.33%。近几年，工资性收入对农民收入的贡献率有所提高，2022年江苏省和广东省已达到49.07%和57.46%，已经成为农民收入增长的主要渠道。同其他省份相比，内蒙古农村牧区居民工资性收入所占比重偏低，在收入中的占比不仅比广东省和江苏省两个非农就业密集省份低38.14个和29.75个百分点，相比辽宁省和湖北省等主要粮食生产省份也分别低18.06和13.24个百分点。

广东省在五省份中经济最发达，农民工资性收入占比增长得最快，从2018年的49.57%，增长到2022年的57.46%，已经成为农民家庭收入的最主要来源。湖北省和江苏省面临耕地面积少、耕地质量相对较低、资源不足等问题，人均耕地面积相对较少，这也影响了当地农民第一产业收入。因此，湖北省和江苏省农民难以单纯依靠农业维持生计，近些年制造业快速发展，为了提高家庭收入，大部分农民寻求其他就业岗位，到乡镇或工厂打工补充家庭经营收入，增收渠道相对较为丰富。辽宁省农村居民工资性收入占比整体也略有下降，但仍明显高于内蒙古农村牧区居民工资性收入占比（见表6）。

表6 2018~2022年代表性省份农村居民工资性收入来源对比

单位：元，%

年份	内蒙古		辽宁		江苏		湖北		广东	
	绝对值	占比	绝对值	占比	绝对值	占比	绝对值	占比	绝对值	占比
2018	2896	20.99	5645	38.51	10222	49.04	4887	32.63	8511	49.57
2019	3174	20.77	6224	38.64	11077	48.85	5353	32.66	9699	51.54
2020	3353	20.24	6511	37.31	11789	48.72	5272	32.33	10614	52.69
2021	3603	19.65	7109	36.99	13109	48.93	5949	32.58	12765	57.23
2022	3795	19.32	7442	37.38	13977	49.07	6418	32.56	13560	57.46

资料来源：历年《中国统计年鉴》。

从经营净收入的绝对值和占比情况看，内蒙古高于其他4个省份。2018年，内蒙古农村牧区居民经营净收入为7181元，高于辽宁省917元、江苏省 1164 元、湖北省 910 元、广东省 2748 元，也是 5 个省份中唯一一个经营净收入占比过半的省份。2022 年，内蒙古经营净收入已经是广东省的 1.86 倍。湖北省、辽宁省经营净收入占比变化不大，分别维持在 41.5% 和 44.2% 左右。江苏省经营净收入占比下降的幅度最大，5 年间下降 3.05 个百分点。虽然 2022 年江苏省农村居民经营净收入仅占 25.81%，但收入绝对值却达到了 7353 元。江苏省农村人口中创业人群数量较多，农村参与第二产业、第三产业的人口数量占比较大，有效提高了农民创业经营收入。从经营净收入来看，农民已经不单纯以第一产业为唯一收入来源，其参与第二产业和第三产业的积极性不断提高，参与人数有所增长，经营净收入绝对值也持续增多，为农民增收提供了更多渠道（见表 7）。

表 7　2018~2022 年代表性省份农村居民经营净收入来源对比

单位：元，%

年份	内蒙古		辽宁		江苏		湖北		广东	
	绝对值	占比	绝对值	占比	绝对值	占比	绝对值	占比	绝对值	占比
2018	7181	52.02	6264	42.74	6017	28.86	6271	41.87	4433	25.82
2019	8067	52.79	7013	43.53	6291	27.75	6808	41.53	4447	23.63
2020	8828	53.29	7875	45.13	6445	26.63	6745	41.37	4585	22.76
2021	9980	54.43	8667	45.10	7022	26.21	7553	41.37	5439	24.38
2022	10718	54.57	8831	44.36	7353	25.81	8130	41.25	5759	24.41

资料来源：历年《中国统计年鉴》。

4. 内蒙古农村牧区居民收入结构变动值分析

收入结构的变化程度可以用变化指数来衡量。既有研究通常采用不同来源收入占总收入的比重来衡量收入结构的变动，进而探讨农民不同收入来源变动与农民总收入增长的关系。本报告从总体上分析了农民收入来源的稳定性和收入结构的变动情况，并采用收入结构变动指数分析收入结构的变动情况，建立不同来源收入变动对农民总收入增长贡献的分解模型，对内蒙古农村牧区居民收入结构变动值进行计算，如（1）式所示：

$$\Delta Y_t = \sum \mid Y_{ti}^1 - Y_{ti}^0 \mid \tag{1}$$

（1）式中ΔY_t表示t年农村牧区居民收入结构变动值，Y_{ti}^1表示t年i项收入的比重；Y_{ti}^0表示$t-1$年i项收入的比重。据公式分别测算2014～2023年内蒙古农村牧区居民不同来源收入份额变动值，并计算不同年度农村牧区居民收入结构总体变动值（见表8）。

表8　2014～2023年内蒙古农村牧区居民收入结构变动值

年份	工资性收入份额变动值	经营净收入份额变动值	财产净收入份额变动值	转移净收入份额变动值	农村牧区居民收入结构总体变动值
2014	0.16	0.21	0.07	1.18	1.62
2015	0.12	1.46	0.05	1.3	2.93
2016	0.22	3.86	0.05	3.68	7.81
2017	0.05	2.81	0.19	2.66	5.71
2018	0.06	1.29	0.32	0.9	2.57
2019	0.22	0.77	0.35	0.19	1.53
2020	0.53	0.5	0.41	0.44	1.88
2021	0.59	1.14	0.43	0.12	2.28
2022	0.33	0.14	0.03	0.21	0.71
2023	0.07	0.13	0.18	0.24	0.62

资料来源：根据历年《内蒙古统计年鉴》《内蒙古自治区2023年国民经济和社会发展统计公报》数据计算得到。

2014～2023年，内蒙古农村牧区居民工资性收入份额变动值呈现波动性变化趋势，在2020年和2021年达到较大值，其余年份工资性收入份额变动值均较低。而工资性收入增长量则在2020年达到最小值，其余年份工资性收入增长量均较高。工资性收入份额变动值与增长量之间整体存在着逆向关系，即工资性收入份额变动较大的年份，其增加的工资性收入相对较少（见图6）。

经营净收入份额变动值呈现波动性变化趋势，2016年和2017年经营净收入份额变动值较大，其余年份的变动值相对较低。而经营净收入增长量则是2016年和2017年相对较小。经营净收入变动值与增长量之间整体存在着

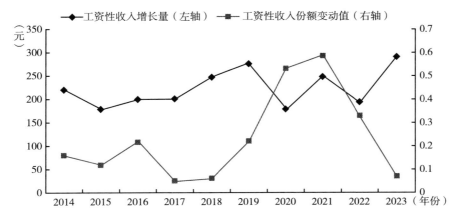

图 6 2014~2023 年内蒙古农村居民工资性收入增长量和份额变动值

资料来源：根据历年《内蒙古统计年鉴》《内蒙古自治区 2023 年国民经济和社会发展
统计公报》数据计算得到。

逆向关系，即经营净收入份额变动较大的年份，其增加的经营净收入相对较少（见图 7）。

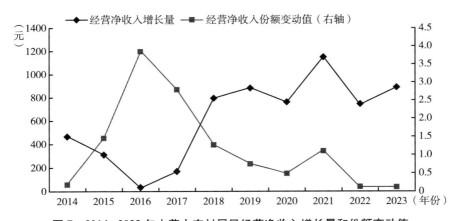

图 7 2014~2023 年内蒙古农村居民经营净收入增长量和份额变动值

资料来源：根据历年《内蒙古统计年鉴》《内蒙古自治区 2023 年国民经济和社会发展
统计公报》数据计算得到。

尽管财产净收入所占比重较小，但是财产净收入份额的变动值波动性变
化趋势显著，2016~2018 年、2021~2023 年的变动幅度都相对较大。通过对

比财产净收入份额变动值与收入增长量的变动趋势，发现两者在大部分年份具有同向变化特点。也就是说，财产净收入份额变动值越大，当年的收入增长量也会比较大，反之亦然（见图8）。

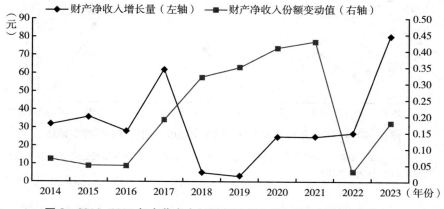

图8 2014~2023年内蒙古农村居民财产净收入增长量和份额变动值

资料来源：根据历年《内蒙古统计年鉴》《内蒙古自治区2023年国民经济和社会发展统计公报》数据计算得到。

转移净收入份额变动值呈现较大波动性变化趋势，在2016年达到最大值。转移净收入增长量也在2016年达到最大值。转移净收入的份额变动值与增长量大致呈现同向变化特点，即转移净收入份额变动值较大的年份，其转移净收入增长量也较大（见图9）。转移净收入、财产净收入等易受外部环境影响，脱离农业发展的收入来源难以保障农村牧区居民收入的持续增长，收入呈现不稳定性。农村牧区居民收入增长既取决于不同来源收入数量的协调增长，也与不同收入来源结构的优化调整密不可分。

综上所述，内蒙古农村牧区居民不同来源收入所占比重差异显著，经营净收入和转移净收入对农民收入增长的影响较大。2014~2023年，农村牧区居民收入结构发生了较显著变化，农村牧区居民增收从仅仅依靠经营净收入增长转变为依靠多种收入增长，农村牧区居民收入来源呈现多元化趋势。不同来源收入的份额变动值与同时期收入增长量的变化关系呈现波动性，说明农村牧区居民在不同时期获取不同来源的收入具有不稳定性，进而导致农牧

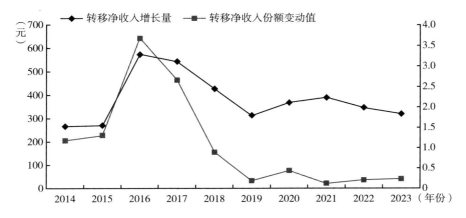

图9 2014～2023年内蒙古农村居民转移净收入增长量和份额变动值

资料来源：根据历年《内蒙古统计年鉴》《内蒙古自治区2023年国民经济和社会发展统计公报》数据计算得到。

民收入呈现出波动性。当下，农牧业竞争力还有待进一步增强，农牧业全要素生产率不高，家庭经营净收入、工资性收入、转移净收入此消彼长，农牧民不同来源收入的波动使得收入增长不稳定。要确保农牧民总收入持续健康提升，就要不断优化农牧民的收入来源结构，确保农牧民不同来源收入的协调增长。

二 内蒙古农村牧区居民持续增收面临的问题

（一）农村牧区第二、第三产业不发达，经营净收入增速缓慢

2022年内蒙古在第一、第二、第三产业就业的人口分别占就业总人口的36%、19%和45%，农牧民从第一、第二、第三产业获得的收入分别占人均可支配收入的90.42%、0.60%和8.98%，就业结构与收入结构明显不匹配。一方面，在内蒙古的广大农村牧区，传统农牧业仍然占主导地位，而第二、第三产业相对滞后。受人力资源、技术和资金制约，农村牧区缺乏多样化的产业和制造业企业。农牧业生产收入占经营净收入的近九成，农畜产品

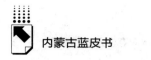

及副产品的品质及附加值提升不足，精深加工产业发展不够完善。规模经营发展慢、生产条件改进不大、经营理念滞后等因素致使农村牧区居民经营净收入增速较低。

同时，一些位置较偏远的农村牧区的基础设施相对滞后，水利设施不足，农村路网不完善，加之农牧业各产业之间融合链条较短，利益联结较松散，难以带动农牧民持续增收。此外，市场供需的多变性和信息不对称等因素使农牧民难以把握市场走势。畜牧业投资较大、农作物存在过剩滞销、收益下降等风险，致使农牧民难以获得稳定的收益。总的来看，在内蒙古农村牧区居民收入结构中，经营净收入占第一位，是农村牧区居民家庭收入的最重要来源。随着内蒙古农牧业现代化程度不断提高、农村一二三产业融合发展的不断加速以及产业体系的不断健全，农村牧区居民家庭经营净收入的持续增长将更加有保障。不断做大农村牧区居民经营净收入这块"蛋糕"，是实现共同富裕的重要保证。

（二）非农就业不足，农牧民工资性收入偏低

从全国来看，农村居民人均可支配收入中工资性收入占比从 2015 年起超过四成，工资性收入占比逐步增长。2023 年，全国农村居民人均可支配收入中工资性收入占比为 42.24%。我国农村居民工资性收入占人均可支配收入的比重呈现逐步增加趋势，反映了随着我国"放管服"改革的深入推进，我国农村市场主体大量涌现，为农村居民提供了更多的工作岗位，增加了农村居民的工资性收入，农民工资性收入已成为支撑农民收入增长的新亮点。与此同时，内蒙古农村牧区居民工资性收入占比过低，2014~2023 年，工资性收入在人均可支配收入中的占比维持在 20% 左右。虽然 2016~2017 年工资性收入占比略有增加，但 2021 年后工资性收入占比又下降到了 20% 以下。通过对比其他省份农村居民的收入结构，部分省份工资性收入约占四成及以上，部分经济发达省份近年来工资性收入占农民人均可支配收入近六成。而在工资性收入中，内蒙古农村牧区居民的工资性收入既包括非农就业收入，还包括农业内部就业所获报酬。所谓农业内部就业，即随着

农村劳动力大量外流，农村牧区劳动力老龄化问题加剧，在农业内部出现的通过继续从事农业生产活动获得工资性收入的现象，即农业内部雇工行为。2016 年，内蒙古农业内部就业的工资性收入占工资性收入的比例达24.27%，远高于全国 5.11% 的平均水平。[①]

内蒙古农村牧区居民工资性收入及其占比偏低是农民增收的劣势和短板，农牧民工资性收入具有较大的增长空间。农牧民工资性收入偏低，同农村牧区工资性收入岗位偏少和市场主体缺乏直接相关。由于农牧业生产受到耕地资源、水资源的瓶颈制约和草原生态保护的需要，以农牧业生产为主的家庭经营净收入在未来难以成为农民总收入持续增长源泉。要持续缩小城镇居民和农村牧区居民的收入差距，必须从为农村牧区居民创造更多工资性收入岗位入手，提高农牧民的工资性收入以及其在人均可支配收入中的占比。

（三）财产净收入比例偏低

农牧民财产净收入主要包括土地、存款以及集体资产所带来的收益等。内蒙古农村牧区居民财产净收入在人均可支配收入中所占比重相对较低。2021~2023 年，人均财产性收入分别为 473 元、500 元、580 元，占人均可支配收入的比重分别为 2.58%、2.55% 和 2.73%，略高于全国平均水平。财产净收入比例过低，主要是农牧民的资产、投资、租金和股息等方面的收入都较低。目前，由土地带来的财产净收入还仅限于转让土地承包经营权取得的收益。2021 年，稻谷地、小麦地、玉米地的流转租金分别为每亩 68.2元、41.1 元、47.7 元，[②] 由于每户土地的规模是有限的，因此靠土地租金实现增收的空间十分有限。因此，要提高农牧民的财产净收入，需要充分释放农牧民财产权益价值。只有农牧民拥有了对财产的所有权、收益权和处置权才能够实现农牧民财产净收入的增长。农牧民财产净收入的增长主要源于

---

① 余志刚、胡雪琨、王亚：《我国农民工资性收入结构演变的省际比较——基于偏离——份额分析》，《农业经济与管理》2019 年第 6 期。

② 《中国农村统计年鉴 2022》。

宅基地和土地，但目前属于农村集体资产的土地、宅基地等及其他无形资产的产权主体不明晰，农民享有的宅基地使用权只有在同一行政村内互换的权能，不能在更大地域范围、更广受让主体之间流动，土地产权制度改革的相关配套措施仍待进一步完善。同时，农村金融市场发展缓慢，农村牧区金融市场与城市金融市场在成熟度方面还存在较大差距。农牧业生产易受到自然灾害和市场等风险因素的影响，农牧民为了规避投资也会选择一些风险低的方式进行存储或是直接持有现金。农牧民的资本获取能力和资本运用能力不强，农牧民的财产净收入增长存在困难。

三 内蒙古促进农村牧区居民持续增收的对策建议

（一）以加强乡村产业融合为重点，促进农牧民收入均衡增长

乡村产业既涉及传统的农、林、牧、渔业，又包含农村电商、休闲康养、乡村旅游等新产业和新业态。这些产业既提升了乡村发展的效益，又拓宽了农牧民的增收渠道，促进了农牧民持续稳定增收。提升农村牧区一二三产业融合发展水平。

1. 加快传统农牧业转型升级，提升第一产业在经营净收入中的质量和效益

经营净收入在内蒙古农牧民人均可支配收入中占主导地位，而第一产业收入占到其中的九成以上，增加第一产业收入是增加农牧民经营净收入的有效途径。内蒙古农畜产品特征明显，种类丰富，产量大，而且无污染、纯天然的绿色农产品特色比较突出，具有发展农畜产品加工业的资源优势。重点是要促进农畜产品加工业的转型升级，生产出质高价优、有市场辨识度的内蒙古特色农畜产品，让农牧民更多地分享农畜产品增值带来的收益。

2. 大力发展农村牧区制造加工业、服务业，将第二和第三产业作为今后提高经营净收入的新亮点和增长点

内蒙古广大农村牧区需要充分利用自身的资源禀赋和发展优势，努力发

展第二、第三产业，提升与农牧业相关的制造业、服务业的发展水平和质量。内蒙古不同地区的农牧业具有不同的优势和特点，要鼓励跨地区合作，实现农畜产品的资源共享和市场协同发展。充分利用不同地区的资源优势，优化资源配置、提高产能利用率，增强各地区农牧业发展的协同效应。通过提供农畜产品及副产品精深加工、物流配送、农村牧区旅游等服务，实现农牧业、制造业和服务业的协同发展，从而提高农畜产品的附加值和市场竞争力。在提升传统商业、物流业、交通运输业的规模和服务的基础上，还应大力发展信息服务、产品营销和品牌策划等农牧业相关的新兴服务业。加强农畜产品区域品牌建设，扩大农牧民经营净收入的类型和渠道，为农牧民创造更多的就业机会和增收途径。

3. 深入挖掘和拓展农牧业的多种功能，充分发挥内蒙古特色的农村牧区历史文化资源，因地制宜挖掘乡村历史和内蒙古"北疆文化"的品牌价值

将传统的农牧业与现代服务业、文化旅游业相结合，发展形式多样、特色鲜明的新产业和新业态。鼓励农牧民开展民宿、农家乐、牧家乐和手工艺品制作等与旅游相关的业务，为他们提供创业机会。通过制定相应的宣传推广策略，比如在线宣传、参加旅游推介会、举办文化活动等，吸引更多游客和文化爱好者前来内蒙古体验和消费，扩大乡村的就业和创业容量。

（二）以创造更多就业机会为载体，激发农牧民增收活力

工资性收入是入均可支配收入最重要的组成部分。农村牧区居民的人均可支配收入偏低，同农村牧区工资性收入岗位偏少与农牧民工资性收入偏低直接相关。工资性收入不像经营净收入受耕地、草场等客观条件和自然因素影响那么大。因此，增加内蒙古农牧民收入，要努力实现农牧民充分就业，重点要推动农牧民就地就业创业，促进农牧民工资性收入快速增长。

1. 以培育壮大市场主体为重点，创造更多工资性收入岗位

要缩小城镇居民和农村居民之间的收入差距，必须从为农牧民创造更多工资性收入岗位入手，而创造工资性收入岗位的关键是培育壮大市场主体。一方面，要培育更多城镇市场主体，通过吸引农村居民进入城镇工作的方

式，提高农村居民的收入水平。另一方面，要培育更多农村牧区市场主体，通过直接为农牧民创造家门口就业岗位的方式，积极培育家庭工场、手工作坊、乡村车间等，在新型乡村治理环境下，设置公益性岗位，提供更多本地就业机会，提高农牧民的收入水平。除此之外，还要不断壮大已有市场主体，提升当前市场主体的吸纳就业能力，为吸纳农村牧区居民就业创造更多的岗位。

2. 完善农村牧区劳动力转移就业服务体系

要加强农牧民教育培训和劳动技能提升。随着农牧区劳动力的外出，农村剩余劳动力的素质和结构不断变化，农村劳动力的供需矛盾日益突出，要把培养有文化、懂技术、会经营的农牧民作为促进农民增收的不竭动力。建立农牧民职业培训中心，提供针对不同地区和职业的培训课程，包括农牧业生产、农畜产品加工、养殖种植等领域，帮助农牧民学习现代农牧业技术和管理方法，进一步提高农牧民的生产、管理和销售等技能；搭建劳动力转移就业信息平台。为农牧民提供相关的就业指导、咨询和政策法规咨询服务，还要定期发布各类用工信息，为企业与外出务工农牧民对接提供服务。加强职业技能培训和资质认定，增强农牧民的数字素养，促进农牧民多渠道转移就业，提高就业信息的对称性、时效性，提高就业质量。

（三）以全面深化农村改革为突破，优化农牧民收入结构

一方面，要不断探索农村集体经济的发展路径，以推进农村土地确权为突破口，加快建立产权清晰、规范有序的农村土地产权交易市场，形成公平合理的农村土地要素收益分配机制，增加农牧民的财产净收入。另一方面，通过完善对农牧民直接补助的政策和加大对农村牧区低收入群体的帮扶，进一步提高农村社会保障水平，稳步提高农村牧区居民转移净收入。

1. 发展壮大农村牧区集体经济

可通过实施集体经济扶持项目，给予农村牧区居民一定的政策和资金支持。还可以通过探索资金入股合作发展、资源合作联合发展以及股份合作自主经营发展等模式和路径，不断发展壮大农村集体经济。探索多种形式的农

村牧区经济组织和经营方式，完善农村集体经济组织运行机制，发展混合经济，盘活集体资产，不断提升集体经济活力；推进农村集体产权制度改革，使其真正成为农民集体所有的资源、资产、资金，促使农民变成股东；依法保护农村集体财产权，明确农村集体产权内的所有权、收益权、处置权、继承权等权益与分配，确保农民正当权益收入。

2. 不断完善社会保障体系，巩固农牧民转移净收入

一方面，完善对重要农畜产品生产者补贴、农机购置补贴、牧机购置补贴、畜牧良种推广、奶业振兴支持、粮改饲、畜产品增量提质、新型农业经营主体高质量发展、农业信贷担保服务、动物疫病防控、保险保费补贴等方面的补贴标准动态调整机制。充分利用多元化的补偿方式，建立多方面、全方位的草原生态保护补偿制度。另一方面，逐步提高对农牧民医疗保障、养老保障等的财政投入，形成长效增长机制，在保证社会财力可持续的前提下，提供基础性、普遍性、兜底性的民生保障。

参考文献

李小静：《乡村振兴战略视阈下农民可持续增收路径探析》，《农业经济》2021 年第 4 期。

卿定文、蒋卓峻、徐锐：《共同富裕目标下中部六省农民收入结构及持续增收探析》，《重庆交通大学学报》（社会科学版）2024 年第 5 期。

吴国松、姚升：《要素市场扭曲背景下不同地域农民收入变动与结构优化研究》，《经济经纬》2021 年第 1 期。

盟 市 篇

B.8
巴彦淖尔市农牧业发展调查报告[*]

张 平 刘蒲芳 曹 伟[**]

摘 要： 2023 年，巴彦淖尔市农牧业发展取得较好成就，主要体现在现代农牧业进一步推进、农业节水技术进一步应用、农牧业产业链发展以及科技创新在农业中的应用突出等方面。可是也面临着不少困难和问题，例如，耕地质量等级仍较低，经济作物收益对粮食作物的挤出效应明显，农牧业产业链条较短、品牌化带动能力不足，农业面源污染问题仍突出，科技创新能力不强，人才队伍欠缺，小麦种植比较效益低、玉米加工业滞后等。针对上述问题，提出了夯实耕地基础、强化政策保障、提升产业链韧性、全力以赴降低农业面源污染、大力扶持农牧业科技发展、抓好人才引育工作、推进小麦产业高质量发展、加强农业技术集成的作用等具有针对性的对策。

---

  * 注：本文数据来源于《巴彦淖尔市 2023 年经济社会发展统计公报》和巴彦淖尔市相关部门。

  ** 张平，巴彦淖尔市哲学社会科学联合会党组成员、副主席，研究方向为河套文化；刘蒲芳，巴彦淖尔市社会科学研究中心干部，研究方向为历史文化；曹伟，巴彦淖尔市农牧业科学研究所，研究方向为畜牧业。

关键词： 农牧业发展 农畜产品生产 巴彦淖尔市

巴彦淖尔农牧业资源得天独厚，地处北纬40°农作物黄金种植带，拥有亚洲最大的一首制自流引水灌溉系统，四季分明，年平均日照时数为3100～3300小时，昼夜温差14～18℃，水土光热组合条件好，降水量少，蒸发量大，有利于农作物积累养分，黄河流经333.5公里，有1370余万亩耕地，农牧业资源得天独厚。农产品种类多、品质好，是国家重要的粮油生产基地，全国最大的有机原奶、葵花籽、脱水菜生产基地，全国地级市中唯一四季均衡出栏的肉羊养殖加工基地，培育的"巴美肉羊"是全国第一个拥有自主知识产权的肉羊品种。巴彦淖尔市着力推进粮食生产、高标准农田建设、农畜产品精深加工等重点工作，全力推动农牧业规模化、产业化、品牌化发展，在建设国家重要农畜产品生产基地的道路上不断展现新作为。

一 农牧业发展取得的成效

巴彦淖尔市立足资源禀赋和特色优势，坚决贯彻习近平总书记考察内蒙古重要讲话指示精神，加快建设国家重要农畜产品生产基地。可是，近几年农业气象年景总体偏差，农资价格持续上涨，种粮者收益减少等情况出现，农民种粮积极性下降，因此，全市迫切需要全面提升粮食生产综合能力。

（一）种植业发展取得的成就

根据《巴彦淖尔市2023年国民经济和社会发展统计公报》，2023年，巴彦淖尔市农作物总播种面积为1145.9万亩，同比增长0.7%，粮食播种面积为565.3万亩，同比增长1.5%。其中，小麦播种面积为71.2万亩，同比增长37.5%；玉米播种面积为478.2万亩，同比下降0.5%。经济作物播种面积为580.7万亩，同比下降0.1%。其中，油料播种面积为423.8万亩，同比增长8.9%；番茄播种面积为20.7万亩，同比增长19.9%。耕地内种草10.0万亩，同

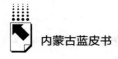

比下降 4.8%。全市粮食总产量为 58.9 亿斤，同比增长 1.2%。其中，小麦产量为 4.7 亿斤，同比增长 48.5%；玉米产量为 53.5 亿斤，同比下降 1.2%。油料产量为 18.8 亿斤，同比增长 23.1%；番茄产量为 29.8 亿斤，同比增长 31.2%。

截至 2024 年 6 月，现已播种粮食作物 610.57 万亩。其中，小麦种植 53.27 万亩，大豆种植 15.46 万亩，玉米种植 534.65 万亩，其他杂粮杂豆种植 7.19 万亩。从蔬菜种植看，已种植番茄 24.02 万亩、辣椒 32.97 万亩、脱水菜 3.35 万亩、瓜类 19.7 万亩。新建设施农业 5.74 万亩，累计建成 25.08 万亩。

（二）高标准农田建设成就

巴彦淖尔市先后出台《关于河套灌区整灌区推进高标准农田建设试点的实施意见》和《内蒙古巴彦淖尔市河套灌区整区域推进高标准农田建设试点实施方案》，针对河套灌区耕地碎片化、盐碱化、地力等级低的实际，项目建设实行"三打破、五统一、一重新"建设模式，推行"渠林路田"布局，集中连片、整村、整镇、整县规模化推进，通过破立并举，达到了"田成方、林成网、渠相通、路相连、旱能灌、涝能排、盐渍降、土肥沃"，逐步实现"一户一田""一村一田"。2023 年度，巴彦淖尔市新建高标准农田 13 万亩，改造提升高标准农田 80 万亩，新增高效节水灌溉面积 124.2 万亩。2024 年，巴彦淖尔市高标准农田建设任务是 158.85 万亩，现已开工 136.49 万亩，开工率 86%。在建设方式上探索新模式，鼓励国企以先建后补、特许经营和投标竞标的形式参与高标准农田建设运营。大力推行"投建运"一体化模式，引入社会资本参与，增加亩均投资标准、力争建设一步到位，实现土地规模化经营、建后管护主体责任，落实管护责任和管护经费，明确产权归属，建立乡村管护模式，推行"投建运"管护模式、领办合作社管护模式，探索商业保险管护模式。由此，高标准农田建设的加速发展，已成为巴彦淖尔市粮食产量稳定的重要支撑。

（三）大力推进农业绿色化发展

1. 加快转变农业用水方式

依托高标准农田建设项目，重点推广以引黄澄清滴灌、机电井滴灌、移动式水肥一体化引黄直滤滴灌为主的高效节水灌溉技术，现已落实 101.31 万亩，开工 60.17 万亩。

2. 化肥农药减量增效

实施有机肥替代化肥行动，推广测土配方施肥技术 1053.4 万亩。建立 3 个"看苗选肥"平台。集成推广"两种两种"（抗性品种，药剂浸种，轮作改种，适期晚种）、"三生三诱"（生态调控、生物防治、生物源农药、灯诱、色诱、性诱）等绿色防控技术模式 456.9 万亩，开展统防统治作业 347.7 万亩。建立 2 个"对症选药"平台，提高科学用农药。

3. 降低了农膜对土地的污染

巴彦淖尔市推广"一膜两用""无膜浅埋滴灌"等地膜源头减量技术 17.7 万亩、1.2 万亩。依托地膜科学使用项目，推广加厚高强度地膜 177.9 万亩、全生物降解地膜 7.5 万亩。探索建立"农户+服务组织+企业"的废旧地膜回收利用模式，回收地膜 2.87 万吨，地膜回收率达 85.5%，大幅减少了农膜对土地的污染。

4. 提高了秸秆综合利用

巴彦淖尔市建立 5 处秸秆收储中心、27 处秸秆收购站点，重点示范推广以"饲料化、肥料化、燃料化"为基础的秸秆资源化利用方式，农作物秸秆可收集量 513 万吨，利用量 468.15 万吨，利用率达 91.3%。由此，把农业肥料转化为宝贵资源，有效提高了秸秆的使用效率，产生了经济效益和生态效益。

（四）粮食加工业发展现状

巴彦淖尔市玉米加工情况。2023 年，巴彦淖尔市籽粒玉米产量约为 81.16 亿斤，总产值为 105 亿元；青贮玉米产量约为 400 万吨，总产值为 17.58 亿元；玉米加工业产值为 38.93 亿元，全产业链产值为 163.15 亿元。巴彦淖尔市有玉米加工企业 57 家，其中，饲料加工企业 30 家，占比 52.63%，主要生产反刍动物、猪、禽等饲料及玉米压片；在淀粉加工方面，内蒙古巴山玉米淀粉有限公司淀粉年加工能力达到 50 万吨，实际生产淀粉约 35 万吨（使用玉米约 50 万吨），生产的淀粉主要供联邦制药、华恒生物

等企业；季加工玉米 38.51 万吨，销售收入 37.04 亿元；鲜食玉米生产企业 26 家，占玉米加工企业的 45.61%，2023 年总产值约为 10.76 亿元；深加工企业 1 家，上半年销售收入为 7957.8 万元。加工企业玉米原料主要来自本地，全市籽粒玉米满足粮食储备、散户养殖、饲料和淀粉加工、制药行业外，全年外调约 8 亿~10 亿斤。

巴彦淖尔市小麦加工情况。根据市场监管总局数据，巴彦淖尔市注册小麦加工、面粉加工企业共 260 家，实际运行的面粉加工企业有 203 家，年面粉加工能力约为 110 万吨。面粉企业中日处理小麦 80 吨以上的加工企业有 31 家，年销售收入 100 万元以上的企业有 58 家，年销售收入 500 万元以上的企业有 34 家，17 家面粉加工企业被认定为市级以上产业化龙头企业（恒丰和兆丰是国家级产业化龙头企业）。恒丰集团日处理小麦 1000 吨，市场规模及占有率均居全市同行业前列。2023 年，巴彦淖尔市小麦种植 71.25 万亩，总产量为 23.5 万吨，按平均 70% 的出粉率计算，河套面粉产量约 16.45 万吨。面粉企业主要生产雪花粉、雪晶粉、颗粒粉等 60 多个品种的面粉产品以及挂面、延面、纺面、面包、馒头、馍片、麻花等主食产品。

（五）补贴政策落实到位

2022 年，巴彦淖尔市玉米、大豆和马铃薯生产者补贴资金为 34006 万元，其中，用于大豆玉米带状复合种植的补贴资金为 6040.8 万元，补贴面积 21.8 万亩，平均补贴标准为 277.1 元/亩；用于玉米种植的补贴资金为 26865.3 万元，补贴面积 633.8 万亩，平均补贴标准为 42.4 元/亩。2023 年全市玉米、大豆和马铃薯生产者补贴资金为 28498.0 万元，其中，用于玉米种植的补贴资金为 20659.0 万元。通过发放玉米生产者补贴，增加玉米种植收益，提高了农户的种植积极性。

（六）加快发展农业社会化服务能力

目前，巴彦淖尔市农业社会化服务面积为 311.44 万亩，在全市 15 个村开展社会化服务示范行动。10 个"统种共富"模式推广村统种面积为 2.77

万亩，其中，社会化服务统种面积为 0.65 万亩；土地流转"统种"面积为 2.12 万亩。为此，巴彦淖尔市农业社会化服务组织的加快发展，推动了农业现代化进程。

二 畜牧业发展的成就

（一）2024年上半年取得较好成绩

近年来，巴彦淖尔市以设施畜牧业为主的畜牧业发展取得较大成就。截至 2024 年 6 月底，牲畜饲养量为 1791.46 万头只（存栏 1161.99 万头只，出栏 629.47 万头只），其中，奶牛饲养量为 33.36 万头，肉牛饲养量为 20.24 万头，驴饲养量为 1.32 万头，马饲养量为 5.1 万匹，骆驼饲养量为 5.5 万峰，羊饲养量为 1665.76 万只，生猪饲养量为 60.17 万头。禽饲养量为 3401.88 万只。肉类总产量为 22.5 万吨，同比增长 4.06%；牛奶产量为 68.36 万吨，同比增长 26.27%；牛肉产量为 0.73 万吨，羊肉产量为 14.8 万吨，禽蛋产量为 1.03 万吨。

（二）养殖数量持续增长

根据巴彦淖尔市农牧局数据，截至 2024 年 3 月底，巴彦淖尔市肉牛饲养量为 19.35 万头，其中，存栏 16.92 万头，同比增长 20.92%；出栏 2.43 万头，同比增长 30.06%；牛肉产量为 0.53 万吨，同比增长 30.7%。羊饲养量为 1494.24 万只，其中，存栏 1063.43 万只，同比减少 0.57%；出栏 430.81 万只，同比增长 11.02%；羊肉产量为 10.48 万吨，同比增长 10.73%。

（三）扎实推进奶业振兴

依托自治区奶业振兴政策，巴彦淖尔市主动加强与伊利、蒙牛等龙头企业战略合作。2023 年，奶产业链全产业链产值达 128.6 亿元。全市累计建

成 100 头以上规模奶牛养殖场 120 家,规模化养殖率为 98%。荷斯坦奶牛养殖规模和原奶产量均居全区第二,巴彦淖尔市现已成为全国最大的有机原奶生产基地,荣获"中国沙漠有机奶基地"荣誉称号。

1. 奶牛养殖数量持续增加

截至 2024 年 3 月底,全市奶牛存栏 33.43 万头,原奶累计产量 40.39 万吨,奶牛存栏量和牛奶产量同比增长 4.21% 和 28.92%;累计建成 100 头以上规模养殖场 119 家,规模化率为 98%。

2. 产业园区建设稳步推进

巴彦淖尔市主动加强与伊利、蒙牛的战略合作,全力推进 4 个 10 万头乳业园区建设,其中,磴口县圣牧高科有机奶业园已建成,杭锦后旗现代农业奶业振兴产业园、乌兰布和蒙牛现代牧业产业园、蒙牛集团乌拉特前旗现代有机高端奶产业园正在建设。共完成投资 107.53 亿元,入驻牧场 37 家,存栏奶牛 18.7 万头,日产原奶 2738 吨。

3. 优质饲草料逐步得到保障

在保证粮食种植面积和产量的基础上,鼓励龙头企业、合作社、农户通过轮作倒茬、麦后复种等途径,种植青贮玉米、苜蓿、燕麦草。2023 年共种植饲草 156.08 万亩,其中,种植青贮玉米 108.74 万亩,苜蓿 16.04 万亩,饲用燕麦 27.60 万亩,羊草 1.30 万亩,其他饲草 2.4 万亩。共有持证饲料生产企业 58 家,2023 年,饲料总产量为 124.04 万吨,总产值为 42.19 亿元。

4. 产业链条更加完善

建成乳制品加工企业 10 家,日加工能力 3800 吨,培育了圣牧高科、金河套、蒙元宽等知名品牌,1 家企业 2 款产品进入"天赋河套"区域公用品牌阵营。正在推进磴口中利、经开区启辰、杭锦后旗旭一 3 个喷粉厂建设。累计建成民族乳制品加工作坊 22 家,主要生产奶皮、奶油、酪丹、奶茶等,日加工鲜奶 30 吨,产品销往全国各地。

(四)扎实推进设施畜牧业发展

巴彦淖尔市设施畜牧业发展迅速,取得了较大的成就,已经成为内蒙古自治区设施畜牧业发展的典范。累计建成标准化暖棚 11753 个（248.81 万平方米），储草棚 3477 个（27.57 万平方米），青贮窖 609 个（37.5 万立方米），实现 116.88 万羊单位牲畜就地舍饲圈养。目前，34 家舍饲已开工建设，带动全市畜禽规模化养殖比重达到 77%。建设十万只肉羊育繁推示范基地，已推广种公羊 1075 只（其中，富川公司推广华蒙肉羊种公羊 960 只，草原宏宝推广东弗里生种公羊 115 只），建设养殖单元 1075 个，存栏基础母羊 51240 只，已繁育华蒙肉羊杂交羔 4.17 万只。

（五）畜禽粪污资源化利用

巴彦淖尔市重点依托以畜禽粪污为主要原料的 66 个有机肥加工厂和 7888 个规模养殖场配套设施装备，加强畜禽粪污利用。目前，全市粪污产生量达 602.8 万吨，可收集量为 431.32 万吨，资源化利用量为 398.23 万吨，粪污资源化利用率为 92.33%。由此，减少了牲畜粪便对环境的污染。

三　农畜产品加工业发展较快

充分发挥巴彦淖尔市农牧业产业化龙头企业协会"桥梁纽带"的作用，促进龙头企业交流合作、创新发展。通过政策支持、项目扶持，实现龙头企业做大做强、晋位升级。现有市级以上农牧业产业化重点龙头企业 279 家，其中，国家级 11 家，自治区级 120 家，数量均居自治区首位；市级 148 家。销售收入 500 万元以上的农牧业产业化企业达到 336 家，主要农畜产品生产加工转化率达到 75%。农业社会化服务面积为 514.88 万亩，4 个旗县整县推进兽医社会化服务。在农畜产品加工业的带动下，农村牧区常住居民人均可支配收入达到 26404 元，同比增长 8.2%。从屠宰加工能力看，巴彦淖尔市牛羊屠宰企业 80 家（牛屠宰企业 12 家、羊屠宰企业 68 家），设计屠宰加工能力 2046 万头只/年（牛 16 万头/年，羊 2030 万只/年），2023 年全市屠宰 428.47 万头只牛羊（牛 0.91 万头，羊 427.56 万只）。

四 科技对农牧业发展的贡献显著

（一）农高区十大科技成果示范基地全部建成

充分发挥国家农高区"1+10+N"科创平台作用，积极对接高水平专家团队，精准挖掘"突围"点位，凝练储备重点科技项目。制定印发《巴彦淖尔国家农业高新技术产业示范区2024年农牧领域建设方案》，统筹推动农高区建设，高质量打造十大科技成果示范基地。

（二）运用北斗系统服务于农牧业

大力推广北斗导航辅助驾驶系统、移动式引黄滴灌水肥一体化设备等，研制5种型号防沙治沙沙障铺设机，播种环节应用北斗导航辅助驾驶系统作业面积365.42万亩。建设区域性农业社会化服务中心1个（临河区达丰农机农民专业合作社）、农机装备熟化定型和推广应用基地1个（杭锦后旗蒙新种养殖专业合作社）。

（三）有效发挥农业科技园区的带动作用

全市共落实农业科技园区102个（市级31个，旗县级71个），核心区面积为55万亩，辐射区面积为128万亩，参与建设的各类服务组织351个，涉及农户5595户。目前，小麦开始出穗，玉米已进入拔节期，其余农作物均长势良好，园区内集中示范推广小麦—喷三防栽培技术、玉米三优两增全程机械化技术、辣椒水肥一体高效种植技术等高产高效技术。建设30家科技小院，培训农牧民24.1万人次。

五 加快推进种业振兴战略

（一）扶持发展种业企业

为加快提升巴彦淖尔市玉米制种基地现代化建设水平，推动制种基地提档升级，保障粮食安全和重要农产品供应能力，在农作物制种方面发力。全市建设农作物制种基地 6.88 万亩（小麦 1.65 万亩，玉米 4.88 万亩，葫芦等其他作物 0.35 万亩），对 24 个标准化集约化瓜菜育苗中心进行全方位提档升级，现育苗 28 亿株。在玉米种业方面，支持杭锦后旗申报自治区级玉米制种大县，已引进 10 家玉米制种企业，落实玉米制种基地面积 3.29 万亩，品种 83 个。在小麦种业方面，建设小麦"三圃田"600 亩（巴麦 13 号"三圃田"200 亩，永良 4 号"三圃田"100 亩，红皮小麦"三圃田"300亩）。同时，依托黄河流域西北地区种质基因库开展种质资源鉴定评价工作，已制定辣椒、燕麦以及地方特色品种、种质资源鉴定评价实施方案，完成辣椒移栽定植并开展资源圃田间观测及管理工作。

（二）采取新运作模式，推进种业发展

巴彦淖尔市采取"政府主导、企业（合作社）参与、市场运作"的模式，在全市打造以小麦、玉米、向日葵三大农作物为主，涵盖辣椒、鲜食玉米、谷子等其他作物的综合"看禾选种"平台 6 个，建设面积 1090 亩。

（三）加大"戈壁红驼"的畜种的保护力度

开展"戈壁红驼"畜禽新遗传资源鉴定，申报自治区级河套大耳猪保种场（存栏 277 头），完善国家级二狼山白绒山羊保种场 1 处（育种群 6 个，总存栏2717 只），已建设自治区级双峰驼保种场 1 处（存栏 1000 峰），已建成戈壁红驼繁育基地 1 处（存栏 3000 峰），在建万峰驼繁育基地 1 处（存栏 5500 峰）。

六　农牧业发展面临的问题或困难

（一）耕地质量等级仍较低

盐碱化耕地面积占比较大，耕地质量平均等级为 5.97 等，较全国平均水平低 1.21 等，较全区平均等级低 0.35 等，有机质含量普遍偏低。境内652 万亩耕地呈现不同程度的盐碱化，盐碱耕地占全市耕地的 48%。

（二）经济作物收益对粮食作物的挤出效应明显

根据相关数据，小麦种植亩均投入 650～800 元，玉米种植亩均投入 750～900 元，二者亩均毛收入分别约为 1600 元、2200 元，每亩补贴 100 元～200 元。同期选择种植经济作物，以葵花为例，亩均投入 600～800 元，亩均毛收入约为 2500 元，在种植成本基本相同的前提下，经济作物的亩均毛收入远高于粮食作物的亩均毛收入，即使加上粮食作物补贴，粮食作物亩均毛收入也到不了经济作物的亩均毛收入，尤其无法抗衡 1500 元以上的亩均净利润，[①] 如此巨大的收益差距下，如何保障粮食作物种植面积是一大问题。

（三）产业链条较短，品牌化带动能力不足

农牧业大而不强，"原字号"企业多、高新技术企业少，玉米、向日葵等农畜产品仍以初级产品外销为主。河套农产品品牌影响力和竞争力在市场竞争中还未完全展现，特别是国内市场份额仍然不足。

（四）农业面源污染问题仍突出

农业面源污染仍较严重，防治措施存在"点上效果好，面上效果不理想；局部效果好，全域效果不理想"的现象。未来，加快降低化肥和农药的用量任重而道远。

（五）科技创新能力不强

虽然巴彦淖尔市在农牧业科技研发、示范与应用方面取得了一系列重要成果，可是巴彦淖尔市的农牧业科技创新能力仍有待提升，因为科技才是解决巴彦淖尔市农业短板的关键。

---

① 李东伟、赵娜、刘欣：《巴彦淖尔市农民种粮和基层抓粮面临的困难及对策建议》，《粮食问题研究》2024 年第 3 期。

（六）人才队伍欠缺

巴彦淖尔市农牧科技人才没有形成良性循环，存在人才流失严重、人才培养不足等问题。农牧业相关专业的毕业生数量有限，基层吸引力不足，缺乏系统性和专业性的培训机制，导致现有人员难以跟上行业的发展。

（七）小麦的种植比较效益低、加工企业带动力不强

巴彦淖尔市种植比较效益低。近年来，虽然随着价格逐年上升，小麦的效益呈现增长趋势，但亩均效益在巴彦淖尔市十大类农作物中最低，导致农民种植积极性不高。农民种植小麦首先考虑的是自食，然后是轮作倒茬；面粉加工企业规模小，带动能力弱。全市面粉加工企业多以加工面粉、手延面等初级产品为主，产品附加值低，带动能力弱。以本地最大的面粉加工企业恒丰为例，面粉加工占到恒丰总销售额的80%左右，手延面等加工产品占销售额的16%左右，还有一些粮油贸易业务占4%左右。

（八）玉米加工业滞后

根据调查，玉米密植品种较少。目前玉米种植正在从过去的稀植大穗过渡到耐密紧凑型，市场上品种多而杂，适宜密植品种少，农民选择何种品种的难度较大，缺乏合理引导机制。在加工方面，玉米加工转化量虽然占到总量的一半以上，但多数为初加工，像联邦制药、巴山淀粉这样的精深加工企业的加工量不足总加工量的1/8，绝大多数企业是饲料加工企业，加工企业整体的产业链条短，附加值低，带动能力较弱。在技术服务上，因市场上销售的玉米种子品种较多，各品种的生育期、株型、粒型、对水肥的要求各不相同，很难针对每个品种进行配套栽培技术服务，难以实现标准化生产。

七 推进巴彦淖尔市农牧业高质量发展的对策建议

（一）夯实耕地基础，保障粮食稳产

既保数量，又提质量，像保护大熊猫那样保护耕地，坚决遏制耕地"非农化"，严格管控"非粮化"，加快盐碱化耕地改良改造和综合利用。继续做好"改盐增草"工程的前期试验示范工作，不断丰富和完善盐碱地改良路径，要结合有关项目实施，做好耕地机械深松、秸秆还田培肥、耕地轮作等工作，不断提升耕地质量水平。力争到 2027 年，全市 1089.53 万亩永久基本农田全部建成高标准农田，灌区内永久基本农田一半以上配套水肥一体化。

（二）强化政策保障，提高农户稳定收益预期

建设农业全产业链，提高粮食亩均收入。发挥国家农业高新区建设优势，引入农资生产经营企业，新建一批化肥、农药、籽种生产企业，提高本地区农资供给能力，从而降低本地区农资价格。同时引入滴灌、覆膜种植企业，为提高农业用水利用率提供专业化服务。通过高新技术逐步改良土地的同时提高粮食亩均产量，保障粮食收购价格，增加精准补贴，提高种植收益，保障粮食稳定生产。

（三）提升产业链韧性，提高产品附加值

强化龙头企业引擎作用。扶持现有龙头企业做大做强，推动小升规、规做大、大变强、强上市，扶大扶强一批本土"农字号"龙头企业；加大以商招商、精准招商、合作招商力度，积极对接国内 500 强、农企 500 强，努力形成若干个百亿级专业化、规模化的产业集群；擦亮品牌"金字招牌"，加快建设以"天赋河套"为引领的农畜产品品牌体系，不断提高品牌影响力、市场引领力和整合带动力；锻造精深加工硬核，发挥肉羊、向日葵、奶

业、玉米、小麦、羊绒、辣椒、肉牛、华莱士蜜瓜、黄柿子、加工型蔬菜等农牧业重点产业带动作用，延伸产业链，提升价值链，推动产业向后端延伸，向下游拓展，由卖原字号向卖品牌产品转变。

（四）全力以赴降低农业面源污染，夯实粮食稳产根基

大力解决面源污染问题，力争到 2030 年，化肥、农药利用率大幅降低。鼓励土地向农业企业、种植大户、种植能手集中，积极开展集中连片种植，在集中连片种植地区建设农业科技示范园区建设，辐射带动降低化肥、农药的使用量，实施 2～3 年内轮作种植，不断扩大优势特色作物的种植面积，有效发挥不同作物对土壤的改良作用。通过这种生产模式可降低化肥、农药使用量，多使用有机质肥料，提高耕地有机质含量和加快减少农业面源污染，夯实粮食稳产保供的根基。

（五）大力扶持农牧业科技发展，补齐科技的短板

巴彦淖尔市要以国家级农业高新技术产业示范区为牵引，抓住种业创新这个关键，加大种源关键核心技术攻关，加快选育推广优良品种，力争到2030 年小麦、玉米、向日葵主栽作物原种良种自给能力分别实现 80%、70%、60%以上；远近结合抓好科技"突围"工程，扎实推进农高区三年行动，组织实施一批科研技术攻关项目；抓好粮食单产提升工程；落实《"数据要素×"三年行动计划（2024—2026 年）》，加快发展智慧农业；抓好农业机械化和服务社会化，加大高端、智能、节能型作业机械的推广力度，扶持小农、改造小农、带动小农，将社会化服务向产前、产后延伸拓展，努力建设全国生态农牧业科技创新发展引领区、"一带一路"农牧业科技合作先行区、农村一二三产业融合发展样板区。

（六）抓好人才引育工作，补齐人才短板

优化政策环境，吸引人才为全市所用。畅通农牧科技人才的良性循环，完善人才培养、引进、使用、合理流动的工作机制，真心爱才、悉心育才、

倾心引才、精心用才，以人才工作的主动，掌握创新的主动和发展的主动。健全教育培训体系。加强农牧类院校与科研机构及企业合作，实现资源共享。定期举办技能培训班，提高现有农牧业从业者的专业素质。

（七）推进小麦产业高质量发展，发挥优质小麦的优势

创新种植模式，实现节水增效。按照县（市、区、旗）有万亩示范区、苏木乡镇（场）有千亩示范片、嘎查村有百亩示范方的园区建设思路，鼓励和引导生产主体按照区域化、渠域化集中连片种植小麦，沿渠系形成小麦套种玉米种植带、小麦套种晚播向日葵种植带、麦后复种燕麦草种植带等，根据套种及复种作物统一安排灌溉水供给。加大小麦新品种推广力度，提高单产量。对通过国家和自治区审定并适宜巴彦淖尔市种植的优质小麦新品种进行集中示范展示，引导经营主体选用优质小麦新品种。发挥产粮大县奖励资金作用，对于集中连片种植100亩以上的新品种种植区，种子款全额补贴。优化产业结构，做强精深加工。引进国内外大的粮食企业到巴彦淖尔市投资优质小麦加工项目和建设生产基地，采取嫁接改造、合资合作、兼并重组等方式，做强做大本地现有企业，增强市场的竞争力。扶持本地的合作社、龙头企业积极争取国家、自治区产业化项目，实施精深加工技术改造，促进面粉加工装备提档升级，丰富产品种类，延伸产业链条，提高小麦产业附加值。优化产品结构，满足不同消费者需求。依托小麦的资源优势，融合本地绿色蔬菜和畜产品资源，加工速冻水饺、包子等绿色健康食品，以及馒头、馍片、麻花等成品生产，进一步提升小包装休闲食品比例。积极开发小麦加工新产品，拓展营养强化面粉、蔬菜面条、富硒面条等产品生产，大力开展小麦成分提取深加工，进行小麦谷朊粉、小麦胚芽蛋白等加工，加工小麦胚芽面包、胚芽挂面、胚芽奶茶等，丰富小麦加工产品结构。

（八）加强农业技术的集成、示范、引领作用，延长玉米产业链

围绕"新主体（农业企业、专业合作社、家庭农场、种植大户等）、新技术、新品种、新模式（社会化服务+订单生产）、新动能（政府引导，积

极鼓励社会资本参与)、新目标(高质量发展,园区内农民亩均增收 200 元以上)"建设"六新"科技园区,实现农机农艺结合,大规模技术集成,带动巴彦淖尔市农业高质量发展,打造"双 15"农业高质量发展标准化综合科技示范园区,展示新品种、新肥料、新农资、新装备,体现技术集成和绿色增产,发挥示范引领的平台作用。与此同时,在企业技改扩建和产品深加工方面给予资金和项目支持。在产业化贴息贷款方面,给予资金倾斜,帮助企业解决技改资金和收购原料流动资金不足等问题。在玉米深加工方面,给予项目支持,帮助引进培育深加工企业,延长产业链条,推动产业结构升级。

B.9
兴安盟农牧业发展调查报告[*]

赵丽君[**]

摘　要：　本报告根据兴安盟农畜产品生产基地的当前发展态势，构建一个全面而深入的视角，揭示其资源禀赋、发展成就、面临的挑战及未来路径。兴安盟作为内蒙古自治区农畜产品主产区，在快速推进农牧业现代化与产业化的进程中，不可避免地遭遇了技术创新能力不足、市场对接机制不健全、可持续发展压力增大等瓶颈问题。针对存在的困难和问题提出了具体措施。在技术层面，倡导加大农业科技研发投入，推广智能农业技术，提升农业机械化与信息化水平；在市场对接方面，建议构建多元化销售渠道，强化市场信息收集与分析能力，提升农畜产品的市场竞争力；在可持续发展上，强调生态优先原则，推动绿色生产方式，加强草原保护与修复，实现农业与环境的和谐共生；在政策扶持上，呼吁完善政策体系，加大财政金融支持力度，优化资源配置，为农畜产品生产基地的健康发展提供坚实保障。

关键词：　农畜产品　生产基地　兴安盟

兴安盟的农牧业发展资源优势显著，为现代农牧业发展提供了丰富的资源保障。兴安盟位于大兴安岭向松嫩平原的过渡带，全盟草地面积为2683.88万亩，林地面积为2554.08万亩，共有各级各类自然保护地18个，耕地面积高达1600万亩，并且全部是黑土地。兴安盟水资源相对丰富，流

---

　　* 注：本报告数据来源于《兴安盟2023年国民经济和社会发展统计公报》和兴安盟相关部门，部分数据可能因统计口径或修订方式不同存在误差，本报告未做机械调整，特此说明。

　　** 赵丽君，兴安职业技术学院副教授，研究方向为产业经济。

域面积 50 平方公里以上的河流有 315 条，天然湖泊有 35 个，水库有 22 座，水资源总量为 50 亿立方米，水质普遍在Ⅲ类以上，是黑龙江、松花江、嫩江三江水源涵养区，素有"蒙东水龙头"的美誉。由此，兴安盟得天独厚的黑土地资源和清澈的水资源优势是成为国家重要绿色农畜产品生产加工输出基地的根基，对国家农畜产品安全稳定供应发挥着重要作用。目前是世界公认的"玉米黄金种植带"、"寒地水稻黄金种植带"和"最佳养牛养羊带"。兴安盟大米、小米、牛肉、羊肉被认定为农产品地理标志品牌，特别是兴安盟大米荣获"2018 中国十大大米区域公用品牌"和"中国十大好吃米饭"称号，并成功入选 2020 年全国第十四届冬运会唯一指定用米，兴安盟先后被授予"内蒙古优质稻米之乡"和"中国草原生态稻米之都"称号。

一　兴安盟农畜产品生产基地发展现状

（一）种植业发展现状分析

根据《兴安盟 2023 年国民经济和社会发展统计公报》数据，2023 年，兴安盟粮食作物播种面积 1562.82 万亩，比上年增加 0.42 万亩，同比增长 0.3%，占全区的 11.8%。粮食总产量再创历史新高，达到 678.15 万吨，增产 6.62 万吨，同比增长 1.0%，占全区的 17.1%。其中，稻谷产量为 48.47 万吨，减产 0.55 万吨，同比下降 1.1%，占全区的 59.1%；玉米产量为 574.24 万吨，增产 7.77 万吨，同比增长 1.4%，占全区的 18.1%；大豆产量为 33.58 万吨，增产 3.89 万吨，同比增长 13.1%，占全区的 15.0%；薯类产量为 1.18 万吨，增产 0.22 万吨，同比增长 23.1%，占全区的 0.9%（见表 1）。可见，兴安盟粮食产量在内蒙古粮食产量中的占比较大，是内蒙古的粮食主产区。

1. 主要农作物种类、种植面积、产量及分布

兴安盟位于内蒙古自治区东北部、大兴安岭山脉与松嫩平原过渡地带，凭借其得天独厚的生态环境和丰富的农牧业资源，成了内蒙古乃至全国重要

的农畜产品生产基地。其广袤的土地资源中，耕地面积高达 1600 万亩，为农作物的生长提供了坚实的基础。实施高标准农田建设面积为 91 万亩，黑土地保护性耕作面积为 827 万亩，粮食播种面积为 1562.82 万亩，粮食总产量为 678.15 万吨，位居全区第二。

表 1　2023 年兴安盟粮食产量及粮食品种现状

单位：万吨，%

指标	产量	同比增长率
粮食	678.15	1.0
小麦	2.53	51.0
稻谷	48.47	-1.1
玉米	574.24	1.4
高粱	12.71	-18.4
大豆	33.58	13.1
薯类	1.18	23.1
油料	2.50	34.1
甜菜	3.65	-66.4

在水稻种植领域，兴安盟展现出了卓越的成就。2023 年，全盟水稻种植面积一举跃升超过 115 万亩，这一数字不仅稳居内蒙古自治区首位，更彰显了兴安盟在水稻种植方面的强劲实力。特别是扎赉特旗好力保镇水田村项目核心示范区，当地凭借其科学的种植管理和先进的技术应用，实现了水稻单产的历史性突破——实收亩产高达 761.5 公斤，这一成绩不仅刷新了内蒙古自治区的水稻单产新纪录，更为全国水稻高产栽培树立了典范。

玉米作为兴安盟的另一大支柱性农作物，其种植面积长期稳定在 1200 万亩以上，为全盟乃至全国的粮食安全提供了坚实保障。在稳定种植面积的同时，兴安盟还不断优化玉米种植结构，提高种植技术和管理水平，确保了玉米产量的稳步增长。这不仅满足了国内市场需求，也为农民带来了可观的经济收益。

大豆作为重要的油料作物和蛋白质来源，在兴安盟同样得到了广泛的种植。2023 年，全盟大豆播种面积达到了 223.39 万亩，这一数字较往年有了显著增长。通过引进高产优质大豆品种、推广先进栽培技术以及加强田间管理等措施，兴安盟大豆的亩产量也实现了质的飞跃，达到了一个新的高度。这不仅提高了市场供应量，也为消费者提供了更多优质的大豆制品选择。

2. 农业生产技术水平与机械化程度

兴安盟大力推进农业机械化、智能化发展，农作物耕种收综合机械化率超过 90%。近年来，全盟新增高性能免耕播种机、精量播种机及联合收割机等现代化农机装备，累计配套应用北斗导航无人驾驶辅助系统 872 台套，无人机保有量达到 308 台，实现了耕、种、管、防、收全环节的机械化生产。这些措施有效提升了农业生产效率，降低了劳动力成本。截至 2023 年末，全盟农牧业机械总动力为 582.54 万千瓦，比上年末增长 6.9%，综合机械化水平为 91.6%，比上年末提高 0.2 个百分点。全盟农用化肥施用量（折纯）为 24.97 万吨，比上年下降 1.6%，农用塑料薄膜使用量为 4312 吨，比上年末增长 91.0%，农田有效灌溉面积为 179.66 千公顷，与上年基本持平。全盟有大中型拖拉机 5.60 万台，小型拖拉机 11.35 万台，农用水泵 8.74 万台，节水灌溉类机械 9860 套。

3. 农产品质量安全管理体系

兴安盟高度重视农产品质量安全，建立健全了网格化管理体系，实现了农畜产品质量安全监管全覆盖。截至 2023 年，全盟已完成 36 个对标达标的乡镇网格化管理，确保 6 个县（市、区、旗）65 个苏木乡镇（场）866 个嘎查村的网格监管工作全覆盖。同时，通过强化畜产品质量安全检验检测、推行承诺达标合格证制度等措施，全盟农畜产品质量安全监测合格率为 98% 以上，为农畜产品品牌建设奠定了坚实基础。

（二）畜牧业生产情况

1. 主要畜种、养殖规模、存栏量及出栏量

根据《兴安盟 2023 年国民经济和社会发展统计公报》，兴安盟畜牧业发展势头强劲，主要畜种包括牛、羊、生猪等。全年猪牛羊禽肉产量为 30.41 万吨，比上年增长 5.3%，占全区的 10.7%。其中，猪肉产量为 9.10

万吨，同比增长 2.9%，占全区的 12.0%；牛肉产量为 5.79 万吨，同比增长 12.4%，占全区的 7.4%；羊肉产量为 13.70 万吨，同比增长 7.5%，占全区的 12.6%；禽肉产量为 1.82 万吨，同比下降 14.8%，占全区的 7.9%。禽蛋产量为 3.98 万吨，同比增长 18.1%。牛奶产量为 72.53 万吨，同比增长 17.9%，占全区的 9.2%（见表 2）。年末猪存栏 60.83 万头，同比增长 9.8%，占全区的 9.7%；牛存栏 88.64 万头，同比增长 16.1%，占全区的 9.3%；羊存栏 776.71 万只，同比增长 3.2%，占全区的 12.6%；家禽存栏 359.39 万只，同比下降 3.4%，占全区的 6.1%。为此，在内蒙古自治区人民政府的大力支持下，兴安盟逐步发挥畜牧业比较优势资源，促进现代畜牧业加快发展，为国家畜产品安全保供发挥着重要作用。

2. 大力发展现代畜牧业发展

兴安盟坚持"种养结合，为养而护，农牧循环"的草畜一体化发展思路，推动畜牧业向规模化、集约化、标准化方向发展。全盟已建成大型肉牛交易市场、乳制品物流集散中心以及传统乳制品加工产业园，形成了较为完善的畜牧业产业链条。同时，通过实施肉牛产业再造行动，加快推进肉牛全产业链发展体系建设，提高了畜牧业的整体效益。兴安盟以"兴安盟牛肉"为发力点，全力推动肉牛产业高质量发展。全盟现有大型肉牛养殖企业 12 家、合作社 300 家，建成肉牛标准化规模养殖场 469 个。在北上广深等一线城市和呼包鄂等区内城市，建设以"兴安盟牛肉"为引领的兴安盟生态农产品品牌店 15 家、牛羊肉直营店 50 余家。截至 2023 年 10 月末，肉牛出栏 37.34 万头，牛肉产量 6.72 万吨。截至目前，全盟三大牛交易市场交易量约 56 万头，交易额达 67 亿元。这些成绩折射出兴安盟肉牛产业的"畜"势勃发，彰显了兴安盟建设国家重要农畜产品生产基地的十足潜力。①

3. 畜禽疫病防控与养殖废弃物处理

兴安盟高度重视畜禽疫病防控工作，建立了完善的疫病防控体系。通过实施全域兽医社会化服务、高标准草原建设等措施，有效降低了畜禽疫病发

---

① 《内蒙古兴安盟肉牛产业"畜"势勃发》，《兴安日报》2024 年 1 月 24 日。

生率。在养殖废弃物处理方面，全盟大力推进废弃农膜、秸秆和牲畜粪便等废弃物资源化利用，减少农牧业面源污染。截至2023年，全盟畜禽粪便资源化利用率提高至超过90%，秸秆综合利用率提高至超过60%。

表2　2023年兴安盟畜产品产量情况

单位：万吨，%

指标	产量	同比增长率
猪牛羊禽肉产量	30.41	5.3
猪肉	9.10	2.9
牛肉	5.79	12.4
羊肉	13.70	7.5
禽肉	1.82	−14.8
禽蛋产量	3.98	18.1
牛奶产量	72.53	17.9

（三）生产基地建设与管理

1. 基地规划布局与基础设施建设

兴安盟根据资源环境承载力，科学规划生产基地布局。重点抓好粮食生产功能区、原产地农产品核心区、特色农产品优势区等"三区"建设，并积极推进肉牛养殖示范带、优质改良肉羊示范带、现代农牧业园区等"两带一园"建设工程。通过实施高标准农田建设、黑土地保护利用等项目，有效改善了项目区农田基础设施条件，提升了耕地质量。

2. 农畜产品标准化生产与品牌建设

兴安盟积极推进农畜产品标准化生产，通过制定和实施农畜产品生产标准和技术规程，提高了农畜产品质量和安全性。同时，全盟共培育认证绿色食品274个、有机农产品185个、地理标志农产品9个，为打造优质农畜产品品牌奠定了良好基础。通过实施品牌提升工程，加快开拓市场步伐。

3. 品牌建设与市场开拓

兴安盟在品牌建设上持续发力，依托独特的地理环境和优质的农畜产品

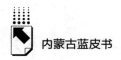

资源，打造了一系列具有地方特色的农畜产品品牌。例如，"兴安盟大米""兴安盟牛肉"等品牌已在全国范围内享有较高知名度，成为兴安盟农畜产品的金字招牌。为了进一步提升品牌的影响力，兴安盟积极组织当地企业参加国内外农产品博览会、展销会等活动，通过线上线下相结合的方式，拓宽产品销售渠道，提高市场占有率。

同时，兴安盟还注重加强市场营销，利用互联网、大数据等现代信息技术手段，构建农畜产品营销网络。通过建立电商平台、直播带货等新型销售模式，打破了传统销售模式的时空限制，让兴安盟的优质农畜产品能够更快、更便捷地走向全国乃至全球市场。此外，兴安盟还加强与大型超市、餐饮企业等终端市场的合作，建立稳定的供销关系，确保农畜产品销售渠道的畅通无阻。

4. 绿色发展与产品安全

兴安盟在推动农畜产品生产基地发展的过程中，始终将可持续发展放在首位。通过推广绿色生产方式，减少化肥农药使用量，保护生态环境；通过实施草原生态补奖政策，加强草原保护和建设，维护草原生态平衡；通过推进畜禽粪污资源化利用，减少养殖废弃物对环境的污染。这些措施不仅提高了农畜产品的质量和安全性，也促进了农业与环境的和谐共生。

5. 基础设施建设与保障能力提升

兴安盟还注重加强基础设施建设，改善生产环境。通过实施农村饮水安全巩固提升工程、农村电网改造升级工程等项目，提高了农村基础设施水平；通过推进农村人居环境整治行动，改善了农村生产生活条件。这些基础设施的完善，为农畜产品生产基地的可持续发展提供了有力的保障。

二 兴安盟农畜产品生产基地的深层次问题与挑战

（一）创新乏力与普及障碍

兴安盟作为内蒙古自治区的重要农业区域，尽管近年来在农业技术领域取得了一定成就，如引进了一些高效节水灌溉技术、智能温室种植系统等，但整体上仍面临农业科技创新能力不足的挑战。这主要体现在以下几个方面：一是科研力量分散，缺乏系统性、前瞻性的农业科技研发体系，导致新技术、新品种的研发周期长、成果转化率低。二是农业技术推广体系不健全，基层农技推广人员数量不足、专业素质参差不齐，难以有效将科研成果转化为农民手中的生产力。三是农民科技素质普遍偏低，对新技术的认知度、接受度及实际操作能力有限，加之传统耕作习惯根深蒂固，使得先进农业技术的普及和应用面临重重困难。此外，农业机械化水平不高也是制约兴安盟农业生产效率提升的关键因素之一。尽管部分区域实现了机械化作业，但整体机械化率仍低于全国平均水平，特别是在偏远山区和半农半牧区，小型农机具使用普遍，大型高效农机具普及率低，严重制约了农业生产效率和规模化经营的发展。

（二）信息不对称与渠道单一

兴安盟农畜产品在市场对接方面存在的问题，不仅影响了产品的市场竞争力，也制约了农业产业的转型升级。首先，产销信息不对称是制约农畜产品销售的重要因素。农民获取市场信息的渠道有限，加之其市场预测能力不足，往往导致生产决策与市场需求脱节，出现"卖难买贵"的现象。其次，销售渠道单一且传统，主要依赖中间商或农贸市场进行销售，缺乏直接对接消费者的电商平台和冷链物流体系，难以适应现代消费者多元化、个性化的需求。这不仅限制了产品的销售渠道和覆盖范围，也削弱了农民在市场中的议价能力。为了改善这一状况，兴安盟需要加快构建农产品市场信息服务平台，加强产销对接，引导农民根据市场需求调整种植养殖结构；同时，积极培育新型农业经营主体，如农民专业合作社、家庭农场等，通过规模化经营和品牌建设提升市场竞争力；此外，还应大力发展农村电子商务和冷链物流，拓宽销售渠道，实现农产品从田间到餐桌的无缝对接。

（三）生态与经济的双重考验

随着农牧业的不断发展，兴安盟面临着日益严峻的可持续发展压力。草

原退化、沙化问题不仅威胁到畜牧业的可持续发展，也加剧了生态环境的恶化，这主要是长期过度放牧、不合理开垦以及气候变化等因素共同作用的结果。为了缓解这一问题，兴安盟需要实施严格的草原保护制度，推广轮牧休牧制度，加强草原生态修复和治理工作；同时，积极发展草食畜牧业和特色养殖业，提高畜牧业附加值和竞争力。另一方面，农业面源污染问题也不容忽视。化肥农药的过量使用、畜禽粪便的随意排放等不仅污染了土壤和水体环境，也影响了农产品的质量和安全。因此，兴安盟需要加快推广绿色农业技术和管理模式，如测土配方施肥、病虫害绿色防控等；同时加强农业废弃物的资源化利用和无害化处理，减少农业面源污染对生态环境的影响。

（四）政策与资金精准度的存在不足

政策支持与资金投入是保障兴安盟农畜产品生产基地持续健康发展的关键。然而目前仍存在政策落实不到位、资金投入不足等问题。为了解决这些问题，兴安盟需要从以下几个方面入手。一是加强政策宣传解读工作，确保各项惠农政策能够真正惠及广大农民和农业企业。二是加大财政投入力度，优化资金配置结构，重点支持农业基础设施建设、农业科技研发和推广、农业生态环境保护等关键领域。三是创新金融支农方式，引导社会资本投入农业领域，形成多元化投入格局。四是加强项目监管和绩效评估工作，确保资金使用的规范性和有效性。此外，兴安盟还应积极探索建立农业保险制度和农业信贷担保体系等风险保障机制，为农民和农业企业提供更加全面、有效的风险保障服务。这些措施可以进一步激发农民和农业企业的生产积极性和创新活力，推动兴安盟农畜产品生产基地实现高质量发展。

三　兴安盟农畜产品生产基地的转型升级

（一）激发技术创新与推广新动能

1.强化农业科技研发体系

首先，需构建产学研深度融合的农业科技创新体系，鼓励和支持农业科研机构、高等院校及农业企业建立长期稳定的合作关系，共同开展农业关键技术、共性技术和前沿技术研发。通过设立专项基金、税收优惠等方式，激励企业增加研发投入，加速科技成果的转化和应用。同时，建立健全农业科技评价机制，对具有重大应用价值的科研成果给予奖励和推广支持。

2. 推广先进适用技术

针对兴安盟农业生产的实际需求，应精准筛选并推广一批先进适用技术。通过举办农业科技培训班、现场观摩会、技术交流会等，将新技术、新装备、新理念直观展示给农民和农业企业，提升其对新技术的认知度和接受度。此外，充分利用互联网、大数据、云计算等现代信息技术手段，建立农业科技信息服务平台，为农民提供远程技术咨询、在线诊断等服务，扩大技术推广的覆盖面和影响力。

3. 提升农民科技素质

农民是农业技术创新的主体，其科技素质的高低直接影响农业技术的推广效果。因此，应加强对农民的教育和培训力度，通过开设农业科技课程、举办农业科技讲座、发放农业科技资料等多种方式，提高其科技素质和创新能力。同时，鼓励和支持农民参与农业科技项目的研究和实施工作，通过实践锻炼提升其技术应用能力，同时提升农业机械化与信息化水平。此外，还应建立农业科技人才激励机制，吸引和留住一批懂技术、会经营、善管理的农业科技人才，为兴安盟的农业发展提供有力的人才支撑。

（二）提升市场竞争力和开拓市场

1. 打造特色农畜产品品牌

依托兴安盟独特的自然环境和资源优势，深入挖掘地方特色和文化内涵，打造一批具有鲜明地域特色和市场竞争力的农畜产品品牌。通过加强品牌宣传和推广力度，提升品牌知名度和美誉度，增强消费者对兴安盟农畜产品的认同感和忠诚度。同时，鼓励和支持农业企业开展品牌化经营，通过商标注册、专利申请等方式保护品牌权益，防止假冒伪劣产品侵害消费者权益。

2.拓宽销售渠道

积极开拓国内外市场，建立多元化的销售渠道。一方面，加强与大型超市、餐饮企业等终端市场的合作，建立稳定的供销关系；另一方面，利用电商平台、直播带货等新型销售模式，拓宽线上销售渠道，实现农畜产品的线上线下融合发展。此外，当地企业还应积极参与国内外农产品展销会、博览会等活动，展示兴安盟农畜产品的优质特色，吸引更多采购商和消费者的关注。

3.加强市场营销

构建完善的农畜产品营销网络体系，通过精准的市场定位和营销策略，提高农畜产品的市场占有率和竞争力。利用大数据分析消费者需求和市场趋势，制定个性化的营销策略和促销方案；加强与媒体的合作，通过广告宣传、新闻报道等方式提升品牌知名度和影响力；同时，注重口碑营销和社交媒体营销等新兴营销方式的应用，激发消费者的购买欲望和口碑传播效应。

（三）实现生态与经济的双赢

1.注重生态环境保护

坚持绿色发展理念，强调生态优先原则，将生态环境保护贯穿于农业生产的全过程。加强草原保护和建设力度，实施轮牧休牧制度、退化草原治理工程等措施，防止草原退化和沙化；推广绿色生产方式，减少化肥农药使用量，降低农业面源污染；加强农业废弃物资源化利用和无害化处理，减少环境污染。同时建立健全生态环境监测和评估体系，定期对农业生产环境进行监测和评估，确保农业生产与生态环境相协调。

2.加强基础设施建设

加大农村基础设施投入力度，改善农村生产生活条件。重点加强农田水利设施建设，提高农田灌溉效率和节水能力；加强农村道路、电力、通信等基础设施建设，改善农村交通和通信条件；推进农业废弃物资源化利用设施建设，促进农业废弃物的资源化利用和无害化处理。此外，还应加强农村公共服务设施建设，提高农村教育、医疗、文化等公共服务水平，为农业发展提供有力支撑。

3.推动农业与旅游业融合发展

依托兴安盟独特的自然风光和人文景观发展休闲农业和乡村旅游产业。通过挖掘地方特色资源和文化内涵,打造一批具有吸引力的休闲农业和乡村旅游项目;加强乡村旅游基础设施建设,提升旅游接待能力和服务水平;加强乡村旅游市场营销和品牌建设,提高乡村旅游的知名度和美誉度。通过农旅结合促进农业增效和农民增收,实现农业与旅游业的双赢发展。

(四)政策扶持与资金投入

1.完善政策支持体系

制定和完善相关政策措施,为农畜产品生产基地发展提供有力保障。明确政策目标和重点任务,加强政策宣传和解读力度,确保政策落实到位。同时,建立健全政策评估和调整机制,定期对政策执行情况进行评估,并根据实际情况进行调整和完善,以确保政策的有效性和针对性。

2.加大资金投入力度

积极争取国家和自治区级财政资金支持并引导社会资本投入农业领域。通过设立专项基金、提供财政补贴和贷款贴息等方式支持农畜产品生产基地建设。同时,完善金融服务体系,为农业企业提供便捷高效的金融服务,支持其扩大生产规模、提升市场竞争力和优化资源配置。

四 结语

兴安盟紧抓国家乡村振兴战略机遇,致力于打造绿色优质农畜产品生产基地,通过现代农牧业技术应用、品牌建设及可持续发展举措,为未来农牧业发展奠定了坚实的基础。

B.10
赤峰市农牧业发展调查报告

赵 然[*]

摘 要： 通过对赤峰市农牧业调查发现，赤峰市农牧业生产总量具有一定的规模经济效应。赤峰市农牧业存在整体发展水平不高的问题，需要推进产业智能化、绿色化、数字化发展，加快建设具有完整性、先进性、安全性的现代化产业体系，将赤峰市的自然资源优势升级为农牧产业综合竞争优势。同时，强化源头产业化和产业源头化，加强源头性技术储备，实现短板产业补链、优势产业延链，传统产业优链、新兴产业扩链。发展新质生产力，提升赤峰市农牧业的效率和效益，推动农牧业寻求新突破。

关键词： 新质生产力 产业数字化 产业链 产业集聚区 赤峰

一 赤峰市农牧业发展现状

（一）赤峰市经济社会发展情况

赤峰市位于内蒙古自治区东南部，蒙冀辽三省区交汇处，东南与辽宁省朝阳市接壤，西南与河北省承德市毗邻，东部与内蒙古通辽市相连，西北与内蒙古锡林郭勒盟交界。赤峰市总面积为9万平方公里，辖区内共有3个区、7个旗、2个县。赤峰地处东北、华北地区结合部，区位优越，交通便捷。距首都北京公路距离390公里，距东北中心城市沈阳不到500公

---

* 赵然，博士，赤峰学院经济与管理学院副教授，研究方向为区域经济、民族经济、地缘经济。

里，距辽宁锦州港仅 250 公里，是首都经济圈和环渤海经济圈重要节点城市，是内蒙古距离出海口最近的城市。赤峰市人口近年来呈现逐年下降的趋势，如图 1 所示，2023 年，赤峰市人口已经不到 400 万人。2012 年赤峰市人口为 427.19 万人，而 2023 年为 396.67 万人。2023 年，赤峰市地区生产总值在内蒙古位居第四。如图 2 所示，尽管赤峰市地区生产总值整体呈现增长趋势，但在内蒙古自治区空间经济发展格局中，赤峰市与内蒙古西部盟市鄂尔多斯市、包头市和呼和浩特市的经济发展存在较大差距，赤峰市与内蒙古西部盟市相比已呈现"西强东弱"的局面，并且东西部之间的差距逐年拉大。

这就要求赤峰市在利用现有的资源禀赋的基础上，发展新质生产力实现地区经济利益最大化。同时，在外部空间上寻求经济增长的新突破。赤峰是环渤海经济圈、东北老工业基地振兴发展的重要组成部分，是我国向北开发开放的前沿阵地和桥头堡，是东北陆海新通道的主体。赤峰也是东北亚经济圈的组成部分，在参与国内国际两个大市场建设中有地缘经济优势和通道经济优势。赤峰市应该结合自身的资源禀赋，充分利用外部新空间寻求新的突破，实现经济社会的跨越式发展。

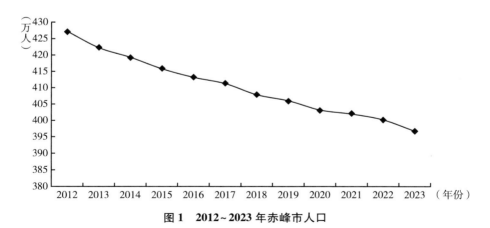

图 1　2012~2023 年赤峰市人口

资料来源：历年《赤峰统计年鉴》。

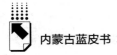

根据《内蒙古自治区国土空间规划（2021-2035 年）》，内蒙古打造"一核双星多节点"城镇空间格局。如表 1 所示。赤峰市各县（市、区、旗）主体功能区定位不同，发展各自产业。同时，赤峰市为"双子星座"中的其中"一星"。赤峰通辽"双子星座"区域中心城市对内连接着京津冀、辽中南城市群和哈长城市群，通过东北陆海新通道和欧亚新商道衔接中蒙俄经济走廊和欧洲大市场。2012~2023 年赤峰市和通辽市地区生产总值如图 2 所示。

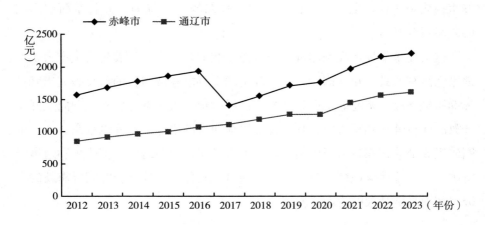

图 2　2012~2023 年赤峰市和通辽市地区生产总值

资料来源：根据历年《内蒙古统计年鉴》数据整理得到。

2017~2023 年，赤峰的产业结构呈现出"三二一"态势，第三产业逐渐居于主导地位，服务业的发展为地方经济发展提供了不竭动力。也表明在地方经济发展过程中，赤峰市逐渐意识到服务经济的重要性。人才高质量的服务为产业经济的发展提供智力支持，空间知识溢出效应在经济发展中也相应地发挥作用。2012~2023 年赤峰市产业结构如图 3 所示，赤峰市及各县（市、区、旗）功能定位情况如表 1 所示。

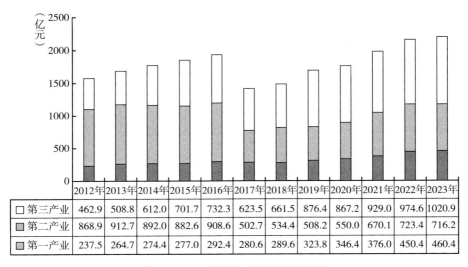

图3 2012～2023年赤峰市产业结构

资料来源：根据历年《赤峰统计年鉴》数据整理得到。

表1 赤峰市及各县（市、区、旗）功能定位情况

地区	批复	功能定位	批复层级	主体功能区
赤峰市	已批复	蒙东承接产业转移示范区、商贸服务型国家物流枢纽承载城市、国家重要能源和战略资源供给保障基地	省批	—
阿鲁科尔沁旗	已批复	优质绿色农畜产品生产加工输出基地、特色旅游目的地	省批	国家级重点生态功能区
敖汉旗	已批复	特色农畜产品供应基地、有色金属循环经济发展示范区	省批	国家级农产品主产区
巴林右旗	已批复	赤峰市具有草原特色的副中心城市、赤峰市北部重要生态安全屏障	省批	国家级重点生态功能区
巴林左旗	已批复	自治区东部重要农产品生产加工输出基地、矿产资源加工和新能源转化示范基地	省批	国家级农产品主产区
红山区	已批复	自治区东部现代化产业基地、对外开放引领区和宜居宜业宜旅宜养的现代化中心城市核心区	省批	省级城市化地区
喀喇沁旗	已批复	赤峰市优质农产品生产加工商贸物流基地、山水宜居康养旅游度假目的	省批	省级农产品主产区

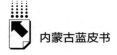

续表

地区	批复	功能定位	批复层级	主体功能区
克什克腾旗	已批复	绿色工业低碳循环发展示范区、全域旅游示范区	省批	国家级重点生态功能区
林西县	已批复	赤峰市北部农牧业产业化示范区及农畜产品深加工基地、精细化工产业基地和赤峰市重要的有色金属循环经济集中区	省批	国家级农产品主产区
宁城县	已批复	赤峰市宜居宜业宜游的副中心城市、特色旅游和生态康养目的地	省批	省级城市化地区
松山区	已批复	区域中心城市高质量发展先行区、一二三产业融合发展示范区	省批	省级城市化地区
翁牛特旗	已批复	自治区东部重要清洁能源输出基地、绿色有机农畜产品生产加工输出基地	省批	国家级重点生态功能区
元宝山区	已批复	高质量转型城市、重要化工产品输出基地	省批	省级城市化地区

资料来源：《内蒙古自治区国土空间规划（2021-2035年）》。

（二）赤峰市农牧业发展现状①

赤峰市是自治区农牧业大市，耕地、草场等农牧业资源丰富，是国家重要的农畜产品供应基地，现已具备年产130亿斤粮食、800万吨蔬菜的综合生产能力。2023年，全市粮食生产再获丰收，粮食总产量达到130亿斤，粮食产量连续11年保持在100亿斤以上。赤峰市设施农业累计综合占地面积191万亩，产量达到510.7万吨，分别占全区的81.1%和78.9%，种植面积和产量稳居全区首位。畜牧业方面，2023年赤峰市牲畜存栏2210.6万头只，同比增长5.8%。其中，牛存栏362.2万头，同比增长12.1%；羊存栏1423.4万只，同比增长4.8%；猪存栏357.1万头，同比增长7.4%；其他牲畜存栏67.9万头只。禽存栏3629万只，同比增长5.6%。2023年赤峰市肉类产量为146.3万

---

① 本部分数据均来源于官方公开发布的数据，可能因统计口径或修订方式不同存在误差，本报告未做机械调整，特此说明。

吨，同比增长 25.7%，禽蛋产量为 38.2 万吨，同比增长 2.9%，奶类产量为 83 万吨，同比增长 44.5%。赤峰市市级以上农牧业产业化重点龙头企业有 304 家，其中，国家级有 10 家，区级有 113 家，市级有 181 家。全市认证绿色食品 548 个，有机产品 571 个，居内蒙古自治区首位。5 个品牌荣登 2023 年内蒙古知名区域公用品牌榜单，区域公用品牌总价值达到 754.5 亿元，居内蒙古自治区首位。

1. 粮食产业发展情况

2023 年，赤峰市粮食播种面积为 1706.83 万亩，位居全区第三。粮食产量达到 130 亿斤，位居全区第四，占内蒙古粮食产量的 16.4%。赤峰市粮食产量连续 11 年保持在 100 亿斤以上，实现"十一连丰"。其中，玉米作为赤峰市第一大粮食作物，播种面积为 1003.24 万亩，占全市粮食作物播种面积的 58.78%，总产量为 100.87 亿斤，平均单产 1005.46 斤/亩；玉米主产区为敖汉旗、阿鲁科尔沁旗、翁牛特旗、宁城县、松山区、巴林左旗。小麦播种面积为 40.44 万亩，占全市粮食作物播种面积的 2.37%，总产量为 1.47 亿斤，平均单产 363.3 斤/亩；小麦主产区是克什克腾旗、翁牛特旗和松山区，赤峰市小麦种植主要以秋小麦为主。水稻播种面积为 19.07 万亩，占全市粮食作物播种面积的 1.12%，总产量为 2.13 亿斤，平均单产 1119.3 斤/亩；主产区为翁牛特旗、巴林右旗、敖汉旗，在水稻品牌打造上赤峰市重点打造红山稻品牌。赤峰市有"世界小米之乡"的称号，谷子播种面积为 279.93 万亩，占全市粮食作物播种面积的 16.4%，总产量为 12.23 亿斤；主产区为敖汉旗、翁牛特旗、松山区、巴林左旗、阿鲁科尔沁旗。大豆播种面积为 118.08 万亩，占全市粮食作物播种面积的 6.92%，总产量为 1.83 亿斤，平均单产 154.98 斤/亩；主产区为翁牛特旗、松山区、巴林左旗、巴林右旗。其他杂粮杂豆播种面积为 246.07 万亩，占全市粮食作物播种面积的 14.42%。赤峰市杂粮主要种植品种为谷子、高粱、荞麦、绿豆、燕麦等，其中谷子、高粱、荞麦种植面积在我国地级市中居首位，赤峰市所有杂粮杂豆播种面积为 500.81 万亩，占全市粮食作物播种面积的 29.34%，总产量为 20.98 亿斤。

2. 畜牧业发展情况

（1）主要牲畜存栏、出栏情况

据调查，2023 年赤峰市牲畜存栏 2210.6 万头只，同比增长 5.8%，居全区首位。其中，牛存栏 362.2 万头，同比增长 12.1%，居全区第二位；羊存栏 1423.4 万只，同比增长 4.8%；猪存栏 357.1 万头，同比增长 7.4%；其他牲畜存栏 67.9 万头只。禽存栏 3629.0 万只，同比增长 5.6%，均居全区首位。牛出栏 216.3 万头，同比增长 29.1%；羊出栏 1150.0 万只，同比增长 14.5%；猪出栏 589.8 万头，同比增长 19.3%。禽出栏 8350.6 万只，同比增长 37.7%（见表 2）。

表 2 2023 年赤峰市及各县（市、区、旗）主要牲畜存栏、出栏情况

地区	牛（万头）		羊（万只）		猪（万头）		禽（万只）	
	出栏	存栏	出栏	存栏	出栏	存栏	出栏	存栏
赤峰市	216.3	362.2	1150.0	1423.4	589.8	357.1	8350.6	3629.0
红山区	0.5	0.6	2.6	3.6	3.2	1.7	21.9	35.7
元宝山区	6.1	12.6	14.6	17.9	32.5	22.4	152.7	130.6
松山区	13.3	19.1	62.4	58.0	107.4	45.2	250.2	214.7
阿鲁科尔沁旗	29.8	62.0	133.5	210.9	6.7	6.5	51.4	87.8
巴林左旗	12.5	30.2	106.7	158.3	13.5	11.3	33.9	54.5
巴林右旗	9.8	23.3	179.2	305.5	3.5	3.5	57.3	51.5
临西县	18.8	30.6	73.7	80.5	15.5	15.5	178.0	327.4
克什克腾旗	27.2	53.4	131.3	197.2	3.9	4.7	14.6	12.4
翁牛特旗	31.5	37.1	144.6	148.6	208.0	101.1	167.5	346.6
喀喇沁旗	7.3	19.1	29.5	30.9	10.6	9.6	3513.6	482.7
宁城县	44.5	45.9	41.4	30.8	55.0	35.5	2801.1	642.3
敖汉旗	15.0	28.3	230.5	181.2	130.1	100.1	1108.6	1242.8

资料来源：根据赤峰市农牧局统计资料整理得到。

（2）主要农畜产品产量情况

据调查，2023 年赤峰市肉类综合生产能力达到 146.3 万吨，同比增长 25.7%，居全区首位。其中，牛肉 49.4 万吨，羊肉 22.9 万吨，猪肉 51.6 万吨，禽肉 20.6 万吨，禽蛋产量 38.2 万吨，奶类产量 83.0 万吨，水产品产量 11421 吨，毛绒产量 24437.2 吨，山羊绒产量 680.7 吨。2023 年赤峰市及各县（市、区、旗）主要农畜产品产量情况如表 3 所示。

表 3　2023 年赤峰市及各县（市、区、旗）主要农畜产品产量情况

地区	牛肉（万吨）	羊肉（万吨）	猪肉（万吨）	禽肉（万吨）	禽蛋（万吨）	奶类（万吨）	水产品（吨）	毛绒（吨）	山羊绒（吨）
赤峰市	49.4	22.9	51.6	20.6	38.2	83.0	11421	24437.2	680.7
红山区	0.1	0.1	0.3	0.0	0.4	0.4	69	36.7	1.2
元宝山区	1.2	0.3	3.0	0.3	1.5	10.7	135	170.6	1.2
松山区	2.7	1.1	9.2	0.6	2.8	1.2	830	345.1	24.3
阿鲁科尔沁旗	6.8	2.9	0.5	0.1	1.1	31.3	940	1707.0	75.0
巴林左旗	2.5	2.1	1.3	0.1	0.6	4.5	494	4200.0	100.0
巴林右旗	2.0	3.6	0.3	0.2	0.4	7.0	2030	4742.6	216.9
林西县	3.8	1.6	1.5	0.4	4.5	2.5	295	839.0	29.0
克什克腾旗	5.0	2.3	0.3	0.0	0.2	4.6	2990	2077.3	6.2
翁牛特旗	7.1	2.9	17.7	0.5	5.2	14.6	1879	4274.0	225.0
喀喇沁旗	1.5	0.6	0.9	9.1	1.6	0.4	165	633.0	0.0
宁城县	13.1	0.8	4.7	6.5	3.9	2.9	949	0.0	0.0
敖汉旗	3.8	4.6	11.7	2.9	16.0	2.7	645	5411.9	1.9

资料来源：根据赤峰市农牧局统计资料整理得到。

（3）饲草产业

赤峰市地处黄金草原带，赤峰市阿鲁科尔沁旗被称为"中国草都"。赤峰市人工饲草种植保有面积达 334 万亩，产量突破 750 万吨，其中，苜蓿种植面积为 72.2 万亩，产量为 50.8 万吨；青贮玉米种植面积为 221 万亩，产量为 671.9 万吨；饲用燕麦种植面积为 38 万亩，产量为 27.5 万吨；苜蓿和燕麦产量居自治区首位，青贮玉米产量位居全区第二。赤峰市立足饲草产业资源优势和畜牧业发展基础，因地制宜发展饲草产业，形成了集种植、加工、销售、物流于一体的全产业链条。商品草产量达到 65 万吨，销售半径覆盖京津冀、东三省、山东等地，已成为蒙牛、伊利、三元、光明、辉山、澳亚等国内乳业龙头企业重要的饲草供应基地。赤峰市有饲草生产加工企业 34 家；饲草产业农牧业产业化重点龙头企业 7 家，其中，区级 2 家，市级 5 家；饲草产业农牧业产业化示范联合体 3 个，其中，区级 2 个，市级 1 个。

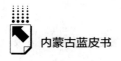

（4）蔬菜产业设施农业发展现状

截至 2023 年底，赤峰市设施农业占地总面积达到 190.39 万亩，其中，温室面积为 111.87 万亩，大棚面积为 78.48 万亩，种植面积和产量均占全区 50%以上，稳居自治区首位，是我国北方重要蔬菜生产基地，是京津沪地区反季节蔬菜的重要供应基地，是内蒙古自治区首个粤港澳大湾区"菜篮子"生产基地。同时，赤峰市毗邻蒙古国，在蒙古国蔬菜进口方面赤峰市具有得天独厚的地缘优势。

表 4　2023 年赤峰市设施农业占地面积

单位：万亩

旗县区	总面积	温室面积	大棚面积
赤峰市	190.39	111.87	78.48
阿鲁科尔沁旗	2.65	1.31	1.34
巴林左旗	5.64	2.09	3.55
巴林右旗	2.05	0.84	1.16
林西县	5.32	2.19	3.13
克什克腾	4.67	2.16	2.51
翁牛特旗	12.23	5.37	6.86
宁城县	51.20	37.81	13.40
敖汉旗	16.77	9.41	7.36
喀喇沁旗	15.89	3.73	12.16
松山区	48.80	31.28	17.52
红山区	2.88	1.58	1.30
元宝山区	22.29	14.10	8.19

资料来源：根据赤峰市农牧局统计资料整理得到。

在种植规模方面，2023 年，赤峰市设施农业累计播种面积为 82.00 万亩，主要种植品种为番茄、辣椒、茄子、黄瓜等果菜类蔬菜和食用菌、果树、西甜瓜、花卉等。其中，设施蔬菜总播种面积为 67.56 万亩，设施果树种植总面积为 2.21 万亩，食用菌栽培面积为 9.07 万亩，设施西甜瓜种植面积为 1.70 万亩，设施花卉种植面积为 0.23 万亩，其他作物 1.23 万亩。

在产量方面，2023 年，赤峰市设施农业产量为 511.28 万吨。其中，设施蔬菜产量为 482.22 万吨（番茄 308.7 万吨，辣椒 64.4 万吨，黄瓜 71.8 万吨，茄子 22.00 万吨，其他 15.32 万吨），设施果树产量为 1.38 万吨，食用菌总产量为 21.20 万吨，设施西甜瓜总产量为 5.90 万吨，设施花卉产量为 0.58 万吨。

在产值方面，2023 年，赤峰市设施农业产值为 165.43 亿元。其中，设施蔬菜产值为 145.00 亿元，设施果树产值为 3.02 亿元，食用菌产值为 14.23 亿元，设施西甜瓜产值为 2.89 亿元，设施花卉产值为 0.29 亿元。

在设施大棚使用方面，赤峰市日光温室累计综合占地面积为 112.0 万亩，其中，建成 10 年以内的温室 57.0 万亩，占比 50.9%；建成 10（含）～15 年的温室 38.0 万亩，占比 33.9%；建成 15 年及以上的温室 17.0 万亩，占比 15.2%。塑料大棚面积为 75.0 万亩，其中，建成 10 年以内的 59.0 万亩，占比 78.7%；建成 10（含）～15 年的 16.0 万亩，占比 21.3%。

在设施园区数量方面，赤峰市规模化设施农业园区共有 757 处，如表 5 所示。千亩及以上园区有 100 余处，万亩及以上园区有 9 处，宁城县 6 处分别为大城子万亩番茄园区（2.6 万亩）、一肯中万亩辣椒园区（1.2 万亩）、一肯中万亩茄子园区（1.5 万亩）、大双庙万亩黄瓜园区（1.1 万亩）、汐子镇万亩韭菜园区（1 万亩）、黑里河川亿袋食用菌万亩园区（1 万亩），松山区 3 处分别为大庙镇公主岭现代设施农业园区（2.3 万亩）、夏家店乡水泉工业园区（1 万亩）、初头朗西山园区（1 万亩）。主要种植番茄、黄瓜、辣椒、茄子、食用菌、韭菜等茄果类蔬菜。

表 5　赤峰市设施农业规模化园区情况

单位：处

旗县区	200（含）～1000 亩	1000（含）～5000 亩	5000（含）～10000 亩	10000 亩及以上
阿鲁科尔沁旗	12	1	0	0
克什克腾旗	8	5	0	0
巴林右旗	2	3	0	0
敖汉旗	20	3	2	0

续表

旗县区	200(含)~1000 亩	1000(含)~5000 亩	5000(含)~10000 亩	10000 亩及以上
喀喇沁旗	16	1	0	0
林西县	32	4	1	0
元宝山区	13	6	0	0
松山区	43	12	3	3
宁城县	438	76	0	6
巴林左旗	8	0	0	0
翁牛特旗	20	0	1	0
红山区	11	6	1	0
总计	623	117	8	9

在设施农业品牌打造方面，赤峰市依托"赤诚峰味"区域公用品牌，打造了"赤峰番茄"1个蒙字标区域品牌和"宁城番茄""宁城黄瓜""宁城辣椒""宁城滑子菇""喀喇沁番茄"5个地理标志农产品，在全国范围内已有一定的品牌影响力。

在番茄生产方面，全市蔬菜播种面积最大的是番茄，年播种40万亩左右，年产番茄295万吨，年产值为120亿元，年播种面积和年产量分别占自治区的50.7%、57.7%，是赤峰市百亿级产业之一，现有万亩以上番茄园区4个，全市现有"宁城番茄""喀喇沁番茄"2个地理标志农产品，2021年"赤峰番茄"入选内蒙古特色农畜产品优势区名单。

二 赤峰市农牧业存在的问题

（一）农牧业科技人才缺乏，制约着赤峰市农牧业高质量发展

从赤峰市农牧业科技服务机构和人才数量上看，农牧业科技人才占总人口的比重较小，在总量方面存在不足。不能适应农牧业产业化发展的需要，而且农业科技人员的专业化程度比较欠缺，农牧业高层次人才匮乏。由于科技人才的缺乏，诸多农牧业新技术应用难、新品种推广难和新成果转化难，这将直接影响赤峰市农牧业的可持续发展。

（二）规模化程度不高，现代化产业体系不健全

赤峰市虽有一定数量的农牧业生产基地，但总体上专业水平比较低，基地建设规模比较小，产业化不尽完善。主要体现在以下几点。第一，赤峰市农牧业发展初期，群众意识淡薄，大多数干部群众对发展设施农业认识不高，认为设施农业投入高、风险大、技术难掌握等，这势必会阻碍农牧业专业化发展。第二，技术服务滞后。设施农业建设快速发展，科技推广和技术服务滞后与设施农业发展的矛盾日益显现。第三，农牧业产业模式主要是以分散经营为主体的粗放式经营模式，现代化产业程度不高。

（三）产业链条薄弱，产业竞争力较低

赤峰市的农牧业发展虽然较快，但仍处于相对粗放型的发展阶段，农牧业产品科技含量还不高，还没有从单一的数量型向质量效益型转变。在品种结构方面，虽然品种多，但是名、特、优、新品种及高档产品较少，低档产品多，高科技含量和高端市场占有率比较低。赤峰市现代农牧业产品附加值较低，农牧业产品深加工的产业链条薄弱。另外，种植结构、种植品种等与销售渠道、销售季节等不相适应，导致产品销售有时出现阻滞，影响了生产效益。最终，赤峰市现代农牧业竞争力比较低。

（四）龙头企业少，品牌建设滞后

农牧业产业化是以市场为导向，以提高经济效益为重心，依靠农牧业龙头企业带动，将生产、加工、销售有机结合，实现一体化经营的现代农牧业。发挥龙头企业的示范功能，以龙头企业为引导，通过内联千家万户，外联两个市场，带动、辐射农牧业产业化发展，这是实现农牧业产业化的关键。目前，赤峰农牧业龙头企业规模小、数量少。龙头企业缺失制约了赤峰市现代农牧业市场化的良性互动和发展。虽然赤峰市农牧业产品的品牌建设得到一定的重视，但是总体而言，赤峰市农牧业的品牌建设滞后现象明显，多数企业的优质产品是贴牌生产。

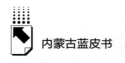

（五）粗放型生产经营方式，农牧区养殖废弃物和生活垃圾无序化处理

赤峰市农村牧区养殖废弃物较多，科学处理和有效利用得较少，大量的废弃物随处乱堆乱放的现象频频出现，严重影响村容村貌。农村聚落的分散性导致生活垃圾收集难度增大，农村牧区生活垃圾无序化处理较普遍。

三　赤峰市农业发展的对策建议

（一）优化人才结构，发展新质生产力，实施高质量发展

1. 引进或培育农牧业发展的各类人才

引进专业化的科技优秀人才，采取事业型人才和创业型人才相结合的模式。赤峰市依靠自身的资源优势和良性的农牧业产业布局为所引进人才提供良好的工作平台。以优秀科技人才发展事业和创业为契机，带动赤峰市现代农牧业向纵深发展。采取柔性引进的方法引进优秀科技人才，使这些人才为赤峰市现代农牧业发展提供智力支持。

2. 建立专家库

对所引进的人才建立专家库，并且不断优化专家库，优化是为了更好地服务于专业化发展。与引进优秀的科技人才并行的是引进技能型人才。优秀的科技人才加上优秀的技能型人才能更好地将科技进行成果转化。

3. 优化人才结构

优化人才结构是现代农牧业专业化发展的前提，是产业化发展的基础，是规模化发展的必要准备，是市场化的可靠依据。

4. 利用京蒙帮扶，建立科技人才服务机制

利用北京高校和科研院所的人才优势，赤峰可以与北京建立长期有效的人才合作机制，解决赤峰市农牧业发展中的技术难题，发展新质生产力，推动农牧业高质量发展。

5. 完善科研服务体系，破解农村牧区新难点

农村牧区科研服务体系存在短板，农产品延链补链强链都需要科研服务。通过科研服务体系发展新质生产力，提升农产品的竞争力，这就要求科研院所和地方高校在农村牧区建立长期有效的科研服务体系，解决农牧业全产业链的问题。同时，还需实施农村一二三产业融合发展，破解农村牧区新难点，培育农村牧区新亮点，建设中国式现代化的和美乡村。

（二）发展规模经济，培育产业集聚区

1. 培育主导产业集聚区，打造绿色农畜产品深加工基地和输出基地

利用好赤峰、通辽绿色农产品的优势条件，培育区域绿色农产品深加工基地和输出基地，这就需要引入国字头的粮食企业和养殖企业，组建蒙东粮食集团和蒙东肉食品集团，以大企业整合资源，重塑区域品牌，做好"蒙"字品牌。使赤峰分散经营的中小企业形成合力，从粗放低质低效型经济向集约高质量高效率转型，建立一套全产业链的产业经济新体系，使产业链、供应链、创新链、价值链形成闭环。

2. 建立特色农产品生产基地

建立中国北方马鹿生产基地、草原肉驴生产基地、中药材种植和深加工基地。赤峰有亚洲最大的马鹿繁育基地，具备发展特色产业的先决条件。就草原肉驴而言，根据 2020 年底的数据，内蒙古全区共有 61.26 万头驴，赤峰、通辽共有 48.84 万头驴，占全区的 79.7%。蒙东地区共有 53.58 万头驴，占全区的 92.36%。因此，赤峰具备建立草原肉驴产业集聚区的基础，建立中国北方肉驴生产加工产业集聚区正当时。在中药材方面，喀喇沁旗的中药材已形成一定规模，成为中国北方重要的中药材种植基地，但是中药材产业停留在种植和初加工阶段，需要延长产业链和增加产品的附加值，这就需要培育建设中药材深加工基地。依靠集成创新发展新质生产力，集成创新的思路是"绿色中药基地—中药材深加工—中药企业整合—现代大型中药企业和现代特色中药企业"。在补链延链强链扩链的同时，提高产品高附加值，建立中草药定价体系。打造千亿级玉米产业集群，利用赤峰通辽"双

子星座"，打造赤峰、通辽千亿级玉米产业集群。在保障粮食安全的前提下，实施全产业链的玉米深加工，将粗放的玉米种植赋能高质量发展产品动能。

（三）延长产业链，发展新质生产力，提升农牧业产业综合竞争力

1. 深入挖掘农业的多种功能

从传统农牧业向现代农牧业转型，设施农业从单一生产产品延伸到观光农业和乡村休闲农业。赤峰素有"北京后花园"之称，具备发展观光农业的条件，同时也具有发展乡村休闲农业旅游的条件。因此，应加强现代农牧业与旅游业的耦合，延伸农牧业产业链。

2. 集成创新，延伸产业链

赤峰市现代农牧业产业链雏形已经基本形成，在百万亩设施农业、玉米深加工、畜牧业深加工、生物质柴油生产以及有机蔬菜种植等领域发展迅速。将这几个部门集成在一起就可以构成一条科学的产业链条。同时，赤峰市现代物流业也比较发达，已经具备"通关达海"的流通体系，且赤峰市节点物流也较完善。云计算中心的信息处理可以进行现代农牧业的订单处理。

3. 战略联盟一体化，提升产品竞争力

赤峰市现代农牧业可持续发展以生态文明为基本前提，绿色生态无公害是赤峰市现代农牧业可持续发展的根本保证。对于赤峰市的企业而言要进行"横向联合"，实现粗放型经营向集约化经营转型，壮大产业集群，且从规模经济向规模效益转变，提升产品竞争力。对于赤峰市外部的优秀企业，实施"纵向一体化"战略，建立产品联盟和产业联盟。

（四）培育龙头企业，加强品牌建设

1. 立与破相结合，发展新质生产力，培育龙头企业

通过科技创新提高农牧业增量，夯实赤峰市农牧业的压舱石，为农牧业强区建设创造条件。相对于传统生产力的概念，新质生产力是通过新技术不

断催生新产业，通过新产业不断创造新价值，通过提升适应自然、改造自然、利用自然的能力重塑发展新动能的新型生产力。赤峰市从事农牧业的主力主要是"50后"、"60后"和部分"70后"，这部分人将陆续退出农牧业生产领域，且赤峰市人口已经呈现下降趋势，因此，推进产业智能化、绿色化、数字化发展，构建具有完整性、先进性、安全性的现代化农牧业生产体系刻不容缓。要将科技创新根植在产业发展之中，以科技创新促进产业创新，夯实新质生产力发展的产业根基。通过发展新质生产力，培育一批龙头企业，壮大赤峰市农牧业经济。

2. **强化源头产业化和产业源头化，注重品牌建设**

赤峰市应利用良好的自然资源优势，加强源头性技术储备，构建产业数字化集聚区。在生态牧草基地建设方面，主要生产优质的绿色无公害生态牧草，使牧草生产专业化、产业化、规模化和市场化。打造草原品牌，在特色蔬菜品牌建设上，嵌入赤峰市特有的"区位品牌"元素。在特色水果品牌方面，注入地方地理标识。在绿色林业副产品方面，融入赤峰文化元素。

（五）集约化生产，建立绿色生产基地

1. **充分利用秸秆等田间废弃物，发展生物质燃料压块新业态**

建议将秸秆等田间废弃物统一运到生产厂区，并要求各农业乡镇建立秸秆等田间杂物加工厂区，加工厂区将废弃物加工成为生物质燃料压块，再将生物质燃料压块产品销售给供热供电企业或者民用。同时，生产企业根据市场需要实施多元化生物质燃料压块产品生产。

2. **利用养殖废弃物和生活垃圾，发展菌肥培育乡村新产业**

在农村牧区建立养殖废弃物和生活垃圾处理工厂，分类别生产菌肥、菌液和固体废料，所生产肥料用于乡村农田土地治理，提高农田的土地肥力和效力。同时，为南方茶园和标准化果园开发新型压缩固体肥料，增加肥料产品的新销路。

3. **加快田间土地治理，建设绿色高标准农田识别基地**

根据国际经验，德国以《欧洲有机农业法》为基础，2003年提出了

"有机农业计划和其他可持续农业计划"，补贴绿色生产行为，并设立有机农业创新奖。在政策支持下，德国绿色农业迎来发展期，有机农业的面积从2000年的0.55万平方公里增加到2016年的1.25万平方公里。德国是世界上最大的有机食品生产国和世界上第二大有机食品销售国。赤峰市应该借鉴德国经验，实施绿色农业转型计划，将绿色有机肥料科学还田，赋能土壤改良治理，增加土地肥力，扩大绿色有机种植面积，建设绿色有机高标准农田示范基地。

参考文献

冯勇、刘志颐、吴瑞成：《乡村振兴国际经验比较与启示—以日本、韩国、欧盟为例》，《世界农业》2019年第1期。

李鹏：《中国设施畜牧业的现状及发展重点》，《天津农业科学》2010年第1期。

桑跃花：《中国有机食品与德国有机食品之经济比较性研究》，《中国农村经济》2007年第S1期。

吴文浩、周琳、尹昌斌等：《欧美有机农业补贴政策分析–基于农业生产环境视角》，《世界农业》2019年第2期。

温铁军、唐正花、刘亚慧：《从农业1.0到农业4.0：生态转型与农业可持续》，东方出版社，2021。

张壬午：《中国环境保护与农业可持续发展》，北京出版社，2001。

B.11
通辽市农牧业发展调查报告

陈爱雪*

摘　要： 农牧业是固国富民的战略产业。通辽市牢牢把握习近平总书记和党中央对内蒙古的战略定位，深入贯彻落实习近平总书记对内蒙古重要讲话精神，不断推动通辽市在高标准农田改造、商品粮和畜牧业生产体系完善、重要科技农畜产品加工基地建设上展现新作为。目前，全力推动粮食单产再提高、牲畜养殖再增效，数量、质量与产量并重的原则已然成为社会各主体加快推动通辽市成为现代农牧业强市的重要载体。本报告阐述了通辽市农牧业发展取得的成效，始终坚持稳中求进，坚守生态优先，促进农牧业生产、农牧区建设、绿色发展良性循环。但其发展过程中仍存在制约因素，本报告提出加快产业布局和结构调整、继续推进畜牧业设施发展、转变农牧业发展模式等对策建议。

关键词： 农牧业　玉米产业　肉牛产业　通辽市

一　通辽市农牧业发展现状

（一）种植业方面

从整体上看，2023 年，通辽市粮食作物播种面积为 126.2 万公顷，比上年增长 0.3 万公顷，同比增长 0.2%；粮食产量达到 189.0 亿斤，比上年

---

* 陈爱雪，内蒙古民族大学经济学院院长，教授，研究方向为农牧业经济、区域经济。

增长 2.3 亿斤,同比增长 1.2%,实现"二十连丰",稳居全区第一;粮食作物平均单产达到 998.4 斤/亩,比上年增长 9.5 斤/亩,同比增长 1.0%,粮食生产总量得到显著提升。①

通辽市地处世界黄金玉米带核心区,其玉米产业是我国玉米产业发展的"排头兵"。2023 年,全市玉米播种面积为 1821.2 万亩,平均总产量 181 亿斤以上,预计 2024 年产量增加至 221 亿斤。玉米种植面积和产量分别占全市粮食种植面积和产量的 89.6% 和 93.2%,占全区玉米种植面积和产量的 26.89% 和 28.34%;占全国玉米种植面积和产量的 2.62% 和 3.17%。通辽市是我国重要的玉米优势产区,依托得天独厚的地理条件,通过推广玉米密植高产精准调控技术,在玉米生产方面取得显著成就。②

2022 年,通辽市分别在 3 个旗区的村庄刷新了东北春玉米区万亩大面积单产纪录(见表 1)。

表 1　2022 年通辽市刷新东北春玉米区万亩大面积单产纪录

单位:万亩,公斤/亩

旗区	乡镇	村庄	种植面积	产能
奈曼旗	义隆永镇	方家营子村	1.25	1043.65
科左中旗	舍伯吐镇	敖本台村	1.00	1065.61
科尔沁区	钱家店镇	前西艾力村	1.35	1087.93

资料来源:通辽市人民政府。

奈曼旗位于玉米种植黄金带,玉米播种面积占全旗粮食播种面的比重超过 85%。但该地是典型的缺水地区,"产粮却缺水"矛盾突出,为解决这一问题,当地反复总结,在多年示范基础上形成以密植滴灌水肥精准调控为重点的奈曼旗玉米种植模式。科左中旗以合作社为依托,在当地开展玉米密植高产种植示范,在此基础上,2023 年,实施玉米单产提升工程 20 万亩,探

---

① 《通辽市 2023 年国民经济和社会发展统计公报》。
② 资料来源于通辽市人民政府、通辽市农牧局、通辽市统计局、通辽市科学技术局,2024 年 5 月本报告课题组赴各部门调研获得。

索出了"滴灌+密植"整建制协同增产模式。目前，科左中旗地区亩均增产100公斤，亩均节肥2~3公斤，亩均节水150立方米，有效解决了农户"散田"生产经营水平低、生产成本高的问题，亩均节本增效10%以上。[①]

2023年，通辽市农牧局在全市玉米产区组织开展了玉米高产竞赛活动，邀请专家组莅临指导。竞赛分为百亩田、千亩方、万亩片三个组别。比赛结果按组别进行分类，排名靠前的地区有科左中旗、扎鲁特旗、开鲁县和科尔沁区（见表2）。

表2 2023年通辽市玉米高产竞赛按组别结果

单位：千克/亩，%

竞赛组别	所在县域	所在乡镇	所在村庄	平均产量	增长量	同比增长率
百亩田	科左中旗	花吐古拉镇	南珠日河嘎查	1236.66	—	—
	扎鲁特旗	鲁北镇	榆树屯村	1168.29	—	—
千亩方	开鲁县	开鲁镇	小城子村	1246.65	19.07	1.6
万亩片	科尔沁区	钱家店镇	西艾力村	1183.47	95.54	8.8

资料来源：通辽市农牧局、各县（区、旗）人民政府。

目前，通辽市扎鲁特旗为破解耕地细碎化、种地效益低等问题成立多家绿农畜牧养殖专业合作社，引导农户将土地入股到合作社集中统一管理。2024年初，该合作社整合375户农民的3000亩土地进行规模化种植，其中1000亩耕地在玉米密植高产技术下，节本增效5%以上。开鲁县作为国家产粮先进县，开鲁县人民政府作为领先部门与研究所率先签署了"科技包县"合作协议，以县域为单位，带动玉米产业技术新高和成果转化升级，全面提高玉米产量水平和效益。在着力高产高效赋能模式下促进全县180万亩玉米种植区亩均增产150公斤以上，全县玉米增产3.5亿公斤以上。[②]

特种作物产业方面。第一，截至2024年5月，全市水稻播种面积为

---

① 资料来源于通辽市人民政府、通辽市农牧局、通辽市统计局、通辽市科学技术局，2024年5月本报告课题组赴各部门调研获得。

② 通辽市农牧局、扎鲁特旗人民政府、开鲁县人民政府。

34.78 万亩，为稻渔融合发展提供了新路径，是增产增收的重要支撑。第二，库伦旗通过"企业+合作社+种植大户"以及"燕麦+荞麦"复种等模式，打造了荞麦播种面积超 40 万亩的目标，年产量 1.2 亿斤以上。第三，奈曼旗青龙山镇甘薯种植面积为 4 万余亩，年产量 8 万多吨，收益超 1 亿元，"奈曼甘薯"已成为具有地区特色的标志品牌，传承通辽智慧。第四，开鲁红干椒种植历史已有 70 余年，其特点是皮红肉厚、色质纯正，富含维生素、辣椒素等各种营养物质。种植面积常年稳居 60 万亩，年产干鲜辣椒 30 亿斤，是中国县域种植面积最大的地区。第五，2023 年通辽市海棠果、沙棘果、文冠果等特种园林水果，中草药等在各个旗县均有分布。其中，海棠果在科左中旗种植已成规模，种植面积为 9 万多亩，库伦旗海棠果种植面积为 0.5 万亩。①

在经济作物产业方面，2023 年，通辽市蔬菜及食用菌种植面积扩大，产量增加；油料作物面积、产量也出现双增。全年经济作物播种面积为 279.3 万亩，比上年增长 0.84 万亩，增长 0.3%。其中，蔬菜及食用菌、油料作物的播种面积与产量也得到了可观的数据（见表 3）。近年来，通辽市人民政府高度重视油料作物种植产业发展，油料种植基地规模增长迅速，在花生和葵花籽种植产业上得以体现（见表 4）。

表 3　2023 年通辽市蔬菜及食用菌、油料作物播种面积和产量情况

播种分类	播种面积（万亩）	增长量（万亩）	同比增长率（%）	产量（亿斤）	增长量（亿斤）	同比增长率（%）
蔬菜及食用菌	49.0	0.9	1.9	102.0	9.0	9.7
油料作物	65.7	14.3	27.8	3.5	0.8	29.6

资料来源：通辽市人民政府。

---

① 《中国县域统计年鉴 2023》、通辽市人民政府、通辽市农牧局、库伦旗统计局、奈曼旗统计局、开鲁县统计局、科尔沁左翼中旗统计局，2024 年 5 月本报告课题组赴各部门调研获得。

表 4　2023 年通辽市花生和葵花籽产量情况

单位：亿斤，%

油料作物分类	产量	增长量	占比	同比增长率
花生	3.1	0.6	74.0	24.0
葵花籽	0.5	0.2	29.1	66.7

资料来源：通辽市人民政府。

（二）畜牧业方面[①]

牲畜出栏方面，2023 年，牲畜（牛、羊、猪）出栏 1011.6 万头只，同比增长 6.1%，其中，肉牛出栏 142.6 万头，肉羊出栏 508.6 万只，肉猪出栏 360.4 万头。肉类总产量 73.1 万吨，同比增长 8.6%，其中，猪肉产量为 32.7 万吨，牛肉产量为 28.4 万吨，羊肉产量为 9.8 万吨，其他肉类产量为 2.2 万吨；禽蛋产量为 4.8 万吨，同比增长 5.1%；牛奶产量为 65.7 万吨，同比增长 26.2%。

规模养殖方面，2023 年，通辽市全力推进设施畜牧业发展，年内创建肉牛标准化示范场 96 个，肉羊标准化示范场 43 个；有 6 家养殖场成功创建国家级畜禽养殖标准化示范，占全区的 2/3。年内提升改造肉牛养殖场 52 个，肉羊养殖场 31 个。2023 年，肉牛养殖规模化率达 40%，较去年同期提高 1.11 个百分点；肉羊养殖规模化率达 38.76%，较去年同期提高 1.53 个百分点。荷斯坦奶牛养殖规模化率达 83%，较上年同期提高 1 个百分点；生猪养殖规模化率达 77.27%，较上年同期提高 4.83 个百分点。

牲畜单产方面，2023 年，为促进畜牧业由数量型向质量效益型转变，相关部门科学引导养殖户实施适度规模养殖、精细化管理、精准饲喂，牲畜单产水平明显提升。肉牛胴体重 191.34 公斤，较 2018 年提高 16.5 公斤；肉羊胴体重 18.16 公斤，较 2018 年提高 2.1 公斤；猪胴体重 89.57 公斤，较 2018 年提高 14.4 公斤；肉鸡胴体重 2.3 公斤，较 2018 年提高 0.5 公斤。

---

①　本部分数据来源于通辽市人民政府、通辽市农牧局、通辽市统计局。

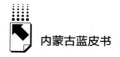

通辽市始终坚持调结构、促转型，稳步提升肉牛产业综合生产能力。第一，从育肥加工到冷配改良"全链条"式产业等方面来看，通辽市年出栏任务 30 万头，已完成 31.45 万头，完成年度任务的 104.8%。屠宰任务较上年增长 46.47%。冷藏保鲜能力更是趋向现代化水平，已完成年度任务的 110.46%。第二，在标准化养殖场建设改造方面，2023 年，通辽市有标准化养殖场国家级示范场 4 个，自治区级示范场 9 个，盟市级示范场 17 个，县（市、区、旗）级示范场 71 个。另外，10 个闲置规模养殖场任务已全部盘活。第三，在肉牛保险方面，2022~2023 年，肉牛保险投保任务的 40 万头已全部完成，总保费达到 1.22 亿元。

（三）推进多元化农畜产品供给保障

1. "粮田"变"良田"

2024 年，通辽市为全面加快建设高标准农田现代化与提升改造行动深度融合，不断创新带动农业生产基础条件，优先在粮食生产功能区、重要农产品生产保护区、地下水超采区建设高标准农田，让"粮田"变"良田"，筑牢"耕"基。截至 2024 年 5 月，通辽市有永久基本农田 2597 万亩，已完成农田基础设施建设 1240 万亩，其中，浅埋滴灌高效节水高标准农田 607 万亩。全市符合条件的还有 1200 万亩的基本农田需要新建和改造，计划到 2026 年将符合条件的永久基本农田全部建成高标准农田，实现高标准农田全覆盖。

2. "良田"要"良治"

为进一步健全耕地保护和粮食安全责任制，持续加大行政推动和政策扶持力度。2023 年，通辽市落实自治区财政厅制定的惠农补贴资金发放管理制度，发放耕地地力保护补贴、种粮农民一次性补贴、中央农机购置补贴、玉米大豆生产者补贴等惠农补贴及其余补贴共 29.7994 亿元（见表 5）。其中，发放耕地地力保护补贴资金 12.04 亿元，惠及 70 万农户；大豆补贴标准提高到 400 元。这些补贴资金和项目资金的强力支持，极大地调动了农民种好粮、多种粮的积极性。

表5 通辽市农牧局2023年1~12月涉农补贴统计表

单位：万元

序号	项目名称	下达文号	自治区下达盟市指标数	通辽市下达资金数
1	草原生态保护补贴奖励	通财农〔2022〕262号	33257	33257
2	中央农机购置补贴	通财农〔2022〕941号	15527	15527
3	耕地地力保护补贴	通财农〔2023〕242号	120438	120438
4	畜牧良种补贴	通财农〔2023〕653号	1190	1190
5	自治区农机购置与应用补贴	通财农〔2023〕37号	2200	2200
6	牧区机械购置补贴	通财农〔2023〕37号	150	150
7	2022年农机购置补贴	通财农〔2023〕38号	1682	1682
8	农机购置补贴与应用补贴资金	通财农〔2023〕382号	60	60
9	种粮农民一次性补贴	通财农〔2023〕308号	12004	12004
10	畜牧良种补贴	通财农〔2023〕657号	1412	1412
11	中央农机购置补贴	通财农〔2023〕461号	11279	11279
12	2023年自治区农机购置补贴与应用补贴资金	通财农〔2023〕610号	463	463
13	耕地深松	通财农〔2023〕367号	2605	2605
14	玉米大豆生产者补贴	通财农〔2023〕589号	95727	95727
合计			297994	297994

资料来源：通辽市人民政府。

（四）提升农牧业产业链"三链协同"发展水平[①]

通辽市作为国家重要的商品粮基地和畜牧业生产基地，始终坚持调结构、促转型，全力推动粮食单产再提高、牲畜养殖再增效，不断扩大数量、提高质量、增加产量，让"粮仓"更实，让"肉库"更足，为蹄疾步稳地打造现代农牧业强市创造更多机遇。

1. 规模化与集约化

让"粮仓"更实。通辽市立足本地优势，坚守耕地红线不动摇，持续推进农业高效节水工程建设，专注发展玉米生物产业，激发循环经济产业链和

---

① 本部分数据来源于内蒙古自治区人民政府、通辽市人民政府、通辽市农牧局。

产业体系内生动力。如今，通辽市玉米种植面积连续多年稳定在1500万亩以上。现已有26家大型玉米精深加工企业集聚发展，形成了13大类200多个品种的全株产业链，规模以上玉米深加工企业实现产值近120亿元。

让"肉库"更足。通辽市被誉为"中国黄牛之乡"，肉牛产业是当地的支柱产业。近年来，通辽市一直着力建设绿色高质量牲畜产品生产基地，充分发挥资源、资金、技术、管理等优势，实现肉牛养殖效益最大化，做好"牛文章"。截至2024年2月，肉牛全产业链产值达到404.9亿元，增长15.6%，"通辽肉牛"品牌价值达267.8亿元，稳居全国畜产品区域品牌首位，计划到2025年，肉牛年度存栏400万头，全产业链产值达500亿元。

2. 品牌化与市场化

通辽市委、市政府把质量强市和品牌建设作为转方式、调结构的战略举措，推动通辽农产品区域公用品牌走出通辽走向全国。为了让通辽特色农畜产品更具影响力，先后组织百余家企业参加多次各类博览会、展销会，助力企业签订合作意向订单30余份，涉及资金1.1亿元，积极开展内蒙古农牧业品牌目录认定及复审工作。目前，通辽市农产品地理标志品牌达到5个。全市绿色食品认证企业达到104家，认证产品260个，产品产量56.2万吨。

3. 绿色化与可持续化

2023年，在现代化农牧业发展模式助推下，通辽市新增绿色食品认证企业23家，产品43个，产量6.83万吨。同时，通辽市还通过推广绿色种植和养殖技术，减少化肥农药使用量，降低农业面源污染。在资源环保利用方面，实施加强农业废弃物资源化利用和减量化排放措施，实现农牧业与生态环境的和谐共生。

（五）科技创新提升农牧业产品质量和收入效益①

1. 推广链条式服务体系

近年来，结合农机技术推广实际，通辽市大胆开拓创新，建立了"专

---

① 本部分数据来源于内蒙古自治区农牧厅、通辽市人民政府、内蒙古自治区中小企业公共服务平台。

家组+农技人员+试验示范基地+示范主体+辐射带动户"五位协同相促进的农机技术链条式推广服务新形式，实现科研与生产的零距离对接、专家与农牧户的零时差指导。自 2022 年以来，全市累计建设"科技小院"12 家，其中 7 家获批"中国农技协科技小院"。

2. 加强种质资源创制、培育研究

通辽市通过整合和优化肉牛种质资源，辅以市级核心养殖场，多措并举建立"3+N"联合育种机制，培育集种子生产和供应于一体、具有生产和科研能力的现代种子产业集团。例如，科尔沁牛业作为龙头企业，年均生产 3000 个优质胚胎，拥有 300 多头特一级优质种牛的供应能力，力争 2023 年取得阶段性成果，2025 年前完成新品种验收。

二 通辽市农牧业发展中存在的问题

（一）种植产业结构相对单一，玉米一品独大

从自然条件来看，通辽市拥有适合种植玉米的耕地资源，当地农民更习惯种植玉米。从市场需求来看，玉米作为重要的粮食作物和饲料原料，市场需求量大且稳定。通辽市的玉米种植在满足本地需求的同时，也大量销往其他地区，为农民带来了稳定的经济收入。因此，这种传统种植习惯在一定程度上影响了种植结构。据相关统计数据，2023 年，通辽市第一产业产值增长 4.2%，低于全区增速 1.3 个百分点。虽然粮食产量和增量位居全区第一，但大部分高值品种产量有所下降。2023 年，玉米总产量达 181.9 亿斤，占粮食总产量的比重为 96.2%，比上年提高 2.2 个百分点；稻谷产量下降 23.9%；小麦产量下降 52.0%；其他谷物产量下降 54.5%；绿豆、红小豆、杂豆产量也都大幅下降。高价值产品产量的大幅下降，粮食产值增速低于粮食产量增速。[1]

---

[1] 《通辽全国肉牛产业第一重镇建设白皮书》。

（二）畜产品价格降幅扩大

近年来，通辽市乃至全国的肉牛养殖规模迅速扩大，导致市场供给量增加。2023 年，猪牛羊等饲养产能提升，畜牧产品价格总体走低。2023年第四季度，畜产品生产者价格指数下降 15.2%，降幅比第三季度降幅增长 11.9 个百分点，① 价格下跌对养殖户市场行情预判和养殖信心影响较大，制约通辽市畜牧业发展的稳定性。在肉牛、肉羊、生猪及鲜奶价格低位和饲草料价格高位的双重作用下，养殖业利润不断被挤压，加上进口牛肉持续增长，挤占了国产牛肉的市场空间，部分养殖户处于微利甚至亏损状态。

（三）农牧业高质量发展产业链尚未形成

种植业产品和副产品的精深加工能力薄弱。通辽市处在黄金玉米带，然而这一得天独厚的自然优势并没有真正形成产业优势。以玉米为原料的规模以上工业企业年加工转化率为 45.5%。副产品深加工能力更弱，玉米秸秆、玉米须等丰富的副产品资源，目前尚无精深加工开发利用企业。特色产品加工转化能力同样薄弱，通辽市特色农林产品丰富，有杂粮杂豆、荞麦、辣椒、甜菜、花生、沙果、沙棘、海棠、山杏等多种产品，但对其深加工的规模企业几乎没有，产品多以原材料形式销往外地加工企业进行精深加工或出口，特色产品没有形成特别效益。

（四）龙头引领带动能力不强、产值较低

通辽市现有国家级龙头企业 6 家，但相对于庞大的市场需求和产业链规模而言，数量仍然偏少，龙头企业在整个产业链中的影响力有限，难以形成强大的引领和带动作用。其中，科尔沁牛业、草原牛王等肉牛加工龙头企业虽然具备一定的规模和实力，但在技术创新、市场开拓、品牌建设等方面仍

---

① 通辽市统计局。

存在不足，带动能力不强，年实际屠宰加工肉牛不足 8 万头，其中，科尔沁牛业屠宰加工 1.56 万头。通辽市缺少像圣牧、蒙草生态那样的农牧业上市龙头企业，更缺乏伊利、蒙牛那样享誉全国、世界的行业龙头企业。农畜产品加工业与农牧业产值比例较低，与全国平均水平相比有较大差距。①

（五）品牌意识不强

品牌建设可以提高农畜产品市场竞争力。通辽市是农业大市，许多农畜产品的产量居全区前列。但是却缺乏有市场竞争力的农业品牌，不能将优势、优质、特色农产品的价值转化成商业价值，无法带来高效益。例如，通辽市缺乏具有通辽地方特色的肉羊知名品牌，生产环节缺乏优良专用的肉羊品种，加工环节缺少拳头品牌产品和带动力强、市场竞争力强的深加工龙头企业。另外，通辽市虽然拥有丰富的特色农产品，但是加工和包装技术水平不高，营销方式落后，缺乏品牌建设意识，投入不足，与优势地区相比竞争力不强。

三 关于通辽市农牧业发展的对策建议

（一）加快产业布局和结构调整，着力打造多粮观先行地

针对种植产业结构相对单一，玉米一品独大的局面，政府应该以市场需求为导向，在尊重农民意愿的前提下，在资金、技术和销售等方面加大支持力度，加快发展现代生态农业，力争做到调减旱薄地、坡耕地玉米种植，根据种植土地质量和本地气候等特点科学选择需求多、价格高的特色农产品种植，丰富农产品种类，指派专家团队全程跟踪指导新型特色农产品种植，保障新型农业产品产量和质量，进一步增加农民的收入。还要持

---

① 通辽市人民政府、通辽市农牧局、国家企业信用信息系统，统计时间截至 2024 年 1 月 31 日。

续抓实单产提升行动，保持粮食主产区优势，加快产业布局和结构调整，全面增强农业发展质量和农产品竞争力，尽快将通辽市打造成多种类粮食观先行地。

（二）继续推进畜牧业设施发展，节本增效提高产能

继续推进设施畜牧业发展，提高畜禽养殖标准化、产业化、设施化水平，促进畜牧业由"耗粮型"向"节粮型"、由"数量型"向"质量效益型"转型，切实做到节本增效提高产能，增强抵御市场风险能力。第一，在标准化养殖方面，通辽市要大力推进标准化养殖，落实到每户每家，通过建设标准化牛舍、配备先进养殖设备等方式，提高养殖效率和产能。第二，加强产业园区建设。通辽市加快创建国家级和自治区级现代农牧业产业园，建设市旗两级现代农牧业产业园，集养殖、加工、销售于一体，形成具有完整性和集约性的产业链条。第三，完善屠宰加工园区体系。加大资金投入力度，持续推进基础设施建设，积极引进上下游配套企业，加强园区内企业的日常监管与培训，提升农畜产品的加工能力和附加值。

（三）转变农牧业发展模式，促进农牧业高质量发展

首先，政府以扶持重点养殖场（户）为抓手，完善资金支持保障体系，鼓励农牧业企业拓宽发展路径，提高生产效率和成本控制能力，增强产品竞争力。其次，出台支持政策、多措并举，以粮食种植与加工为重要基底，同时保障饲草料供给，加大疫病防控力度，强化农牧产品质量安全监管，加强生产监测预警和指导服务，为农业生产和畜牧养殖行业提供支持。最后，由政府搭建平台，促进产销两地合作，让餐饮企业、加工企业与农畜养殖企业紧密联系起来，同时利用"互联网+农牧业"和电商平台等新模式和新媒体大力宣传带动本地畜牧产品销售，打造品牌效应，以多重手段促进农牧产品的高质量发展，进一步提升产品销量和收入。

（四）培育壮大农产品加工龙头企业

相关部门要发挥导向作用优化营商环境。一是大力开展农产品加工企业招商引资，出台支持龙头企业的扶持政策，积极落实支持龙头企业形成强动力的具体奖励措施，引导和加强农产品加工相关的龙头企业将产业链、价值链、现代产业发展理念和组织方式融入农业集聚发展，延伸产业链，打造供应链，最终形成完整的产业链，促进一二三产业既能分工又能融合发展。二是要加快发展农产品加工业，依托通辽市农业资源禀赋做大做强玉米生物产业和肉牛、肉羊、生猪等加工产业，不断创新产品，拓展加工领域，推进产品多元化、产业集群化发展，积极推动产业链延伸，提高农业产品附加值，增强对本地农畜产品的吸纳转化能力，进而提高农畜产品抵抗市场波动风险的能力。三是开展不同区域示范园创建体系，引导农产品加工业逐步向不同重点物流节点转移，打造农业产业集群，形成加工引导生产、加工促进消费的新态势。四是巩固拓展市场流通体系与储运加工布局的有机衔接，改造升级农产品原产地市场，完善电子商务与物流相结合的物流体系，扩大市场需求，创新线上线下发展新途径。

（五）依托特色资源讲好品牌故事

通辽市拥有丰富的特色农产品资源，但是目前还处于初级产品进入市场阶段，特色产品没有形成特殊效益。首先，要充分认识和理解品牌建设发展的重要作用，提高品牌维护管理意识。其次，要提高加工企业技术水平、产品的技术含量，为品牌建设奠定坚实的技术优势基础。再次，要提高农产品生产的标准化管理水平，建立品牌质量和卫生安全信任度。最后，创新草原肉羊肉牛品牌宣传模式和营销推广方式，拓宽农产品的营销渠道，提高品牌认知度，可以通过博览会、展销会等平台，以及网络视频、直播带货等形式，讲好品牌故事，提升品牌议价能力，让更多优质绿色产品走向全国，提升产业带动能力。

参考文献

曹阳：《通辽市推进乡村振兴战略的研究》，《中国集体经济》2022 年第 22 期。

刘希宋、陈权利：《"农业产业化"的内涵及特征》，《学术交流》2002 年第 1 期。

刘晓芳、王文迪、查干哈斯等：《通辽市红小豆产业发展现状及对策》，《现代农业科技》2023 年第 24 期。

刘颖：《新质生产力赋能下通辽市融入东北振兴战略的优势与挑战》，《当代金融家》2024 年第 7 期。

明月、花蕊：《内蒙古农牧业生产生活方式的绿色化转向研究》，《内蒙古科技与经济》2020 年第 24 期。

王璟璇、于萨日娜、丁继：《乡村振兴背景下内蒙古农牧业经济高质量发展问题研究》，《中国农村经济》2023 年第 4 期。

习近平：《加快建设农业强国　推进农业农村现代化》，《求是》2023 年第 6 期。

杨云旭：《通辽市农业产业化现状概述》，《内蒙古科技与经济》2013 年第 22 期。

叶健全、王静、时雪等：《浅谈通辽市设施农业发展现状》，《现代农业》2016 年第 8 期。

尤欢、王雪、张勋：《"牛"品牌助力产业升级——通辽市养牛业调研分析》，《内蒙古统计》2022 年第 4 期。

旗 县 篇

B.12
科尔沁左翼中旗玉米生产发展调查报告

张馨月 *

摘　要：　科尔沁左翼中旗地处黄金玉米带，是我国重要的玉米生产基地。近年来，科尔沁左翼中旗认真落实新形势下国家粮食安全战略的总体部署，始终将保障粮食安全摆在突出位置，依靠科技创新，挖掘玉米单产潜力，不断探索玉米提质增效新途径。科尔沁左翼中旗虽然玉米生产发展得到了显著成效，但是仍然存在玉米产业链条较短、优质农业人才短缺以及管理方式相对落后等问题。为此，本报告提出推动科尔沁左翼中旗玉米生产发展的对策建议，如应延长玉米产业链，加强专业人才引进和培育，提高玉米生产技术推广与应用，强化玉米生产管理。

关键词：　玉米生产发展　玉米产业链　科尔沁左翼中旗

---

* 张馨月，内蒙古民族大学经济学院讲师，研究方向为农牧业经济。

一 科尔沁左翼中旗玉米生产发展现状

（一）科尔沁左翼中旗简介

科尔沁左翼中旗地处松辽平原西端向内蒙古高原过渡带上，位于西辽河北岸的科尔沁草原腹地，位于通辽市东部，南部、东部和北部分别与双辽市、长岭县、通榆县交界，西北部与科尔沁右翼中旗和扎鲁特旗相邻，西部和南部与开鲁县、科尔沁区、科左后旗接壤。科尔沁左翼中旗辖20个苏木乡镇（场）和1个街道，人民政府驻保康镇。总土地面积9572.44平方公里，总人口52万人，现有耕地674.61万亩，林地232.65万亩，草地394.51万亩。在气候方面，科尔沁左翼中旗地处中温带大陆性季风气候，四季分明，气候干燥多风沙，气温的日温差和年温差比较大，气象灾害频繁多发。①

（二）科尔沁左翼中旗三次产业发展情况

2013~2022年，科尔沁左翼中旗生产总值呈现波动式变化趋势，2013~2016年呈现上升趋势，2017年急速下降，后又缓步上升。其中，第一产业增加值呈现波动式上升趋势，由2013年的374600万元，增长到2022年的671208万元，占生产总值的比重由26.23%增长至46.62%，第一产业逐渐成为科尔沁左翼中旗经济发展的重要组成部分（见表1）。

表1　科尔沁左翼中旗生产总值及一二三产业增加值

单位：万元

年份	生产总值	第一产业	第二产业	第三产业
2013	1427900	374600	566900	486400
2014	1522527	393472	593802	535253
2015	1586889	401091	614183	571615

---

① 科尔沁左翼中旗水务局汇报提纲，内部资料。

年份	生产总值	第一产业	第二产业	第三产业
2016	1682138	413607	640952	627579
2017	948000	265440	350760	331800
2018	1053000	315900	379080	358020
2019	1287500	537400	252500	497600
2020	1310800	579500	222900	508400
2021	1377300	613900	213300	550100
2022	1439806	671208	182317	586281

资料来源：历年《内蒙古统计年鉴》、科尔沁左翼中旗人民政府。

（三）科尔沁左翼中旗农业发展情况

科尔沁左翼中旗作为农业大旗，始终坚持以习近平新时代中国特色社会主义思想为指导，深入贯彻党的二十大精神，全面落实国家乡村振兴战略，积极推进农业高质量发展。坚持绿色发展理念，优化农业产业结构，培育壮大优势特色产业。2023 年，科尔沁左翼中旗实施了绿色高质高效行动项目，在 20 个苏木乡镇（场）各建立 1 个玉米密植高产千亩方示范田，面积共 2 万亩，在敖包苏木、巴彦塔拉镇、舍伯吐镇、架玛吐镇、宝龙山镇各建立 1 个万亩片，面积共 5 万亩，多点多面布局全面推进玉米密植高产精准调控技术模式示范辐射带动全旗玉米产业发展。实施了黑土地保护利用试点项目 5 万亩，通过秸秆半量还田、根茬还田、施用腐熟农家肥、深翻作业等措施不断提升耕地地力。实施了盐碱化耕地综合利用项目 1 万亩，通过施用土壤调节剂、脱硫石膏、腐熟牛粪、商品有机肥、根苗保护肥，进行深松浅翻联合整地等措施达到改良盐碱地、提升耕地地力目的，不断提高耕地粮食产出能力。2017~2022 年内蒙古粮食产量排名前 13 位的县（市、区、旗）如表 2 所示，通辽市科尔沁左翼中旗多年（除 2021 年）处于内蒙古各县（市、区、旗）粮食产量第一。①

_____

① 科尔沁左翼中旗农牧局汇报材料，内部资料。

表 2　2017~2022 年内蒙古粮食产量排名前 13 位的县（市、区、旗）

单位：吨

县（市、区、旗）	2017	2018	2019	2020	2021	2022
通辽市科尔沁左翼中旗	1896335	2118263	2186526	2218679	2278457	2376575
兴安盟扎赉特旗	1600001	1949395	2173377	2176431	2314982	2352830
呼伦贝尔市莫力达瓦达斡尔族自治旗	1887266	2116322	1737448	1592765	1918096	1935111
兴安盟科尔沁右翼前旗	1199429	1403104	1443655	1486920	1565391	1544672
呼伦贝尔市阿荣旗	1730891	1759816	1645279	1514663	1693850	1500396
呼伦贝尔市扎兰屯市	1141801	1282334	1413503	1252249	1416186	1400000
通辽市科尔沁左翼后旗	1128227	1212488	1262098	1301591	1368754	1397060
通辽市开鲁县	1170088	1258712	1282821	1296547	1320458	1357458
通辽市科尔沁区	1251139	1318525	1352769	1365742	1395190	1292643
通辽市奈曼旗	985419	1073993	1133520	1165143	1220757	1277821
兴安盟科尔沁右翼中旗	811215	936438	1107534	1137456	1202230	1240702
兴安盟突泉县	1098484	1151391	1182402	1192354	1204564	1209415
赤峰市敖汉旗	830902	958240	986375	1000846	1010155	1047437

资料来源：历年《内蒙古统计年鉴》。

科尔沁左翼中旗粮食产量多主要得益于当地较好的农业基础条件，如表 3 所示，2023 年，科尔沁左翼中旗耕地面积为 449742 公顷，高标准农田面积为 254280 公顷，农作物总播种面积为 340668 公顷。高标准农田面积占耕地面积的 56.54%，表明科尔沁左翼中旗高标准农田建设较好，奠定了玉米高产的基础。

表 3　2019~2023 年科尔沁左翼中旗农业生产面积

单位：公顷

项目	2019	2020	2021	2022	2023
耕地	296373	296373	437185	440162	449742
高标准农田	126260	136000	142240	244280	254280
农作物总播种	320122	324716	325978	301166	340668

数据来源：2020~2023 年《内蒙古统计年鉴》、科尔沁左翼中旗人民政府。

（四）科尔沁左翼中旗玉米生产情况①

1. 科尔沁左翼中旗玉米产量

通辽市国家级农业科技园区的核心区在科尔沁左翼中旗境内，科尔沁左翼中旗建有 300 万亩高效节水现代农业示范区，玉米产量占内蒙古自治区玉米产量的 10% 以上，粮食产量稳居内蒙古自治区前列。如表 4 所示，2014~2023 年，科尔沁左翼中旗在内蒙古各县（市、区、旗）粮食产量中居首位，玉米是科尔沁左翼中旗粮食的主要作物，占粮食产量的主要部分。

表 4 2014~2023 年科尔沁左翼中旗粮食及玉米产量

单位：亿斤

年份	粮食产量	玉米产量
2014	33.9	32.9
2015	35.6	34.9
2016	36.1	34.7
2017	37.9	33.9
2018	42.4	41.1
2019	43.7	42.3
2020	44.4	42.5
2021	45.6	44.3
2022	47.5	46.2
2023	48.3	46.7

注：由于获取到的玉米产量的数据单位是亿斤，所以将粮食产量换算为同一单位进行对比（1 吨＝2000 斤）。

资料来源：历年《内蒙古统计年鉴》、科尔沁左翼中旗人民政府。

2. 科尔沁左翼中旗玉米生产发展进程

近年来，科尔沁左翼中旗认真落实新形势下国家粮食安全战略的总体部署，始终将保障粮食安全摆在突出位置，依靠科技创新，挖掘玉米单产潜力，

---

① 科尔沁左翼中旗人民政府汇报材料《科左中旗玉米产业工作亮点》，内部资料。

不断探索玉米提质增效新途径。2020年初，科尔沁左翼中旗首次引进中国农业科学院李少昆研究员的"玉米高产创新栽培技术团队"，在全旗6个苏木乡镇（场）开展以大小垄无膜浅埋滴灌水肥一体化为基础的玉米绿色密植高产全程机械化种植技术示范，种植密度为每亩6000株以上，亩产达到1050.71千克（含水量14%），亩产突破吨粮，为科尔沁左翼中旗玉米单产提升找到了新的突破口。2021年加大技术推广力度，采取"1+20"推广模式，在20个苏木乡镇（场）各建设1个100亩攻关田，亩产再创新高，达到1126.6千克。2022年为加快实现通辽市政府在"十四五"期间玉米亩均增产100千克的目标，科尔沁左翼中旗玉米绿色密植高产全程机械化种植技术推广面积达到了23万亩，最高亩产达到1174千克。同时在舍伯吐镇建立了中国农业科学院作物科学研究所人才驻地，引进科研专家落户科尔沁左翼中旗，持续开展玉米单产技术攻关，充分挖掘玉米增产潜力，实行科研与推广同步推进，为科尔沁左翼中旗大面积玉米增产、农业提质增效提供强有力的保障。2023年，科尔沁左翼中旗成功入选自治区整区域推进高标准农田试点旗县，新建、改造高标准农田15万亩，总面积达248万亩，粮食产量稳定在55亿斤以上，蝉联自治区"产粮第一旗"。建成玉米密植高产精准调控技术示范区27万亩，辐射带动总面积达76万亩，玉米高产攻关田单产达到1439.4千克，刷新了内蒙古和东北春玉米单产纪录。

3. 科尔沁左翼中旗玉米生产发展成效

科尔沁左翼中旗的玉米产量能够取得优异的成绩，得益于当地启动的绿色高质高效行动，按照"关键攻关区、核心展示区、带动示范区"三区建设思路，科尔沁左翼中旗共建设节水增粮增效示范区20万亩，主要种植作物为玉米。其中，建立攻关区0.21万亩，核心展示区1.79万亩，带动示范区18万亩。在核心项目区做到了以下五个方面。

核心项目区标准化生产全覆盖，与社会化服务相结合，项目区应用玉米大小垄无膜浅埋滴灌水肥一体化技术、根茬还田技术、有机肥施用技术、耐密高产抗机械粒收技术、适期早播技术、北斗导航单粒精量播种技术、化学调控技术、病虫害综合防治技术、机械粒收技术，实现全项目区高效标准化生产。

　　核心项目区绿色高效技术全覆盖，在核心试验示范区内通过推广应用耐密宜机收玉米品种 DK159、C3288 等，配套应用有机无机配方复合肥及氮磷钾水溶性配方追肥等新型高效肥料，全项目区大小垄无膜浅埋滴灌种植技术和绿色防控玉米螟抛掷赤眼蜂球技术全覆盖，实现"全环节"绿色高效生产。

　　核心项目区社会化服务全覆盖，项目区以合作社与种植大户为实施主体，进行集中连片规模化经营，开展耕种管收全程统一管理、全程机械化作业，实现了良田、良种、良法、良机、良制配套，项目区生产主要环节实现社会化服务全覆盖。

　　项目区实现产业融合发展模式，项目区把标准化生产基地建设与农牧业产业化紧密结合，积极推进"龙头企业+基地+合作社+农牧户"的利益共享、风险共担模式，引进通辽市成峰牲畜交易市场有限公司、内蒙古丰润牧业有限公司、内蒙古合胜源牧业有限公司等大型养殖企业，推进订单种植和产销衔接，实现种养结合、为养而种，产加销有效衔接，不断完善利益联结机制。

　　示范带动全旗种植业绿色发展，以示范区为引领，与化肥减量、盐碱化耕地改良、基层农技推广体系改革与建设补助等项目相结合，全面推行节肥、节药、节水、节膜技术，全年完成赤眼蜂防治玉米螟 17 万亩，发放进口新型喷头累计 5.8 万套，推广农家肥还田面积 190 万亩，实现浅埋滴灌水肥一体化面积 210 万亩，带动科尔沁左翼中旗实现标准化生产面积 335 万亩，大小垄无膜浅埋滴灌种植技术、绿色防控玉米螟抛掷赤眼蜂球技术、测土配方施肥技术、水肥一体化精准施肥技术、玉米根茬还田技术等关键技术服务覆盖率实现 95%以上。

　　4. 科尔沁左翼中旗玉米生产核心示范区实例[①]

　　本部分以科尔沁左翼中旗车家子嘎查核心示范区为例，分析科尔沁左翼中旗玉米种植示范区的建设情况。车家子核心展示区总建设面积 500 亩，其中，智慧农业水肥一体化精准调控示范区 200 亩，耐盐碱品种筛选示范区

---

　　① 科尔沁左翼中旗农牧局汇报材料，内部资料。

100 亩，化肥减量增效示范区 100 亩，品种展示精品区 100 亩。

智慧农业水肥一体化精准调控示范区。一是该区配备智能水肥一体机、土壤墒情监测站、数字作物监测站、无线电动遥控出水栓等设备。土壤墒情监测站可以实时监测农田土壤墒情变化，并在后台进行数据分析，然后根据墒情给出浇水时间、浇水量、浇水时长等建议，发送到农户手机 App，农户根据建议用手机遥控该区域出水栓进行浇水。数字作物监测站通过摄像头的实时动态对田间情况及作物长势进行监测，对作物长势作出分析。二是采用小流量滴灌带。小流量滴灌带流速为 0.35 升/小时，传统滴灌带流速 3~4 升/小时。其优点有以下三点。第一，流速慢，水分更好地向土壤深层渗透，不易在土壤表面形成明水，造成土壤板结。第二，流量小，管中压差小，管带头部和尾部压力基本保持一致，出水量一致，水肥可以更加均匀地输送至农田。第三，灌溉面积大，常规滴灌带一次能浇水 20 亩，小流量滴灌带一次能浇水 120 亩，节省人力，避免在玉米各个时期工人需要到地里开关水阀进行浇水。

耐盐碱品种筛选示范区。该地块属于轻度盐碱地块，为了更好地筛选适合轻度盐碱地区生长的品种，做了耐盐碱品种的试验和示范，包括迪卡 159、九圣禾 2468 等品种。

化肥减量增效示范区。为了更好地提高肥料利用率以及节省人工成本（常规施底肥时肥料利用率不高，易造成浪费，同时需要人跟着机器倒肥料），该区域开展了无底肥试验，利用水肥一体化机器，全生育期追施液体肥，播种后滴出苗水第一次施肥，然后在拔节期、大喇叭口期、抽雄期、吐丝期、灌浆期、乳熟期进行 6 次追肥。

品种展示精品区。该区进行 5 个玉米品种的展示和示范，分别是 s8006、隆创 310、九圣禾 2468、茶研 2003、迪卡 159（对照），采用大小垄无膜浅埋滴灌种植技术，种植密度为每亩 5500 株。在该区域进行菌剂试验，森井微生物菌剂（改良土壤疏松土壤，增加土壤微生物，调节 pH 酸碱度）在滴出水时随水冲入土壤，通过观察田间长势及后期产量测量，对微生物菌剂的增产效果进行测定。

二 科尔沁左翼中旗玉米生产发展存在的问题

虽然科尔沁左翼中旗玉米生产效果显著，但是在发展过程中仍存在一些问题，这对未来科尔沁左翼中旗的玉米生产发展会造成一定程度的阻碍，因此要明确问题并分析其存在的原因。

（一）玉米产业链条较短

科尔沁左翼中旗玉米产业以原粮销售为主。形成了以玉米种植为主，青贮玉米、杂粮杂豆等经济作物为辅的绿色农产品生产加工体系。项目区已经开展了产业融合发展模式，但是科尔沁左翼中旗整体玉米生产发展还处于以种植为主的初级生产阶段。产业链条短，产品精细化程度低，精深加工产品较少，导致农产品加工转化率及产品附加值相对较低，粮食加工停留在脱粒、收储等初级阶段。

产业发展需要形成上下游产业协作的模式，才能够实现产业链条的连贯性，通过前向产业关联和后向产业关联效应，带动整体产业系统发展。科尔沁左翼中旗未来发展过程中需要强化产业链条环节，一方面，产业链条较短带来的农产品附加值较低，导致收益较少；另一方面，只发展生产阶段会导致竞争力不足，在市场中逐渐处于劣势地位。

当然，也要深究产业链条较短的原因。一是区域整体规划不足，在发展过程中没有形成对玉米产业良好的规划分析，没有确定在什么阶段开展深加工试点，在什么阶段进行普及。二是资金问题，产业链发展需要引进投资，仅仅依靠当地政府发展产业链有一定的难度，需要探索多样化的融资渠道和模式，助力玉米产业链发展。三是对市场的发展形势分析不够，例如科尔沁左翼中旗的玉米发展在市场中处于何种位置。目前全国玉米生产加工模式的问题需要在规划产业链条前进行明确。

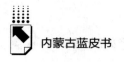

（二）优质农业人才短缺

1. 产业发展需要优质人才，科尔沁左翼中旗玉米产业发展过程中存在严重的人才短缺现象

目前在内蒙古各县（市、区、旗）从事玉米生产的主要是年纪较大的人群，青壮年多数外出务工，没有选择留在本地区。虽然示范区有技术专家指导，但是整个科尔沁左翼中旗整体仍旧缺乏专业人才，专家指导和技术普及程度不足，导致示范区生产发展效果较好，而整体效果欠佳。优质人才欠缺的主要原因有两方面。一方面，本地政府缺少相应的人才引进机制，同时人才引进的资金支持力度不够；另一方面，缺少对本地玉米种植户的技术普及和培训，示范区可能做得效果较好，但整体技术培训覆盖面积仍旧欠缺。

2. 优质人力资本短缺间接导致技术推广与应用不足

人力资本是技术的载体，玉米生产和玉米产业发展技术需要依托专业的人力资本进行推广和应用。尽管科尔沁左翼中旗引进了先进的农业技术，如大小垄浅埋滴灌水肥一体化技术，并取得了显著的增产效果，但这些技术的应用并未覆盖所有农业生产者。此外，对于新技术的学习和应用需要时间和资源投入，部分农业生产者可能因为缺乏相关知识和技能而无法充分利用这些技术。

3. 优质人力资本短缺还会引起数字经济普及水平不足

电商助力农产品发展是目前推广农产品的途径之一，借助互联网平台进行推广也需要专业人才进行运营和管理，科尔沁左翼中旗在延伸产业链的基础上，如何通过专业人才、专业平台推广到市场，是需要重点攻克的环节。

（三）管理方式相对落后

1. 在玉米生产过程中，科尔沁左翼中旗存在管理方式落后的问题

在雨水较多和贪青地块，玉米成熟中后期建议采取人工扒皮措施以加快果穗脱水速度，促进玉米早熟，但这一措施并未得到广泛应用。此外，对于玉米的生产信息、种子生产资质核查以及质量控制措施等方面的监督检查工作也需要进一步加强。管理效果不足还体现在农田基础设施不完善，科尔沁左翼中旗的农田机电井存在损毁、废弃的现象，这直接影响了灌溉系统的有效运行，对玉米等农作物的生长和产量造成了负面影响。例如，有的机电井房门残破不堪，有的只剩一个深坑，有的电表没有连接电线，这些问题严重影响了农田的灌溉条件。

2. 高标准农田建设过程中也存在管理方式和能力不足的情况

部门协调困难，高标准农田建设过程中涉及国土、水利、林草等部门以及供电公司等主体，规划制定、项目实施等环节的协调配合有时不够顺畅。例如项目规划按照田成方、林成网进行设计，但部分地块不规整且有零散林草地，协调林草地较为困难；另外，近年项目建设任务量大，接入变压器较多，大部分供电公司线路在接入后处于过载状态。没有做好群众思想工作，部分农民对高标准农田建设的意义和好处认识不足，参与积极性不高。管理过程中处理问题能力存在不足，在一定程度上影响了工作推进。例如在电杆组立、道路施工过程中存在百姓阻工索要赔偿现象。高标准农田建设进度管理不全面，在实际实施过程中面临诸多不确定因素干扰，对于进程把控以及突发事件处理的应急预案不足。

3. 生产管理方式落后

缺乏系统管理制度，对于科尔沁左翼中旗玉米生产过程中各环节的监督管理机制不完善。缺少专业管理者统筹规划，缺乏对各时期需要落实的任务和项目进程的掌握与跟踪。对于生产过程中的细节，缺少自纠自查环节，进而会影响整体生产进程。

综上所述，科尔沁左翼中旗在玉米生产中面临的主要问题包括玉米产业链条较短、优质农业人才短缺以及管理方式相对落后，这些问题共同影响了玉米生产的效率和产量，进而影响科尔沁左翼中旗玉米产业的发展。

三 科尔沁左翼中旗玉米生产发展对策建议

（一）延长玉米产业链

1.明确玉米可以进行精深加工的领域

玉米被称为"粮食中的黄金"，是三大粮食作物（玉米、小麦、水稻）中最适合用于工业的原料，广泛适用于饲料、淀粉、生物制药等行业，因此可以从中选择适合本地区发展的行业进行规划。

2.优化玉米深加工产业布局，创建国家级玉米优势特色产业集群

玉米产业发展主要围绕主产区进行集聚，充分发挥核心示范区的比较优势，不断完善精深加工的专业化协调能力和相关产业的配套能力，实现玉米精深加工的产业集群发展。

3.推动玉米生产发展现代化

与社会化服务相结合，以项目为依托，引领科尔沁左翼中旗玉米种植业向规模化、集约化经营方式转变。引导大型养殖公司参与，开展订单化种植，实现种养结合和产销一体化，打造玉米全产业链，不断提升乡村玉米产业链供应链现代化水平。

（二）加强专业人才引进和培育

1.聘请专业专家团队进行技术指导

在农业生产关键环节召开现场会，手把手教学，确保技术落实精准有效。

2.加快引进专业农业人才

专业人才对玉米生产和加工环节进行管理，能够更好地把握市场走向，能够为科尔沁左翼中旗玉米产业发展制定更完善的发展政策。专业人才拥有专业的技术和管理能力，在生产领域和精深加工领域都能够起到中流砥柱的作用。

3. 匹配相关政策和资金支持

专业人才的聘请和引进以及培训本地区人员都需要政策和资金支持，因此地方政府需要加强对这部分的政策支持，增加资金预算和投入，才能在改善区域人力资本水平方面起到作用。

（三）提高玉米生产技术推广与应用

1. 通过项目整合，进行技术推广

推动基层农技推广体系改革与建设补助项目、化肥减量增效项目、农田盐渍化治理等项目的结合，充分发挥各项目优势，例如，前期创建的舍伯吐镇、架玛吐镇核心示范区，将各乡镇玉米密植高产示范区与各地方的玉米生产进行联合推广，以点带面，实现玉米生产技术推广最大化。

2. 政府主导推广技术

基于粮食安全"党政同责"，以政府为主导，带动科尔沁左翼中旗20个苏木乡镇（场）共同参与。采取科尔沁左翼中旗政府主导、农牧技术部门带头、苏木乡镇（场）政府负责、农户积极参与的方式，加速玉米密植高产集成技术的推广应用。

3. 开展专家指导服务

聘请农牧业相关专家团队为玉米生产高产高效行动提供技术咨询及指导服务。组织开展现场观摩培训会进行现场培训，同时通过网络媒体进行宣传、直播，发放技术指导手册、宣传单，定期举办线下培训班，加快玉米生产技术推广。

4. 调动农民参与的积极性

在玉米绿色高产全程机械化示范田建设中，承包示范田的合作社与农户可以从种地前理论培训到整地、播种、化控、田间管理全程参与并可以与专家进行互动。技术专家手把手、面对面实地教学，及时为农户答疑解惑，解决农业生产中存在的问题，确保农户真正将技术学懂、会用，确保农业技术落实精准到位，切实提高农业技术到位率；各苏木乡镇（场）农业技术推广人员带领承包示范田的合作社与农户亲自参与示范田测产并举

办现场会，让农户真真切切感受到玉米密植高产全程机械化绿色生产技术取得的实效。

（四）强化玉米生产管理

1. 强化组织领导

科尔沁左翼中旗需要强化对绿色高质高效行动的重视，可以成立由旗委常委、旗政府副旗长、旗农牧局局长、旗农业技术推广中心和项目镇主要领导为成员的领导小组，由旗农牧局牵头的实施小组和以农业技术推广中心为主的技术指导组。领导小组和实施小组抓落实，技术指导组抓服务，项目所在的苏木乡镇（场）负责嘎查村农牧民的组织协调。任务分工明确能够更有效地统筹玉米生产管理工作。

2. 强化日常管理

按照财务制度要求，建立资金使用台账制度和招投标制度，严格资金使用范围，做到专款专用，规范资金使用。安排专人及时将项目运行过程中的相关文件和影像资料进行归档立卷，根据项目实际运行情况，及时补充完善档案。

参考文献

阿斯亚、王刚、李振国等：《蒙东地区农牧交错带畜牧业机械化发展模式探讨——以科左中旗为例》，《当代畜禽养殖业》2022 年第 6 期。

包铁旦、张贵忠、齐金风等：《通辽市科左中旗玉米生产全程机械化报告》，《农村牧区机械化》2019 年第 1 期。

董文荣、根锁：《农业灌溉问题分析——科尔沁左翼中旗为例》，《内蒙古科技与经济》2013 年第 10 期。

马强、刘恩泽、包乌日吐：《托管服务：小农户实现农业现代化的路径选择——关于科尔沁左翼中旗北塔农机专业合作社玉米生产托管服务的调研》，《实践》（思想理论版）2021 年第 3 期。

马释宇：《乡村振兴背景下的农机化政策实践分析——以内蒙古通辽市科尔沁左翼

中旗农机化发展为例》,《农业科研经济管理》2021 年第 2 期。

娜仁图雅、李曙光、张景凡：《通辽市高效节水示范项目科左中旗大型喷灌工程测试分析》,《内蒙古水利》2014 年第 3 期。

潘天遵：《科尔沁左翼中旗农用地膜减膜行动举措及成效》,《中国农技推广》2022 年第 2 期。

潘天遵、姜梦琪、卢刚等：《通辽市科尔沁左翼中旗春玉米耐密高产优质品种鉴选》,《现代农业科技》2021 年第 10 期。

王淑艳：《通辽市科左中旗玉米生产 SWOT 分析及建议》,《现代经济信息》2014 年第 5 期。

B.13
东乌珠穆沁旗羊肉生产发展调查报告

张国庆[*]

摘　要： 东乌珠穆沁旗具有得天独厚的肉羊养殖条件，气候适宜，草场面积达 7500 万亩，水资源丰富。一直以来，东乌珠穆沁旗是国家和自治区肉羊培育发展的重点旗，为自治区完成好肉羊安全保供作出了贡献。可是目前也面临着不少问题和困难，例如，往年实施的"减羊增牛"政策对肉羊产业造成了一定的影响、"乌珠穆沁羊"品牌影响力和知名度有待提高、新质生产力在肉羊产业高质量发展中的动力不足、专精新技术人才队伍短缺等。由此，为了加快东乌珠穆沁旗羊高质量发展，应加大政府扶持力度，出台针对性措施确保肉羊头数不降；加大专业技术人才培养和合作；大力推广"乌珠穆沁羊"公用品牌，提升乌珠穆沁羊品质，提高市场影响力。

关键词： 肉羊养殖　羊肉生产　东乌珠穆沁旗

东乌珠穆沁旗位于内蒙古锡林郭勒盟东北部锡林郭勒大草原核心区，是全区 33 个牧业旗之一和 19 个边境旗之一，是自治区重要的绿色农畜产品供应基地，在建设国家重要农畜产品基地中发挥着重要作用。2023 牧业年度，羊存栏量达 322 万只，共出栏牲畜 150.62 万头只（大畜 18.66 万头、小畜 131.96 万只），同比增长 14.45%，① 东乌珠穆沁旗持续做好"乌珠穆沁羊"品牌打造和保种繁育，提纯复壮力度，鼓励发展家庭生态牧场和生态牧业

　＊　张国庆，内蒙古自治区社会科学院社会学研究所助理研究员，研究方向为农牧业经济。

　①　《东乌珠穆沁旗以"新体系"实现"牧老大"有效促进牧业增效、牧民增收》，https：//www.dwq.gov.cn/dwq/ywdt/qnxw/20240417717484460223/index.html，2024 年 4 月 17 日。

合作社等多种肉羊养殖新型经营主体，积极扶持引导本地畜产品加工企业提档升级，肉羊产品种类不断丰富，销售渠道不断拓展，企业效益和牧民收益增加。同时，生态环境保护力度不断加大，受国际贸易战和进出口贸易的影响，肉羊养殖成本逐年增加，肉羊品牌塑造和产销不平衡等问题的制约，特别是市场环境的影响，以及"减羊增牛"政策的出台，加快了优质肉牛良种扩繁，激发了牧民饲养肉牛的积极性，对肉羊产业造成了一定冲击。要实现肉羊产业高质量发展，关键在于解决好产与销、质与价的问题，应从提高加大饲草料储备供养能力、提高产品品牌品质竞争力、推动形成农畜新质生产力、完善产供销营销体系和服务上下功夫，实现肉羊产业高质量发展。

一　东乌珠穆沁旗肉羊生产现状

（一）肉羊发展条件

东乌珠穆沁旗气候属于北温带大陆性气候，年平均气温 1.6℃，气候寒冷，这种气候条件不仅有利于肉羊的增重，还能提高羊肉的肉质和口感。东乌珠穆沁旗草原资源丰富，拥有优质天然草牧场 7100 万亩，可利用面积占全区的 6.2%。[①] 水草丰美的草原资源为肉羊的放牧提供了充足的自然草场，能够保证肉羊的日常饲料供应，养殖条件得天独厚。

乌珠穆沁肉羊经过长期自然选择和人工选育，成为蒙古羊的一个优良类群。它具有体格大，活重高，产肉多，脂尾重，生长发育快，成熟早，放牧抓膘能力强，耐粗放管理，抗灾抗病力强，肉质鲜美、肥而不腻，无膻味等特点，是中国宝贵的肉羊资源，被国家绿色食品发展中心授予"绿色食品"称号。2014 年 10 月 11 日，"乌珠穆沁羊肉"被批准实施地理标志产品

---

① 《东乌珠穆沁旗以"新体系"实现"牧老大"有效促进牧业增效、牧民增收》，https://www.dwq.gov.cn/dwq/ywdt/qnxw/20240417174844460223/index.html，2024 年 4 月 17 日。

保护。

近年来，东乌珠穆沁旗高度重视和大力支持肉羊产业发展，不仅在提供肉羊养殖补贴、税收减免等政策上给予倾斜，还在现代化养殖场建设，改善交通运输条件等基础设施建设，肉羊养殖、屠宰、加工、销售全产业链配套建设等方面提供支持。积极引导和支持养殖户采用先进的养殖技术和管理模式，提高肉羊的养殖效率和产品质量，打造"乌珠穆沁羊肉"品牌，提高市场竞争力，极大促进了东乌珠穆沁旗肉羊产业的快速发展。

随着现代饲草产业的科学发展，东乌珠穆沁旗严格实行打草场轮刈制度，规范草牧场流转经营行为，建立健全了三级草牧场流转服务体系，完善县（市、区、旗）、苏木乡镇（场）、嘎查村三级储草体系。积极发展优质牧草种植业，推进饲草料专业化生产，完善加工、流通、配送体系建设，探索建立西部、北部、东部抗灾应急储草基地。该旗种植优质牧草5.67万亩，总产量2.61万吨，打储草产量41.23万吨。① 目前，饲草经营企业及合作社达到43家，抗灾减灾饲草料储备基地5处，其中有4处配备小型饲草料加工车间，饲草应急库容能力达到1万余吨，饲草年加工能力达到2000余吨，② 为肉羊产业高质量发展打下了坚实的基础。

（二）肉羊养殖现状

东乌珠穆沁旗始终坚持把乌珠穆沁肉羊产业作为畜牧业高质量发展的优势主导产业，从养殖、研发、加工、销售各环节入手，不断完善乌珠穆沁肉羊全产业链条，逐步实现肉羊产业标准化、规模化发展。2023牧业年度，全旗羊存栏量达322万只，全旗共出栏牲畜150.62万头只（大畜18.66万头，小畜131.96万只），同比增长14.45%。持续推进"乌珠穆沁羊原种场+扩繁场+核心群+标准化畜群"四级联合育种体系建设，建成乌珠穆沁羊

① 《东乌珠穆沁旗："3+2"产业模式助推畜牧业高质量发展》，https://www.dwq.gov.cn/dwq/ywdt/qnxw/2023042609313422862/index.html，2023年4月18日。

② 《东乌珠穆沁旗以"新体系"实现"牧老大"有效促进牧业增效、牧民增收》，https://www.dwq.gov.cn/dwq/ywdt/qnxw/2024041717484460223/index.html，2024年4月17日。

国家级保种场 1 处、扩繁群 26 群、标准化畜群 290 群、乌珠穆沁羊核心群 2600 群，小畜改良和良种比重达到 99.9%。[1]

（三）肉羊养殖新型经营主体发展现状

东乌珠穆沁旗以草定畜、以草定牧，坚持集约化养殖，科学合理利用草原，出台相关扶持政策，鼓励发展家庭生态牧场和生态牧业合作社等多种适度规模经营主体。积极推行基础母畜冬春季补饲、出栏牲畜"放牧+补饲"养殖方式，推动畜牧业生产方式由群体数量向个体质量转变。截至 2022 年 6 月底，培育示范合作社 33 家、示范带动家庭牧场 48 家，[2] 培育发展合格家庭牧场 334 家。家庭生态农场以其规模化、集约化的特点，有效地提高了养殖效率和产品质量，同时也为养殖户带来了更稳定的收入来源；生态牧业合作社通过整合资源、共享技术和统一营销，不仅降低了运营成本，而且提高了市场竞争力。由此，新型经营主体规模不断壮大，对牧户的辐射带动作用逐步显现，牧户与新型经营主体的利益联结机制不断巩固发展，畜牧业规模化、集约化水平有所提升。新型经营主体积极引入现代养殖技术和管理理念，推动肉羊养殖规范化生产，制定了一整套规范的标准化流程，不仅节约了养殖成本，羊肉品质也得到了提升，消费者对产品的信任度也随之提高。新型经营主体主动走向市场，进一步巩固已有销售渠道和营销网络，同时利用电商平台等现代营销工具，拓展了销售渠道，提高了产品的市场占有率。新型经营主体还注重生态环境保护和可持续发展，通过改进饲料配比、优化养殖工艺、合理处理养殖废弃物等措施，减少了对环境的影响，实现了经济效益与生态效益的双赢。

（四）肉羊品牌化进程现状

东乌珠穆沁旗注重品牌建设，积极保护、传承、利用乌珠穆沁羊这个优

---

[1] 《东乌珠穆沁旗以"新体系"实现"牧老大"有效促进牧业增效、牧民增收》，https://www.dwq.gov.cn/dwq/ywdt/qnxw/2024041717484460223/index.html，2024 年 4 月 17 日。

[2] 《东乌珠穆沁旗"产、销、研"一体化发展推动肉羊产业提质增效》，https://www.dwq.gov.cn/dwq/ywdt/qnxw/9a419e7c284e4c4b859da0ab206f05b4/index.html，2022 年 7 月 22 日。

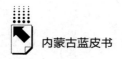

良地方畜种遗传资源，加大优良品种的保种繁育和提纯复壮力度，打造国家级保种场。1999年成立了乌珠穆沁羊原种场，先后与内蒙古大学、内蒙古农牧业科学院等科研院所合作，开展乌珠穆沁羊双羔多脊椎多肋骨选育、提纯复壮、遗传基因研究等领域的科研合作，组织实施乌珠穆沁羊高繁多胎、优质肉羊产业发展等项目，累计培育多脊椎多肋骨乌珠穆沁羊105万只，肉羊良改比重达到99%。① 如今，"乌珠穆沁羊国家生态原产地"获得"中国生态原产地"（PEOP）品牌荣誉称号。"乌珠穆沁羊肉"成功入选国家地理标志商标名录，农畜产品质量安全检测实验室通过自治区"农畜产品质量安全机构资质认定和机构考核双认证"评审。已成为自治区验收合格的最大的乌珠穆沁羊原种场。目前，该旗建成乌珠穆沁羊国家级保种场1处，组建核心母羊群145只，存栏纯种乌珠穆沁羊3354只，每年可以提供300多只优质种公羊租赁给牧民，良种化水平极大提升。② 2021年，乌珠穆沁旗羊原种场无布病小区通过现场评审，成为全国第一批、全区首个通过"羊布病无疫小区"评估的企业。

东乌珠穆沁旗通过举办大型"乌羊节"、"美食节"、推介会、产业论坛等活动，借助"锡林郭勒草原羊中国特色农产品优势区"的带动效应，助推"畜牧业+"形成极具地域特色的品牌效应和品种价值。授权9家畜产品加工龙头企业使用"乌珠穆沁羊生态原产地"保护标识，指导企业开展"三品一标"认证工作，公开杜绝屠宰育肥羊、杂交羊等非天然饲养的乌珠穆沁羊。肉羊养殖新型经营主体积极加入品牌建设，通过申请地理标志产品保护、注册商标、建立品牌形象、参加农产品展示展览等方式，羊肉产品的品牌知名度和市场美誉度不断提高，品牌效益逐年扩大。

---

① 《东乌珠穆沁旗：科技改良"乌珠穆沁羊"助推畜牧业高质量发展》，https：//www. dwq. gov. cn/dwq/ywdt/qnxw/2024071610125021249/index. html，2024年7月16日。

② 《东乌珠穆沁旗：科技改良"乌珠穆沁羊"助推畜牧业高质量发展》，https：//www. dwq. gov. cn/dwq/ywdt/qnxw/2024071610125021249/index. html，2024年7月16日。

二　肉羊加工业发展现状

（一）肉羊育肥情况

随着国家对畜牧业的政策支持和引导，东乌珠穆沁旗政府积极出台相应政策予以扶持，养殖企业和养殖户加大对肉羊育肥的投入，肉羊育肥规模逐年扩大。通过改善饲养环境、合理搭配饲料、科学管理饲养周期等措施，肉羊育肥技术不断提高，不仅缩短了育肥周期，还显著提高了肉羊的生产性能和肉质，直接提升了育肥效益，养殖户的收入增加，肉羊育肥的规模也呈现显著的增长趋势。

（二）屠宰企业情况

东乌珠穆沁旗现有畜产品加工企业 13 家，其中，自治区农牧业产业化重点龙头企业 7 家。积极扶持引导本地畜产品加工企业提档升级，引进先进的屠宰、加工、包装等设备，全面提升畜牧业综合生产能力和优质畜产品市场占有率。目前，全旗年屠宰加工生产能力为 336 万头只，日加工能力为3.49 万羊单位，库容 5.15 万吨，日速冻能力 2900 吨。[1] 9 家企业年屠宰加工能力在 5 万只以上，5 家龙头企业通过"公司+牧户""公司+合作社+牧户"等方式，采取订单收购、股份合作、吸纳就业等多种形式，与牧户签订了 60 万只肉羊采购订单，解决了牧民牲畜出栏出售问题。[2]

为增强肉羊企业市场竞争力，东乌珠穆沁旗沁牧食品有限公司、东乌珠穆沁旗吉祥草原食品有限公司等 6 家屠宰企业纳入 2023 年农牧业助保贷项目扶持企业。目前，东乌珠穆沁旗沁牧食品有限公司、东乌珠穆沁旗吉祥草

---

[1]　《东乌珠穆沁旗"产、销、研"一体化发展推动肉羊产业提质增效》，https://www.dwq.gov.cn/dwq/ywdt/qnxw/9a419e7c284e4c4b859da0ab206f05b4/index.html，2022 年 7 月 22 日。

[2]　《东乌珠穆沁旗多措并举助力锡林郭勒区域公用品牌建设》，https://www.dwq.gov.cn/dwq/ywdt/qnxw/20231205510441111276/index.html，2023 年 12 月 5 日。

原食品有限公司两家企业已通过盟级审核，同意办理"助保贷"流动资金贷款业务，贷款额度共计3700万元。[①]

从严把控检验检疫关，全过程参与羊源订购、组织运输、联络加工等环节，形成县（市、区、旗）、苏木乡镇（场）、嘎查村三级"横向到边，纵向到底"的监管机制。与屠宰企业签订《屠宰企业畜产品质量安全、安全生产责任书》，成立动物防疫条件和定点屠宰证验收专家组。同时，聘请第三方机构对屠宰企业的主体责任、安全生产落实情况等方面进行全面检查。在9个苏木镇设立产地检疫报检点9处、镇区内集中检疫报检点1处。旗农牧业综合行政执法大队对全旗10家屠宰加工企业派出6名监管执法人员，在企业运转期间开展日常巡查及督促整改工作，依法处理群众举报和监督检查中发现的违法行为。2023年以来，第三方专业机构对企业开展检查3次，旗农科部门对屠宰企业条件审核检查6次，10家屠宰加工企业均已通过《动物防疫条件审核办法》和安全生产复检。截至2023年9月，共屠宰加工乌珠穆沁羊95.15万只，出厂检疫合格动物产品1.12万吨。[②]

东乌珠穆沁旗建成全区首家旗级分子生物学实验室（PCR），农畜产品质量安全检测实验室通过自治区"双认证"现场评审，可对畜产品兽药残留、饲料、生鲜乳的30余种参数进行检测。截至2023年8月，全旗共屠宰29.758只羊，均未发现问题，持续巩固了自治区级农畜产品质量安全示范县荣誉称号。确保了全旗屠宰加工企业安全生产及畜产品质量安全。

（三）年度加工率及产品种类

东乌珠穆沁旗肉羊通过不断的技术创新和市场拓展，羊肉生产已经实现了从传统的初加工到现代精深加工的转变，推动皮、毛、骨、血、脏器等牲畜副产品精深加工，研发羊云皮、羊净肚等副产品10余种，2021年线上线

---

① 《东乌珠穆沁旗多措并举做强肉羊产业链》，https：//www.dwq.gov.cn/dwq/ywdt/qnxw/20230919144420856821/index.html，2023年9月19日。

② 《东乌珠穆沁旗多措并举做强肉羊产业链》，https：//www.dwq.gov.cn/dwq/ywdt/qnxw/20230919144420856821/index.html，2023年9月19日。

下销售额达到 8.03 亿元。此外，还推出了羊奶酪、羊乳酪、羊乳酪棒、羊排酱等产品，以牛羊为主的牲畜副产品综合利用率近 85%，极大地提升了产品的附加值，丰富了产品种类，并且得到了消费者的广泛认可，实现了产业的升级和市场的拓展。

（四）销售去向

东乌珠穆沁旗羊肉以其肉质鲜美、无膻味、低脂肪和高蛋白的特点，在国内市场享有较高的声誉，产品销往全国 28 个省份和地区。然而，受多种因素影响，东乌珠穆沁旗的羊肉仍是以满足本地市场需求为主，外地市场为辅。当地政府组织举办乌羊节、乌珠穆沁美食节，建成 500 平方米的"乌珠穆沁羊展厅"，指导企业主动发展"互联网+服务"模式，不断拓宽网上销售渠道，形成线上线下相结合的销售模式，使得乌珠穆沁羊品牌的知名度稳步提升。

三 肉羊产业发展面临的问题

（一）往年实施的"减羊增牛"政策对肉羊产业造成了一定的影响

为加快畜牧业转型升级，推进优质肉牛良种扩繁、舍饲圈养、育肥加工，聚焦开展浑善达克沙地歼灭战，抓好解决草原过牧问题试点等工作，锡林郭勒盟出台了《锡林郭勒盟优质良种肉牛发展扶持办法（试行）》、《锡林郭勒盟促进肉牛精深加工产业链发展若干政策措施（暂行）》和《锡林郭勒盟促进浑善达克沙地及半农半牧区发展肉牛规模化舍饲养殖若干政策措施（暂行）》。这些政策的出台，加快了优质肉牛良种扩繁，激发了牧民饲养肉牛的积极性，肉羊饲养数量呈现下降趋势。

（二）乌珠穆沁羊品牌影响力和知名度有待提高

品牌建设是一个系统工程，它包括了品牌定位、品牌传播、品牌形象建

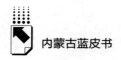

设等多个方面。东乌珠穆沁旗肉羊品牌化进程虽然取得了不错的成果，但也面临着一些挑战，在品牌推广和市场拓展方面存在明显的劣势。由于缺乏现代化的营销手段和品牌传播策略，东乌珠穆沁旗的羊肉在国内外市场的知名度和影响力相对有限，市场覆盖率没有得到快速延伸，品牌效应还没有真正发挥出来。羊肉品牌影响力往往受该地区品牌建设影响较大，东乌珠穆沁旗在北疆文化建设中对本地文化的品牌挖掘、品牌打造、讲好品牌故事都需要进一步加强。政府和企业、牧户在品牌建设中沟通与合作不足，缺少标识醒目、特色鲜明、文化味浓的形象展示。由于一些养殖户知识产权保护意识淡薄，也为品牌的长远发展带来了潜在风险。

（三）新质生产力在肉羊产业高质量发展中的动力不足

乌珠穆沁旗羊在保种繁育和提纯复壮力度方面取得了很大进步，基本解决了良种"有没有"和"够不够"的问题，但与国际先进水平相比还有很大差距，以育种技术为主导，实现畜牧业提质增效和节粮减损的新质生产力还没有真正形成。屠宰企业的数量和屠宰能力都有所提升，但肉羊深加工企业发展相对滞后，在一定程度上限制了羊肉产业链的延伸和价值的增加。新型经营主体利益联结机制不完善，绿色环保意识不足，构建现代化生产经营体系积极性不够高，承担风险能力不足，产品质量难以统一实现高标准，延缓了全产业链条新质生产力的形成。

（四）专精新技术人才队伍短缺

肉羊养殖作为产业发展的重要环节，养殖技术主要依赖传统的放牧模式，在生产效率、成本控制以及产品质量等方面存在较大差异，羊肉品质和产量也受到自然环境和饲养管理等多重因素的影响，影响产品质量和经济效益的稳定性。受社会就业环境和工作条件的影响，目前接受过专业畜牧教育、精通养殖技术、具有创业创新精神的年轻人，大多没有到牧区工作的意愿，牧区工作人员仍以传统牧区居民为主，由于缺少系统的技术培训和指导，许多养殖户在养殖技术的应用和改进上受到制约，特别是个体养殖户仍以传统饲养方式为主。

在全球性突发事件影响下，饲料原料价格会出现剧烈波动，从而增加了养殖户的经营风险。饲料成本的上升直接增加了肉羊的生产成本，压缩了养殖户的利润空间，甚至影响其持续养殖的积极性。由于肉羊养殖的劳动强度大、工作环境相对较差，养殖户在招聘劳动力时也面临着较大的压力。

四 肉羊产业高质量发展的对策建议

（一）加大政府扶持力度

在加快畜牧业转型升级的过程中，政府和相关部门应充分考虑东乌珠穆沁旗在建设国家重要农畜产品生产基地上的地位和作用，把肉羊养殖、加工、营销作为产业高质量发展的重要事项，在解决草原过牧问题试点工作中，要参照优质肉牛扶持政策，抓紧出台对乌珠穆沁旗肉羊产业发展、精深加工、品牌塑造、优良育种扩繁和规模化舍饲养殖等全产业链扶持办法，加大激励力度，激发新型经营主体、养殖户推进优质肉羊良种扩繁、舍饲圈养、育肥加工的积极性。

（二）加大专业技术人才培养和合作

地方政府要把畜牧专业技术人才队伍建设列入当前一段时期和"十五五"规划的重要内容，由农畜牧主管部门加大对畜牧专业技术人才的升级与培训力度，依托内蒙古大学、内蒙古农业大学、内蒙古农牧业科学院及本地院校的资源，分批次、分类别组织开展专业的技术培训课程，提高新型经营主体和养殖户的技术水平和管理能力，开展职业技能鉴定，提升牧民的荣誉感、自豪感。

（三）加大品牌打造和宣传

地方政府要加强与企业、新型养殖主体和养殖户的合作，提供必要的支

持和服务,吸引相关人员积极参与品牌建设,授权优质生产经营主体优先使用国家地理标志商标、乌珠穆沁羊国家生态原产地品牌等内容。要充分发挥旗融媒体的作用,加强品牌形象设计和宣传,以大家喜闻乐见的方式讲好乌珠穆沁旗羊的故事,讲好乌珠穆沁旗草原的故事,讲好牧民幸福生活的故事,讲好北疆文化中各民族交流交融的动人故事,讲好"三千孤儿入内蒙"在东乌珠穆沁旗的故事,增强品牌的情感链接和文化附加值,以文化的力量增强人们对品牌的形象认知。同时要加强与区内外融媒体的合作联动,在节假日、展销会举办羊肉节、品鉴会、烹饪大赛等丰富多彩的活动,邀请美食博主、网红进行打卡和直播,吸引公众注意力,增加消费者认知度,不断提升传播力和影响力,真正走入大众视野和全民视野。

(四)有效应对供需平衡的矛盾

随着"乌珠穆沁旗羊"品牌的打造与宣传,未来市场对乌珠穆沁旗羊的需求将呈现稳步上升的态势,现有养殖方式和规模肯定无法满足市场的需求,各类经营主体也会逐步提高产量,给草原生态环境保护带来巨大压力。政府应建立市场预警调节机制,提供行业指导,积极引导大家树立以品质向未来、以质量创效益的理念,主动引入自动化喂养系统、智能化管理平台等先进的养殖技术和管理理念,引进和开发适合当地实际情况的养殖技术,实现从散养到规模化养殖、集约化养殖的蜕变。要做好现有饲草料储备基础设施建设,建设适度规模的饲草料加工储备输出基地,着力补齐饲草产业发展短板。要指导经营主体购买商业保险,有效应对突发公共事件或天灾带来的损失等。

(五)扩大招商引资和销售力度

要加大绿色农畜产品现代化养殖、精深加工等重点领域招商引资力度,积极参加北京、杭州、上海等一线城市举办的"丝博会""西博会""博博会"等食品展览会、农业博览会招商展销活动,积极打入京津沪广深等城市,以绿色、优质进军高端市场,实现价值提升。政企合作探索建立更广阔的销售网络，加强与外地大型超市、餐饮集团、食品加工企业等的合作，建立线上电商平台，通过直接或间接的方式进入市场，增强消费者的购买体验，提高客户忠诚度的同时迅速占领市场。建立一套完善的营销体系和售后服务体系，加强与冷链物流、跨区域市场合作，建立客户数据库，进行市场调研、制定营销策略、提供优质的客户服务等，根据消费者偏好、消费能力、消费趋势等，开发适合不同消费层次的羊肉产品、深加工产品、即食产品，如高端的有机羊肉、中端的常规羊肉以及面向大众的经济型羊肉产品，以覆盖更广泛的市场。

B.14
敖汉旗小米生产发展调查报告

张 倩[*]

摘 要： 敖汉旱作农业系统于 2012 年被联合国粮农组织批准为全球重要农业文化遗产，10 多年来，敖汉旗积极探索敖汉旱作农业系统保护与发展的方式、方法及路径，坚持"在挖掘中保护，在利用中传承"，取得了显著成效和值得推广的经验。本报告重点从重视挖掘本土品种、完善文化遗产保障体系、推进农业品牌建设、实施种业振兴、推广科学绿色种植、发展农产品加工业等方面总结敖汉旗小米产业典型做法，提出加强新品种选育、强化品牌保护力度、提升加工工艺、扩大农业保险试点覆盖面等措施，以进一步筑牢粮食安全底线，培育壮大特色产业，全面推进乡村振兴。

关键词： 小米 农业文化遗产 品牌建设 敖汉旗

我国小米种植区域主要分布在东北、西北、华北地区的干旱半干旱和老少边贫地区，小米是当地的主要口粮和经济来源，小米产业发展对当地的乡村振兴具有重要的现实意义。尤其是在旱情持续发展、全球粮食危机、水资源短缺等问题凸显的背景下，小米抗旱及营养价值高等属性越发受到民众青睐。敖汉旗地处努鲁尔虎山北麓、科尔沁沙地南缘，北纬 41°42′~43°01′，东经 119°32′~120°54′，是极其适宜粟黍生长的黄金纬度。近年来，敖汉旗小米种植面积总体稳定，农业规模化经营、机械化生产水平不断提升，加工转化率和农产品市场占有率逐步增长，产业总体发展较快，传统产业逐渐成

---

* 张倩，内蒙古自治区社会科学院经济研究所助理研究员，研究方向为产业经济学。

长为优势产业。敖汉旗小米生产发展方式既保护传承了农业文化遗产，又充分利用农业文化遗产的影响力提高了农产品价值，这既符合当前国家粮食安全、食品安全的需要，也满足了人民日益增长的生活需要。

一 敖汉旗小米产业的典型做法

从 2013 年起，敖汉旗充分利用农业文化遗产的世界影响力，以搜集传统品种为切入点，以旱作系统优势作物谷子为突破点，打造"敖汉小米"区域公用品牌，并把小米产业作为敖汉旗主导产业大力发展，成效显著。

（一）重视挖掘本土品种

种质资源是农业领域重要的基础资源，对于农业发展和食品安全具有重要作用。敖汉旗是我国古代旱作农业的起源地，其本土种质资源较为丰富，是一笔宝贵的财富。当下，旱区农作物种质资源处于濒危状态，亟待挽救。敖汉旗重视收集、整理农家传统品种种质资源，通过逐村推进的方式，共搜集到谷子、高粱、杂豆等传统品种共计 218 个，其中，谷子 92 个，[①] 对每个品种都单独装袋，分别建卡，卡内信息包括种子农家俗名、生长性状、抗病抗逆性等信息，以便更好地利用这些资源进行育种和保育工作。

（二）完善文化遗产保障体系

农业文化遗产能够体现生物的多样性、人与自然的和谐性以及农耕文明的悠久性，但由于受到外部环境的变化以及工业文明的冲击，农业文化遗产需受到重视和保护。敖汉旗人民政府积极推进农业文化遗产的保护与传承，制定了《敖汉小米国家地理标志产品管理规范》和《敖汉旱作农业系统保护与发展规划（2013-2020）》，为敖汉小米的保护管理提供依据。建立农

---

① 《敖汉小米十年磨一"粟"》，https：//m. gmw. cn/baijia/2022-10/27/36119389. html，2022年 10 月 27 日。

业文化遗产品种保护基地，对本地品种和新引进的品种进行试验种植。基地采用数字化、智能化管理系统，实现实时田间动态监测，确保试验数据的准确性，已挽救杂粮种子 31 个。此外，成立了敖汉旗农业遗产保护中心，建立了全国首家旗县级旱作农业种质资源基因库，建成了史前文化博物馆、旱作农业主题公园，持续提高保护水平。组建了小米院士工作站、博士工作站等机构，为种质资源的保护和利用提供技术支持。

（三）推进农业品牌建设

品牌是农业产业化、市场化、现代化的重要标志。发展品牌农业，能够提升农产品的质量水平和市场竞争力，满足消费升级的需求，也能够推动农牧业转型升级，实现农业增效、农民增收。敖汉旗立足本源，发挥区域优势，创建并发展区域公用品牌。2012 年，敖汉旗旱作农业系统被联合国粮农组织列为全球重要农业文化遗产。2013 年，敖汉旗把"农业文化遗产保护与发展"写入中共敖汉旗委报告和政府工作报告，并提出大力实施"名牌战略"。10 年来，敖汉旗委、旗政府充分利用全球重要农业文化遗产影响力，把敖汉小米培育成全国知名区域公用品牌。敖汉旗从传统农家品种中，选择黄金苗、红谷等品种，作为敖汉小米品牌的核心品种，创造了品种与品牌一起推广的"双推"模式，以品牌推广促品种推广，用农业文化遗产影响力推广敖汉小米品牌。敖汉小米原粮谷子种植基地 100 万亩，其中包括绿色基地、富硒基地和有机基地，年产量达 6 亿斤，[①] 培育品种敖谷 8000 和金苗 K1，打造了"八千粟""孟克河""兴隆沟"等绿色有机小米品牌。"敖汉金苗"谷子品种被评为"国家优质二级米"。"敖汉小米"先后被批准实施地理标志产品保护，获批国家地理标志证明商标，入选全国名特优新农产品名录、《全国地域特色农产品普查备案名录》、首批全国"一县一品"品牌农产品、全国首批 160 件地理标志运用促进重点联系指导名录、全国

---

① 《敖汉小米十年磨一"粟"》，https://m.gmw.cn/baijia/2022-10-27/36119389.html，2022年 10 月 27 日。

"农遗良品"优选计划十佳品牌，入选中国农业品牌目录 2019 农产品区域公用品牌和 2023 年农业品牌精品培育计划。

（四）实施种业振兴

种子是支持产业发展的核心，加强良种研发与培育是建设现代农业、维护粮食安全的重要途径。敖汉旗签署了长期战略合作协议，与中国农业大学、中国农业科学院、赤峰市农牧业科学院等科研院所联合开展技术攻关，增强种业自主创新能力。强化种业基地建设，完善基地设施条件和经营管理制度，培育适合敖汉旗气候条件和栽培水平的敖汉自主品牌谷子品种，建立谷子品种安全保障体系，依托数字技术实施种业可追溯管理，净化种业市场，助力农业绿色发展。

最初选择本土优良品种黄金苗作为敖汉小米主导培育品种，对老品种进行提纯扶壮，采用南繁加代与扩繁技术育成新品种，通过对比试验，选定敖汉小米品牌核心品种并加以推广。2019 年，金苗 K1 横空问世，相比传统品种黄金苗，颜色更好、口感更佳，2022 年，敖谷 8000 研发成功，在黄金苗品质更优的基础上，抗倒伏是该品种最大优点，从黄金苗到金苗 K1 再到敖谷 8000，都在保护与传承敖汉小米最优秀的种子基因。此外，太空品种也进入试验示范阶段。

（五）推广科学绿色种植

与传统的农业种植技术相比，绿色农业种植技术能够最大限度地减少对环境的污染和破坏，也更符合食品安全标准，可以更好地帮助农户提高经济收入。良好的生态环境和特定的地域条件是敖汉小米的优势所在。敖汉旗山坡地、沙地居多，是典型的旱作农业区，日照丰富，土壤中有丰富的硼、铜、硒等微量元素，为谷物生长提供了优质条件，因此当地主要种植以粟和黍为代表的杂粮作物。在良好的自然条件基础上，敖汉旗科学制定旱作农业系统总体规划，扎实推进农业供给侧结构性改革，调整优化种植结构，大力实施"两压缩、两增加"战略。自 2014 年以来，敖汉旗每年压缩玉米、高

粱20万亩，^①稳定扩大谷子种植面积，因地制宜发展特色产业，使种植业提档升级，基本形成了规模化种植、有机化生产的产业格局。

在小米种植过程中，严格采取有机农业和绿色农业的种植标准，应用有机肥替代化肥，采用生物技术防治病虫害，有效减少了化肥和农药的污染，再现了谷子的天然特性，增加了绿色优质农产品供给。推广使用标准地膜，提高废旧地膜回收利用率，改善产地土壤环境质量。提高机械化水平，推广谷子轻简化栽培、精量穴播等旱作种植技术，推行机械化收割。目前，敖汉旗谷子轻简化栽培技术应用达到85%以上，^②种植面积由原来的40万亩增加到现在的100万亩以上，为小米产业发展奠定了坚实的基础。

（六）发展农产品加工业

发展农产品加工业，可以促进农产品区域布局和优势农产品生产基地的建设，延长农业产业链条，提高农产品的综合利用、转化增值水平。敖汉旗始终坚持"优品种、强基地、扩市场、延链条"的总体思路，将小米作为主导产业持续发力。建设敖汉现代小米产业园，开发"原生态米""四色米""月子米""富硒米"等特色产品，研发小米酒、小米油、小米肽、神经酸小米粉等高附加值产品。每年安排3000万元产业基金进行强力推进，先后争取到产业强镇、产业园、好粮油、产业融合等项目，助推小米产业快速发展。

配套建设产供销服务体系，减少传统流通渠道的中间环节，缩短供应链、降低销售成本。实施小米产业标准化生产及仓储项目，加强小米集散地批发市场建设，提升农民对农产品定价的话语权，保障消费者食品供给和食品安全。加强敖汉旗农耕小米产业发展集团与京东、阿里等大型电商平台合作，打造智慧农业平台、电商直播平台、清结算平台，应用大数据等技术推

---

① 《做大做强做优小米产业　助力全面推进乡村振兴》，http：//fpb.chifeng.gov.cn/qxdt/2023
08/t20230809_2098393.html，2023年8月9日。

② 《单产提升工作典型水浇地模式⑫——敖汉旗谷子"轻简化栽培"高产模式》，https：//
nmt.nmg.gov.cn/zzb/nmdt/202309/t20230911_2376369.html，2023年9月11日。

动小米产业创新发展。在线下销售方面，在北京、大连、沈阳、上海多地设立直销处。通过京蒙帮扶项目，与北京市海淀区商超达成购销合作意向。销售市场扩大到华南、华中区域，并直供山姆、大润发等高端市场。在线上销售方面，建设旗级电子商务产业园、村级电商服务站，实现了物流配送网络乡村全覆盖。并在阿里平台开设敖汉小米官方旗舰店，在京东平台开设旱作农业文化遗产地敖汉馆，打开了线上销售渠道。

二　敖汉旗小米产业的成效

小米产业成为敖汉旗乡村振兴主导产业，全旗谷子种植面积稳定在 100 万亩，培育国家级龙头企业 1 个，自治区级龙头企业 12 个，① 国家级示范社 5 家，自治区级示范社 20 家，自治区级示范农场 8 家。相比 2012 年，实现种植面积、产品价格双翻番。通过流转土地等多种方式，实现了规模化生产，500 亩以上种植大户有 140 余户，谷子标准化生产面积达 65 万亩。农产品附加值不断提高，敖汉旗小米产业园仓储能力为 20 万吨，产值为 20 亿元，小米就地加工转化率达 86%。② 销售渠道多元化，年外销以谷子为主的杂粮产品 6 亿斤左右，农民增收 8 亿元以上。③ 敖汉小米经优良品种选育、有机化生产呈现丰富的营养和药用价值，经专家鉴定，敖汉小米和其他小米相比蛋白质、维生素 B、铁锌微量元素等含量更高，具有健脾胃、补血等功效，能够改善高血压、高血糖、高血脂等症状。小米产业带动了当地养殖业和电商产业发展。敖汉旗围绕小米的起源与发展，在旅游层面充分挖掘农业文化遗产的价值，为产业兴旺、乡村振兴奠定良好基础。

敖汉旗充分保护与利用农业文化遗产，培育全国知名区域公用品牌，发

①　《敖汉旗 4 家企业认定为自治区农牧业产业化重点龙头企业》，http：//nmj. chifeng. gov. cn/zwxx/sndt/qxdt/202303/t20230317_1984367. html，2023 年 3 月 17 日。

②　《敖汉旗：主导产业提质增效，产业根基"再"夯实》，http：//www. chifeng. gov. cn/ywdt/qxdt/ahdt/202301/t20230113_1942379. html，2023 年 1 月 13 日。

③　《敖汉小米十年磨一"粟"》，https：//m. gmw. cn/baijia/2022-10/27/36119389. html，2022 年 10 月 27 日。

展壮大小米产业，成为内蒙古及中国北方地区农业文化遗产保护的先行者。敖汉小米品牌是农业文化遗产保护与利用成功典型案例，保护与发展实践通过英汉双语向全球发行，以敖汉小米为代表的旱作农业减贫模式，入选全球减贫最佳案例，为促进国际同类地区探索遗产利用模式、维系全球粮食安全，以及实现和维持一个零饥饿的世界贡献了中国智慧和敖汉方案。

三　敖汉旗小米产业的启示与经验

（一）发挥党建引领作用

加快助推基层产业发展的关键在于党的领导，只有充分发挥党建引领作用，推动党建与产业融合共促，才能把党组织的政治优势转化为引领基层产业发展的经济优势。敖汉旗政府把农业文化遗产保护与利用工作写入全委会报告和政府工作报告，作为一项重点工作专项推进。以党建引领嘎查村集体经济发展，成立旗发展壮大嘎查村集体经济领导小组，并定期召开联席会议，实施包联制度，制定出台《敖汉旗发展壮大嘎查村集体经济实施方案》《敖汉旗嘎查村集体经济资金资产资源管理暂行办法》等文件，着力推进集体经济规范有序发展。联合旗、乡、村、非公有制经济组织、社会组织5个层面的党组织成立旗级产业发展党建联合体，为小米产业提供协调引导、土地流转、资金支持、项目支撑等服务。此外，借助"京蒙帮扶"契机，与北京市海淀区开展党建联建共建活动，打破行政区划和行业壁垒，凝聚发展合力。

（二）组建农业产业化联合体

农业产业化联合体是促进乡村振兴的重要途径，能够实现规模经营，推动农业产业化进程，促进一二三产业融合发展。农业产业化龙头企业与农民专业合作社、家庭农场等新型农业经营主体通过购销型利益联结机制，成立一体化农业经营组织联盟。不同主体在联盟中发挥自身优势，将农产品市场供给和需求紧密结合在一起，一方面，龙头企业发挥渠道优势和品牌农业的影响力，帮助农村合作社对接市场，另一方面，通过利益共享机制提升农户种植的积极性和主动性。敖汉旗培育引进了一批龙头企业，以龙头企业带动小米产业集聚发展，推动全产业链发展。成立小米示范合作社，支持龙头企业和合作社等组建产业化联合体，形成"企业+合作社+农户+基地"的发展模式，以订单农业的方式，辐射带动全乡种植户走规模化种植、加工增值和现代循环链条发展之路。

（三）坚持以人民为中心的发展思想

发展现代特色农业，必须贯彻以人民为中心的发展思想，突出农民主体地位，把保障农民利益放在第一位。推动订单农业发展，帮助农户和市场对接，提升农户种植积极性。合作社同敖汉旗及周边的农户签订生产合同，种植户按照合作社种植技术要求种植黄金谷、大红谷、食用胶质玉米等特色有机杂粮，合作社以高于市场 0.2~0.5 元/斤价格回收小米，并且按时交付收购款，与农户建立了良好诚信的合作关系。对部分没有劳动能力的脱贫户、监测对象和外出打工的人口，敖汉旗鼓励其将土地承包给其他农户，增加其财产净收入。对一部分有增收发展项目、贷款意愿的脱贫户，则应贷尽贷落实脱贫人口信贷政策，支持其发展产业，增加经营净收入。同时，建立产业指导员制度，将脱贫户与监测户精准嵌入小米产业各个环节。

（四）推动农业、文化和旅游产业融合发展

通过利用农业景观资源，打造特色农业品牌，挖掘文化资源，发展乡村旅游方式，推进农业、文化和旅游有机融合，不断提高产业的附加值和竞争力，进而增加农民收入，扩大居民消费需求，推动城乡一体化发展。敖汉旗以"史前文化研学游"为目标定位，深入挖掘历史文化内涵，打造以绿色谷子为种植主体的"五彩梯田"，完善旱作农业主题公园、敖汉小米博物馆、御延堂小米研学院，打造集文化体验、休闲观光、研学教育为一体的特色旅游项目。推动乡村旅游提质升级，建设小米饭农家院、小米宴主题餐

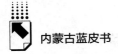

厅，打造金沟农业小米田园综合体、敖谷香田园综合体，以小米产业为主导的现代农业和乡村旅游充分融合，以农促旅，以旅强农，在此基础上发展展览、采摘、教育科普等文化休闲产业，以农业文化旅游促进区域经济发展。

（五）加强农业文化遗产的文化传承

农业文化遗产除了具有传统的生产与生态功能外，还承载着悠久的农耕文化。农耕文化是中华传统文化的根基，对农耕文化的发掘和整理有助于梳理历史脉络，保护传统技艺，传承乡村文化基因，提升文化自觉和文化自信。2003年，有学者在兴隆沟遗址发现了碳化粟和黍的籽粒，这些籽粒经鉴定距今已有8000年历史，是最早人工栽植形态的谷物。这表明敖汉旗是全球旱作农业起源地之一。在数千年的农业耕作实践中，敖汉人民逐步创造了具有地方特色的旱作农业文化，如庙会、撒灯、祈雨、祭星、跑黄河等，并不断延续传承。近年来，敖汉旗政府广泛开展了"农耕记忆口述史"发掘整理活动，将当地的农耕生产方式、生活习俗以文字、音像形式记录保存。并于2014年起，连续承办十届世界小米起源与发展会议，围绕敖汉农耕文化与产业创新融合等话题进行交流研讨，让中华优秀农耕文化在新时代焕发新生机。同时，通过打造小米品牌为农业文化遗产保护与利用提供思路，敖汉小米成为农业文化遗产保护的示范样板，其经验做法值得其他地区借鉴推广。①

（六）创新农业保险支持三农发展

农业保险能够保障农民收入水平及实现精准扶贫，促进农业可持续健康发展，保障国家粮食安全。支持中原农险开展政策性谷子保险试点项目，为敖汉旗谷子种植户提供风险保障。保费由市县两级财政补贴80%，剩余部分农户自行缴纳。每年参保农户达1万余户，风险保障覆盖率约为谷子总种

---

① 《敖汉小米十年磨一"粟"》，https://m.gmw.cn/baijia/2022-10/27/36119389.html，2022年10月27日。

植面积的 60%。主要保障因自然灾害、意外事故、病虫害等风险造成的产业经济损失，在减轻农户保费负担的同时，减少农户收入波动，提高风险应对能力和种植积极性。创新"政策性农业保险+信贷"合作新模式。引导银行和保险机构深度合作，设立谷子保险+贷款的"保险金融增信"试点，以政策性农业保险保单作为增信条件，提高银行对客户风险的甄别水平，鼓励银行为涉农小微企业及个体农户发放保险保单抵押贷款，增加农业领域信贷投放力度。

四　敖汉旗小米产业高质量发展的对策建议

目前，敖汉旗小米产业发展依旧存在种子品种更新换代慢、产品精深加工不足、保险保障有待提高、品牌建设有待优化等困难和问题。为此，要实现小米产业高质量发展，应按照"扩面增量、提质增效"的目标要求，进一步加强品种选育，强化品牌保护，扩大保险试点覆盖面。

（一）加强新品种的选育

随着物质生活的不断富足，人们对农产品的需求也在不断提高。通过选育高附加值、品质优良的品种，可以满足人们对高品质农产品的需求。另外，通过选育新的品种，可以提高农作物的产量和品质，提高农作物的抗逆性，推动农业结构调整和农业产业升级。科研单位要提升科技育种创新能力，将更多精力投入基础理论和育种技术的研究，尤其是对一些丰产性能严重下降、混杂、退化的品种进行淘汰，尽快选育产量高、抗性强、适口性好的谷子新品种，以满足不同的食品加工类型和市场要求。同时，要培育推广中矮秆、抗除草剂的谷子新品种，以提高谷子种植、植保、收获等重要环节机械化水平，从而减轻农户的劳动强度，提高生产效率。另外，一些营养价值丰富的富硒品种、高蛋白品种以及饲草品种的培育也为谷子产业多元化发展提供助力。

（二）强化品牌保护力度

品牌声誉与市场销量直接取决于商品的口碑，而商品的口碑又取决于商品质量，敖汉旗要在小米地理标志保护的基础上，进一步强化行业管理和品牌保护，完善并严格执行地方标准，通过打造数字化智能管理平台监督引导小米产业规范有序发展。首先，要加强种子质量管理，确保种子纯度和质量，才能从根源上保障产品质量。加强农机农艺配套发展。继续完善精量播种机等农机的性能，提高作业效率、精度和质量。此外，为小米种植农户提供广泛及时的技术指导。政府部门开通绿色通道，支持社会力量成立小米专业合作社，将农业技术服务送到田间地头。

（三）提升加工工艺，延长产业链

当前敖汉旗小米有六成用于直接销售或者初加工后销售，产品附加价值有待进一步开发。需研发模拟石磨工艺的机械化加工工艺，一方面低温低速能够减轻对于小米外层的破坏程度，能够最大程度保留小米的营养价值和原始味道；另一方面可以实现加工技术的现代化革新，提高小米初级加工效率和加工质量。在小米初级加工的基础上，充分挖掘市场需求，创新应用现代科技，延长小米产业链，增加初级加工的附加值。如研发小米预制菜，建设小米预制菜加工厂，搭建智慧供应链数字平台，开发农业多种功能和多元价值。

（四）扩大农业保险试点覆盖面

在覆盖农业生产直接物化成本的基础上，结合生产成本实际变动和农业产业结构调整情况，建立保障水平动态调整机制，扩大农业大灾保险试点，逐步提高保障水平。同时，进一步加大地方财政对农业保险的支持力度，调动投保积极性，提高农民风险防范化解能力，推动农业保险由"保成本"向"保价格、保收入"转变。同时，强化农业保险与信贷、担保等金融工具的创新模式探索，不断满足农民多样化的保险需要，提高保险的普惠性。

在扶持家庭农场促进农业适度规模化发展的同时，探索与传统小农经营特点相适应的农业保险模式，分散传统经营的高成本风险。

参考文献

高云芳：《"山西小米"品牌创建经验探讨》，《南方农业》2023 年第 11 期。

李建欣：《农业保险做加法 小米产业稳步跑》，《中国农村金融》2023 年第 15 期。

李龙、李俊献、曲婷等：《乡村振兴背景下安阳市谷子产业发展面临的问题和对策》，《农业科技通讯》2022 年第 9 期。

刘宏艳、周宏辉、迟琳等：《敖汉小米产业园建设现状与发展对策》，《现代农业》2022 年第 6 期。

刘猛、李欣诺、赵文庆等：《"河北小米"三级品牌体系建设路径研究》，《农业展望》2023 年第 3 期。

王亚茹：《乡村振兴背景下山西小米产业发展现状及问题》，《山西农经》2023 年第 1 期。

王志刚：《产业链金融服务 助小米产业链扩量提质》，《中国农村金融》2023 年第 15 期。

B.15
扎赉特旗水稻生产发展调查报告*

来 春　王满都拉**

摘　要：　扎赉特旗不但是兴安盟粳稻种植第一旗也是内蒙古自治区的粳稻产量大旗，被誉为"塞外粮仓""绿色净土""金稻之乡"。扎赉特旗在大兴安岭南麓地区，是松嫩平原的过渡带，具有丰富的黑土地和水资源及水稻生长的气候，为水稻产业发展孕育了良好生态环境。近年来，扎赉特旗粳稻生产发展取得较大成就，但是也面临着不少困难和问题。无论在种植生产端、加工端，还是在品牌打造和销售端都有不少困难和挑战，例如，粳稻生产基础设施投入不足、土地租赁价格较高、玉米对粳稻的基础效应突出、稻强米弱、企业资金短缺等。因此，在科学分析粳稻生产困难的基础上提出加大生产支持力度、发挥名特优口粮品牌优势、拓宽销售渠道、建立健全财政和金融协同支农机制等对策措施，确保粳稻生产稳定运行，夯实口粮供给。

关键词：　粳稻生产　水稻产业　扎赉特旗

扎赉特旗位于黑龙江、吉林、内蒙古三省区交界处，被誉为"塞外粮仓""绿色净土""金稻之乡"，是全国粮食生产先进旗，建成了全国面积最大的国家现代农业产业园，先后被评为第一批国家现代农业示范区、第一批国家农业科技创新与集成示范基地、国家农村一二三产业融合发展试点旗（县）、全国绿色食品原料标准化生产基地、国家级食品安全示范旗（县），

---

* 注：本报告数据均来源于扎赉特旗农牧和科技局。
** 来春，兴安职业技术学院党政办公室副主任，研究方向为农牧业；王满都拉，乌兰浩特市文化遗产保护中心副主任，研究方向为文化产业。

是内蒙古自治区、兴安盟重要的水稻生产基地，水稻种植面积和产量均居内蒙古自治区首位。目前，水稻产业成为农民增收致富、实现产业振兴的优势支柱产业，随着"兴安盟大米"品牌不断叫响，市场竞争力逐步提升，"扎赉特味稻"也随之名声大振，已成为"兴安盟大米"中优质米、高端米的代表，成为示范带动扎赉特旗农业高质量发展的强劲引擎。

一　扎赉特旗生产粳稻的优势

（一）地理位置优越

扎赉特旗位于兴安盟东北边缘，大兴安岭东南山麓，嫩江右岸。扎赉特旗东西长约 210 公里，南北宽约 143 公里，面积 11837 平方公里。扎赉特旗地属大兴安岭向松嫩平原的过渡地带，多山地和丘陵，地势由西北向东南倾斜，地形依次为低山、丘陵和平原。扎赉特旗地处东经 122°28′~123°36′，北纬 46°17′~47°14′。扎赉特旗属温带大陆性季风气候区，春季少雨，干燥多风；夏季短暂炎热，降水集中；秋季降温快，日较差大；冬季漫长寒冷。四季温差悬殊，日照充足，年均气温 3.6℃，年降水量 491.8 毫米，无霜期 126 天。

（二）耕地资源和水资源富集

扎赉特旗现有耕地面积 575 万亩，并且都是黑土地，截至 2022 年末，累计建成高标准农田 209.89 万亩。扎赉特旗境内河流均属松花江流域，嫩江水系。境内有大小河流 74 条，总长 1209 公里，流域面积 21456 平方公里。河流多为降水型河流，均受降水影响，年内径流变化悬殊。主要河流是绰尔河、二龙涛河、罕达罕河。扎赉特旗独特的地域优势、优质的绰尔河水源、良好的生态环境、肥沃的黑土地，使扎赉特旗成为水稻种植的黄金产区，造就了"兴安盟大米·扎赉特味稻"的独特品质，是"国家农产品质量安全县"。

二 扎赉特旗的粳稻种植加工现状

（一）种植生产情况

根据《扎赉特旗 2023 年国民经济和社会发展统计公报》，2023 年，扎赉特旗粮食作物种植面积为 537.80 万亩，比上年增加 9.01 万亩，同比增长 1.7%；其中，水稻种植面积达到 69.0 万亩，占兴安盟水稻种植面积的 60.0%，其中，旱作水稻 10.0 万亩。粮食总产量为 237.1 万吨，比上年增加 1.8 万吨，同比增长 0.76%，其中，稻谷产量为 26.4 万吨，比上年增加 0.2 万吨，同比增长 0.76%，占粮食总产量的 11.1%，最高亩产达 761.5 公斤（中科发 5 号水稻），再次刷新内蒙古自治区水稻亩产新纪录；玉米产量为 200.3 万吨，比上年增加 1.5 万吨，同比增长 0.75%；大豆产量为 9.7 万吨，比上年增加 0.8 万吨，同比增长 8.99%；薯类产量为 97.4 吨，比上年减少 267.6 吨，同比下降 73.3%。其中，地理标志农产品"扎赉特大米"种植面积为 25 万亩，全国绿色食品原料标准化水稻生产基地面积为 18 万亩，有机大米品牌认证 5 个，种植面积 1.57 万亩，绿色食品大米品牌认证 13 个，种植面积为 17.5 万亩。

（二）推进生态生产模式

扎赉特旗积极探索水稻循环立体生态种养模式，即通过"水稻+"综合种养稻田模式，稻田里"长"出鱼、虾、蟹、鸭，实现了"一地多用、一举多得、一季多收"的现代农业发展新模式。在好力保镇先锋村蒙源水稻融合发展示范基地，可以近距离体验"我在扎赉特有一亩田"私人定制生态农业生产方式，以及稻鱼、稻鸭、稻蟹共养和农旅融合发展模式。合作社效益逐年攀升，以前水稻按斤卖，现在按亩卖，价格翻了 3 倍以上。目前，"我在扎赉特有一亩田"项目已累计被认领水稻 1.1 万亩，私人定制认领稻田让稻农实现从卖米向"卖地"转变。

（三）扎赉特旗的粳稻加工现状

扎赉特旗水稻旱稻累计产值达到 18.8 亿元，带动 1.8 万户，年加工能力达到 1 万吨以上的企业有 15 家，带动贫困户 1300 户，户均增收 3250 元。扎赉特旗已形成由绰勒银珠米业、魏佳米业、蒙源米业等多家水稻加工企业组成的产业集群。扎赉特旗获得兴安盟大米地理标识认证的盟级以上稻米加工龙头企业 12 家，成立 6 个水稻产业化联合体、1 个扎赉特旗大米行业协会。从事水稻种植 500 亩以上的合作社、家庭农场共 67 家，全旗具备满负荷年生产加工稻米能力 75 万吨。

三　新品种研发与种植技术推广现状

（一）品种研发

扎赉特旗在水稻种植方面不断引进新技术，如覆膜插秧技术，可降解纸膜的使用既环保又提升了稻米的品质。此外，无人机的使用在运送秧苗等方面提升了种植效率；依托产业园实验室和兴安粳稻科技研究所，根据扎赉特旗耕作条件和气候条件，开展水稻种子自主研发工程。目前，已成功繁育出今谷、兴育等系列水稻优质品种 9 个，正在报审品种 11 个，每年在内蒙古、吉林、黑龙江稻区推广种植面积达到 70 万亩，为全旗水稻产业高质量发展提供品种支撑。

（二）旱作水稻技术推广

扎赉特旗创造性地成功推广了旱作水稻技术，自 2016 年开始从新疆引进水稻旱作膜下滴灌水肥一体化种植技术，并取得成功试种。2019 年，种植规模达到 12 万亩，扎赉特旗打造了"寒地温稻"旱稻品牌，建成全国最大的旱作水稻种植基地，实现了节约用水、降低成本、增温提质三大功能优势，谱写了高效节水农业的新篇章，对全国未来水稻产业发展意义重大。

（三）推进数字化进程

扎赉特旗在国家现代农业产业园率先启动数字乡村战略，推动农业数字化转型。依托赵春江院士工作站，建设"物联网+"智慧农业科技服务中心，搭载9大平台系统，在10万亩智慧农场布置物联网感知设备45套，通过"智慧大脑"9大系统平台进行数据收集、整理、分析、决策，直接管控10万亩智慧农场。千余套终端设备实现智能管控，百余套农机装备实现精准作业，北斗卫星、无人机、车载和手持设备应用实现空天地一体化遥感，有力推动稻米产业由规模化、机械化向智能化、信息化转变。

四　粳稻品牌化建设情况

早在2014年10月11日，内蒙古自治区农产品地理标志专家评审组对扎赉特旗农业技术推广中心申报的"扎赉特大米"产品的外在感官特征进行了现场鉴评，米粒外观整齐、整精米率高、垩白度少、米质清亮、晶莹剔透，蒸煮米饭时可散发出浓郁的香味，米饭口感柔软，黏性适中，适口性好，米饭表面有油光，冷后不回生。目前，扎赉特旗的大米品牌已发展到15个，产品种类达80多种。保安沼、绰勒银珠、绰尔蒙珠、高一牌大米获自治区著名商标，多次在国际农交会上评为金奖。2016年经农业部批准，"扎赉特大米"地理标志原产地完成认定。目前扎赉特旗正在强力实施"兴安盟大米·扎赉特味稻"品牌战略。为大力推广"兴安盟大米·扎赉特味稻"品牌战略，扎赉特旗组建扎赉特大米产业协会，规范水稻产业发展，对接基地、企业，组织稻米加工企业参加各类商品展洽活动。由此，"保安沼""绰勒银珠""绰尔蒙珠"等品牌大米多次获得农博会金奖，蒙源、绰勒银珠、极北香稻等系列品牌享誉区内外，"兴安盟大米"被选定为"2020年第十四届全国冬运会指定用米"，提升了品牌影响力和市场竞争力。

五　销售情况

（一）运用现代网络平台销售大米

扎赉特旗为了扩大品牌影响力，与阿里巴巴、京东、苏宁易购、抖音等知名互联网企业合作开展线上销售，在北京、广州、上海、呼和浩特等10多个城市设立了大米直销店、专营店和体验店。目前，全旗水稻产业"三品一标"农产品认证18个、自治区级企业品牌2个，优质生态绿色米市场价格达到100元/斤。2023年，大米年销售量8.45万吨，销售收入达7.66亿元。可是，扎赉特旗大米外流也严重，原粮储备不足，外流严重，"兴安盟大米"区域公用品牌使用之前外流80%，使用之后外流50%（包括"扎赉特大米"），主要原因是五常提价收购，本土企业储备资金不足，不敢压粮。企业获得银行贷款难，企业缺乏资金，缺少担保公司、担保基金和好的金融产品，所以企业缺乏能力储存原粮。

（二）以农旅融合发展形势销售大米

扎赉特旗国家现代农业产业园是内蒙古第一家国家级现代农业产业园，这里分布着"养生度假"红卫村、"休闲观光"长发村、"两菊两稻"五道河子村、"农耕文化"永兴村、"稻渔稻鸭"先锋村、"定制认领"水田村等特色民俗村寨。以水稻和甜叶菊为主导的产业园呈现出"两区六园"的产业发展布局，休闲养生、观光采摘、农耕体验、定制认领、生态种养等现代农业发展新业态、新模式遍地开花，田园变成了公园，农区变成了景区。今年，扎赉特旗深化"稻花源"农旅休闲体验区建设，充分发挥休闲农业和乡村旅游带动力、辐射力，让八方来客倾心体会悠悠农耕情、味"稻"扎赉特的悠然意境，促进了当地农村一二三产业深度融合发展。

六　面临的问题

（一）粳稻生产中存在的问题

1. 基础设施投入不足

长期以来，扎赉特旗对农业基础设施投入不足，历史性欠账较多。例如，缺少灌溉条件，提高水资源使用效益的投入不足；中低产田比例较大，有待提高耕地有机质含量。这对粮食生产和农业产业升级造成一定制约。

2. 土地租赁成本较高

在合作社调研时发现，早年间合作社与农户签订流转承包合同时按照当时的土地租金为每亩 1000 元，当年粳稻价格相对较高，无论合作社还是农户都有利润，可是 2022 年以来粳稻价格持续下降，但合作社仍需按照合同价格支付给农户土地租金，因此目前合作社亏损运行。由此，土地租金的高低基本决定着种植粳稻的收益。

3. 目前粳稻的经济效益低于玉米，粳稻产业可持续发展面临挑战

当前农户种植一亩粳稻的成本要比种植一亩玉米高出近 250 元。据估算，只有粳稻销售价格比玉米高出 0.5 元/斤时，农户才有积极性持续种植粳稻，否则农户都会选择种植玉米，粳稻产业很难持续发展，对内蒙古的口粮供给和保障将会带来不利影响。

（二）粳稻加工方面存在的问题

1. 扎赉特旗粳稻是"稻强米弱"

当前扎赉特旗粳稻种植品种多、杂、乱，优质品种的推广无法形成规模。扎赉特旗种植的品种大约有 30 个，且多为外来品种。有些品种的大米受到市场欢迎，但产量规模小，无法持续满足市场需求。近几年，扎赉特旗的粳稻加工产业虽然有了较大的发展，但是在发展过程中又存在许多不足，主要表现为行业内缺乏统一规范管理，粳稻精深加工不足、加工量

较低，优质粳稻的储存较低等问题，这些问题导致粳稻产业很难发挥产业优势。尤其大多数加工、销售企业规模不大、产品同质化严重，导致市场恶性竞争，很难满足消费者多样化的需求。以兴安盟为例，35 家龙头加工企业中，只有 1 家为国家级龙头企业，其余主要为盟级和旗级企业，实际加工量仅占设备加工能力的 16.2%。由此，扎赉特旗加快扭转"稻强米弱"现象任重而道远。

2. 种粮主体和企业发展资金短缺，融资困难

粳稻加工企业受季节性影响，投入的资金量大、回收周期长。同时，发展大米加工还面临贷款难问题，农发行贷款只针对大型企业，种粮大户贷款尽管有"粮农贷"，但额度较小，人工工资、化肥农药等贷款需求很大，无法充分满足发展需求。企业现金流较为紧张，有效抵押物较少，并且企业缺乏银行认可的抵押物，有些企业不得不把厂房用于贷款抵押。

（三）品牌建设方面存在的问题

目前，扎赉特旗全力实施"兴安盟大米·扎赉特味稻"品牌战略，在培育品牌方面扎赉特旗面临着不少困难和问题。扎赉特旗大米品牌效应仍需提升，"扎赉特大米"缺乏自己的"故事"。尽管近年来，"扎赉特大米"紧跟"兴安盟大米"区域公用品牌的发展步伐，先后荣获不少荣誉，但与其他大米品牌相比，仍不具有优势。在 2020 年中国品牌价值评价"地理标志产品区域品牌（110 强）"中，黑龙江省共有"五常大米""佳木斯大米"等 5 个大米品牌上榜，辽宁省也有"盘锦大米"上榜，内蒙古则没有大米品牌上榜。相较而言"兴安盟大米"在全国的知名度还比较低，更何况"扎赉特大米"的知名度更低，走出内蒙古的难度比较大。在调研中，有企业反映，不少消费者对内蒙古认可度较高的主要为牛羊类产品，对大米产品缺乏认知。兴安盟大米产地价值的显性化不够，生态价值的稀缺性没有得到足够的发掘和体现。在市场竞争中，"兴安盟大米""扎赉特大米"没有形成与竞品的差异化优势，缺乏品牌故事。在品牌化推进过程中，物流成本高的问题应该被重视，例如，9.9 元包邮产品的成本中，

物流成本就占 4 元多，基本占价格的 40.4%。由此，物流成本偏高也制约着扎赉特旗大米"走出去"发展。

七　对策建议

"扎赉特大米"作为内蒙古的优质大米，已经在市场上取得了一定的知名度和影响力。从产业发展、技术创新、市场销售等方面进行分析，本部分提出如下对策建议。

（一）加大生产支持力度，保证农民种"口粮"收益

1. 加大口粮生产能力建设，稳住稻谷种植面积

要通过"种养结合、粮经结合"的农作制度，创新实现粮食的复合规模化经营。在提高粮农劳动生产率的基础上，增加种粮农民收入，提高粮农积极性，进而稳定口粮生产。保留稻谷最低收购价政策框架，给农民吃下"定心丸"，调动广大农民特别是农民合作社、家庭农场等规模化经营主体的种粮积极性。

2. 加大优质口粮品种种植支持力度，加强高档优质稻品种选育

增加新品种选育专项投入，引导农民多种优质粮。加快培育推广一批口感好、外观佳、有香味的高档优质稻品种，打响"扎赉特大米"在区内外的好感度，走市场谋销路，向市场要效益。

3. 建立健全粳稻生产者补贴制度

自治区层面要适当增加对种植粳稻农户的相应补贴，使最低收购价能覆盖农民种粮成本，防止"谷贱伤农"。积极推广完全成本保险和收入保险，保护种粮收益。建议实施粳稻产业提升项目，对经认定的种粮主体建设厂房、购置加工设备等给予不低于总投入 30% 的补贴，增强投资信心；加大对加工、贮藏设施补贴力度与补贴范围，提高品质大米的加工水平。

（二）通过"品种+产地+标准化"金三角模式，讲好"扎赉特大米"故事，发挥名特优口粮品牌优势

"扎赉特大米"发展方向是绿色化、品牌化、标准化、精细化。

1. 大力宣传扎赉特旗生态优势生产的优质大米

要将"扎赉特大米"产地价值显性化，提升品牌知名度、美誉度，增强产品的影响力和市场竞争力。产地资源的运作，必然能够促使消费者加深对扎赉特旗生态农产品"稀缺性"的认知，只有形成这种与竞品高度差异化的认知，在整合品牌的同时根据地域引入文化元素，并将产地资源进行故事化传播，产地资源才能强化品牌的实际价值。

2. 提高"扎赉特大米"品质和优质服务

在品牌整合、品种选择、建立标准生产体系上下功夫，提升产品质量，占领中高端市场。建立"扎赉特大米"地方标准，精选品种，保障大米的质量。应学习"五常大米"品牌建设过程中以工业化质量体系方法管理农产品种植加工的思路，改变现在扎赉特旗大米品种杂而乱的局面，根据不同地域、不同光照、不同土壤和水的条件，在保证产量的前提下精选大米品种，提高大米质量。同时应建立标准生产体系，从种植、化肥和农药使用、加工、包装统一标准。建立良好的市场发展环境，建立溯源机制，健全市场监督体制。针对不同市场细分，如健康意识强的消费者、对食品品质有特别要求的消费者等，提供定制化的服务和产品，如私人定制稻田服务，提升消费者体验和品牌价值。

3. 全力打造扎赉特旗大米产业联盟

应建立扎赉特旗大米协会，整合粳稻专业合作社、粳稻种粮大户资源，形成产业联盟。加强全盟粳稻生产、加工、销售全产业链的管理。为各个粳稻加工企业建立公共信息平台，提高粳稻市场竞争力，从而拉动全区粳稻行业的健康发展。通过品牌推进、良种选育、质量管控、龙头培养、产业融合、渠道开拓等让扎赉特旗大米"好米"变"名米"，"名米"卖"优价"。

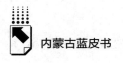

（三）拓宽销售渠道，构建新型销售体系，创立一体化营销平台

1. 为大米市场注入活力，进一步开拓区内及周边省（区、市）市场，使更多居民吃上"扎赉特大米"

目前内蒙古大米来源地以黑龙江、辽宁等东北大米为主。本地大米价格高，缺乏品牌打造、市场准入和销售渠道。建议工商、质量监督、检疫检验等部门适度放宽对种粮大户申请质量安全认证的要求；鼓励对符合条件的种粮大户发放"小作坊证"，支持其参与政府竞标采购、进驻超市等，打破外省大米垄断内蒙古局面，让更多内蒙古人吃上内蒙古优质米。

2. 发展农业数字化建设，广泛应用数字化工具及订单农业模式

通过"直播带货"等新型网络销售方式，开办形式多样的"丰收节""大米节"等尝鲜活动，加大宣传力度，突出兴安盟农产品"生态、优质、安全、新鲜"等特点，强化消费者对兴安盟大米品牌的认知。充分利用"兴安盟大米"国家地理标志产品的特色与优势，与大型网络销售平台开展战略合作，通过建设标准示范基地实现平台销售一体化，最大限度地缩短农户和消费者的距离。

3. 实施品牌定位准确与差异化发展

"扎赉特大米"应继续利用其地理优势和生态环境，强调其高品质和独特性，与市场上的其他大米品牌进行有效区分。可以通过宣传扎赉特旗的优质水源、肥沃黑土地以及良好的生态环境来加强品牌形象。"扎赉特大米"需要构建以品牌为中心的商业制胜体系，通过故事化营销、文化包装和互动体验等方式，增强消费者对品牌的认知和忠诚度。

4. 产品多样化，满足不同消费者需求

"扎赉特大米"可以开发多样化的产品线，如胚芽米、新鲜米、免淘洗米等，以满足不同消费者群体的需求，特别是关注年轻消费者和特定健康需求的群体。同时，拓展与优化渠道。"扎赉特大米"应加强线上线下渠道的融合，利用电商平台扩大市场覆盖范围，同时在重点区域建立实体店或合作销售点，提高品牌的可见度和消费者的购买便利性。尤其应充分利用现代信息技术，如物联网、大数据等，提高农业生产的智能化水平，提升产品质量和生产效率，同时通过数据分析优化市场策略和销售预测。

（四）建立健全财政和金融协同支农机制

发挥农业政策性金融主渠道作用。发挥政府在金融资源配置中的增信作用。加大财政对粮食信用保证基金、农业担保、贷款保证保险等增信模式的支持力度，解决粮食企业有效抵押担保不足的融资症结，引导商业性金融机构加大对粮食产业投入。鼓励银行提高规模经营户信用贷款额度和贴息额度，延长还款期限。

八　结论

依托"兴安盟大米"的发展方向，"扎赉特大米"也向绿色化、品牌化、标准化、精细化的方向发展。兴安盟扎赉特旗的水稻产业近年来取得了显著的发展成效。当地通过加强农业技术推广应用，获评"国家农业技术集成创新中心水稻旱作覆膜节水增效技术集成示范基地"，黑土地保护性耕作"扎赉特模式"在全区推广，这表明扎赉特旗在水稻产业的发展上，正朝着规模化、科技化、品牌化的方向发展，为地区经济和社会发展作出了重要贡献。

B.16
莫力达瓦达斡尔族自治旗大豆生产
发展调查报告[*]

钱 程[**]

摘 要： 莫力达瓦达斡尔族自治旗是内蒙古自治区三个少数民族自治旗之一，从 19 世纪中叶开始就大面积种植大豆，素有"大豆之乡"的美誉，其大豆年产量占内蒙古自治区年产量的 1/3，县级排名全国第一。在乡村振兴的背景下，莫旗大豆产业发展已取得了明显的成效，促进了居民收入增加，实现了共同富裕目标。但是莫旗大豆产业发展的环节非常多，受地理、天气、技术、人才等影响因素也很多，因此莫旗地区的大豆产业发展还存在许多需要优化的方面，本报告提出持续推进基础设施建设、推进数字化转型、加强节水灌溉设施建设等对策建议，以促进大豆产业的发展。

关键词： 大豆生产 大豆加工 莫力达瓦达斡尔族自治旗

莫力达瓦达斡尔族自治旗（以下简称"莫旗"），是内蒙古自治区呼伦贝尔市辖自治旗，是内蒙古自治区三个少数民族自治旗之一，位于内蒙古自治区东北部、呼伦贝尔东部，地处大兴安岭山脉与松嫩平原的交汇地带，属于温带大陆性季风气候，毗邻 5 个县（市、区、旗），总面积约为 10356 平方千米，下辖 15 个苏木乡镇（场）。大豆是莫旗重要的农业资源，莫旗从十九世纪中叶开始就大面积种植大豆，素有"大豆之乡"

---

* 注：本文数据来自 2021~2023 年《莫力达瓦达斡尔族自治旗国民经济和社会发展统计公报》和相关政府部门。
** 钱程，内蒙古自治区社会科学院民族研究所助理研究员，研究方向为少数民族经济。

的美誉，其大豆年产量占自治区年产量的 1/3，全国县级排名第一。"莫力达瓦大豆" 2010 年获得国家地理标志农产品认证；莫旗于 2019 年入选 "全国第三批率先基本实现主要农作物生产全程机械化示范县（市、区）名单"，2022 年入选 "国家级制种大县名单" 和 "2022 年全国休闲农业重点县名单"。近年来，在乡村振兴的大背景下，莫旗全面贯彻习近平总书记对内蒙古的重要指示精神，聚焦高质量完成 "五大任务" 和全方位建设 "模范自治区" 两件大事，全力以赴抓发展、抓产业、抓民生、抓落实，全面、圆满、高效完成了各项目标任务,[①] 促进了农民收入增加、产业结构升级，保持了经济平稳发展、社会繁荣进步、民族团结奋进的良好局面。

人们生活水平的不断提高，对大豆的需求也不断增大。大豆富含异黄酮、卵磷脂、大豆多肽、低聚糖等多种人体所需营养物质，是重要的经济和油料作物，其中，人体需求物质中约 60% 的蛋白质和 30% 的脂肪来自大豆。[②] 当前，"中国豆" 已跻身全球重要农作物之列，成为中国特有的文化符号之一。莫旗的大豆产业发展在乡村振兴中发挥着重要作用，大豆的生产不仅能带动当地农民增加收入，改善经济状况，还能为当地增加就业机会，促进农村经济可持续发展。

一　莫旗大豆生产发展现状

莫旗着眼于国家大豆油料的战略需求，全力提升大豆产能，为国家粮食安全和重要农产品供给扛起了大豆之乡的责任和担当，农牧产业增量增质发展，粮食产量实现 "二十一连丰"。[③]

[①] 《2024 年政府工作报告》，http://www.mldw.gov.cn/OpennessContent/show/412080.html，莫力达瓦达斡尔族自治旗人民政府网，2024 年 2 月 18 日。

[②] 盖钧镒：《作物育种学各论》，中国农业出版社，2010。

[③] 《2024 年政府工作报告》，http://www.mldw.gov.cn/OpennessContent/show/412080.html，莫力达瓦达斡尔族自治旗人民政府网，2024 年 2 月 18 日。

（一）莫旗大豆生产现状

1. 莫旗大豆种植面积及产量现状

近几年，莫旗政府积极加强政策引导和宣传推广，在大豆生产补贴政策的支持下，农民种植大豆的积极性大大提高，近几年，大豆的种植面积及产量都在逐步增加。

从表1中可以看出，2019～2023年，莫旗地区大豆种植面积最大的为2020年，2021年最小，2019年、2022年、2023年的大豆种植面积相对稳定，可是，大豆种植面积在粮食作物种植面积中的比重都超过了50.0%。由此，证明大豆是莫旗主要种植的农作物。2021年，玉米种植面积与大豆种植面积相近，玉米产量在粮食产量中的比重高于大豆产量占粮食产量的比重，原因在于玉米产量高于大豆产量，并且，大豆和玉米是轮作的农作物，补充性较强。

表1　2019～2023年莫旗各粮食作用种植面积及产量

项目	2019年	2020年	2021年	2022年	2023年
粮食作物种植面积（万亩）	795.00	747.00	749.00	753.61	754.03
其中：大豆种植面积（万亩）	530.60	595.00	375.90	525.13	524.32
占比（%）	66.74	79.65	50.19	69.68	69.54
玉米种植面积（万亩）	231.20	137.50	358.40	218.16	222.93
占比（%）	29.08	18.41	47.85	28.95	29.57
粮食产量（万吨）	173.74	159.28	191.81	195.51	197.26
其中：大豆产量（万吨）	74.78	84.49	50.01	81.54	78.96
占比（%）	43.04	53.04	26.07	41.71	40.03
玉米产量（万吨）	88.32	68.13	135.27	107.14	115.17
占比（%）	50.83	42.77	70.52	54.80	58.38

资料来源：2019～2023年《莫力达瓦达斡尔族自治旗国民经济和社会发展统计公报》《2023年政府工作报告》。

2. 莫旗大豆育种现状

习近平总书记高度重视种源安全，叮嘱"用中国种子保障中国粮食安全""把当家品种牢牢攥在自己手里"。2023 年中央一号文件提出，"深入推进大豆和油料产能提升工程"。2024 年中央一号文件提出，"巩固大豆扩种成果，支持发展高油高产品种"。这给大豆的生产发展带来了新的机遇和挑战。莫旗通过建设大豆良种繁育基地，使当地种业公司快速发展。2020 年 7 月，呼伦贝尔市中农种业有限公司成立，2021 年大豆良种繁育面积为 6 万亩，其中，蒙科豆 9 号是测产专家组一致认可具有高产潜力并抗逆广适的优质推广品种。2022 年，增加了高产高蛋白鑫兴 3 号和鑫兴 8 号的制种面积，项目核心示范区的田间长势、管理等都达到了示范样板的水平；2021 年大豆良种繁育面积为 3.23 万亩；2022 年大豆良种繁育面积为 5 万亩。2021 年成立的呼伦贝尔市岭域丰种业有限公司在 2022 年繁育大豆品种蒙豆 3591 个，繁育面积为 1 万亩。2009 年成立的莫力达瓦达斡尔族自治旗登科种业有限责任公司培育品种 5 个，分别为蒙豆 48、蒙豆 13、登科 4、登科 5、登科 6。由呼伦贝尔市农牧科学研究所选育的蒙豆 1137、登科 5 入选国家主导粮油品种，呼伦贝尔市农牧科学研究院是全国唯一一个同时入选两个大豆品种的科研单位，也是内蒙古自治区仅有的两个大豆入选品种，其中登科 5 号品种在 2020 年、2021 年的年均播种面积为 275 万亩以上，连续 2 年获得单一品种全国种植面积排名第三的成绩，现年销售大豆种子 0.5 万吨左右。还有其他发展中的立柱种业、惠农嘉禾种业等企业，助力着莫旗大豆育种研发，2022 年，全旗大豆良种繁育面积达 20 万亩。被农业农村部认定为"高蛋白大豆良种繁育基地"。

莫旗通过不断完善落实良种补贴项目、新增农资综合项目和高产创建项目，使农民对新品种的应用有了较高认识，高油和高蛋白品种应用推广加速。目前，种植比例较大的品种主要有登科系列的登科 4 号、5 号、9 号，金源 55、73 号，蒙豆 1137、48，黑河 43 号，克山 1 号，中黄 901 等，这些品种粗蛋白含量为 37.34%～43.59%、粗脂肪含量为 19.53%～22.88%，均属于高蛋白高脂肪品种，具有抗倒伏能力强，抗根腐病、耐疫霉根腐、抗灰斑病等综合性状较好，产量高等特性。

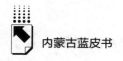

3. 莫旗大豆生产的技术现状

莫旗辖区有农牧和科技局、农业技术推广中心、种子管理站及登科种业等管理部门，有具有大豆种子生产经验的专业技术服务单位和种子繁育加工企业，共有农业专业技术人员 265 人，其中，具有高级职称及以上的人员 79 人，中级职称 133 人，初级职称 53 人，技术力量较为雄厚。呼伦贝尔市农牧科学研究所是非营利性的科研事业单位，1958 年建所，至今已有 66 年历史。主要从事大豆、马铃薯科研育种，同时开展玉米、植保、园艺、水稻小麦等研究。建所以来，荣获国家级、省部级及呼伦贝尔市各级科技奖 120 余项，评审、认定各种作物品种 80 多个，所内人员在各级学术刊物上发表论文 200 多篇。呼伦贝尔市农牧科学研究所同时挂呼伦贝尔市马铃薯大豆专业研究所和内蒙古自治区农牧业科学院呼伦贝尔分院共 3 块牌子。先后完成了"国家大豆改良中心呼伦贝尔分中心""国家大豆原种扩繁基地""国家马铃薯产业技术体系综合试验站""内蒙古自治区大豆引育种中心"等建设项目，拥有国家大豆产业技术体系遗传育种岗位科学家 1 人。呼伦贝尔市农牧科学研究所现有在编人员 65 人，专业技术人员有 46 人，其中，正高级 6 人，副高级 16 人，中级 20 人，初级 4 人。为莫旗发展大豆育种及栽培技术提供坚实的技术保障。

莫旗大豆生产主要以测土配方施肥、种子包衣、机械精量播种、病虫草综合防控、机械深松整地等技术为主，这些技术已在莫旗大豆生产上得到了大面积的推广应用。栽培方面，在莫旗大豆生产中应用面积最大的是大垄高台栽培技术、垄三栽培技术、垄上三行栽培技术，这三种技术的应用面积约占大豆种植面积的 87%。应用面积较大的为垄三栽培技术（即垄上双行精量播种、深施肥技术、深松三项技术融合），其次是幅宽为 110 厘米大垄高台栽培技术，应用面积约为 90 万亩。应用小垄密植栽培技术、110 厘米垄宽垄上四行大垄高台栽培技术、130 厘米垄宽垄上六行大垄高台栽培技术的种植面积较上年相比明显增多。

（二）莫旗大豆加工发展现状

大豆加工产业链上游包括大豆育种及大豆种植；中游为大豆粗加工产品和大豆深加工产品生产；下游为各类销售渠道。上中下游各个环节相互联系、相互制约，需要妥善处理好每个环节，才能确保大豆流通过程顺利进行，大豆的加工产业链对于莫旗乡村振兴具有积极的推动作用。

1. 莫旗大豆收购情况

收购是大豆产业发展的重要环节。2022 年的大豆毛粮收购价格最高达到 3.02 元，大豆水分含量要求在 13% 以内，蛋白质含量要求在 40% 左右。以上收购价格水平并不能完全代表莫旗的大豆收购价格，但可以在一定程度上呈现该地区大豆的流通情况。根据大豆收购商的反馈，莫旗地区基层农户手中余粮不多（多数剩余一成左右），导致收购困难、库存变少。因此，增加该地区大豆产量十分有必要。在莫旗，面积在 100 平方千米以上规模化生产大豆的主体只有甘河农场、中储粮北方农业开发有限公司、巴彦农场，其余大部分村庄都是以家庭为单位进行种植，超过 80% 的大豆种植户偏向于将大豆售予私人商贩，主要是因为私人商贩对于大豆质量的要求较低、价格合理、售卖方便等。私人商贩多以一次性现金支付的方式完成大豆的收购，给农户带来了极大的便捷。

2. 莫旗大豆储备情况

有收购就有存储，包括生产者在内，都需要进行大豆存储，尤其是国有粮食经营企业与收购企业存储大豆的数量较大。莫旗地区的国有粮食收购企业、国有粮食经营企业、供销合作社基本拥有大豆存储仓库，并配有齐全的通风、除湿、防虫、防鼠、散热等设施，能较好地存储大豆，少有发生仓储事故导致大豆损失的情况。大豆市场的紧缺导致大豆不会被长期存储，加大大豆产量依然是莫旗地区努力的主要目标。

中储粮尼尔基直属库有限公司下辖甘河、宝山两个分公司，库区占地总面积为 33.1 万平方米（约 497.2 亩），大平房仓总仓容 17.7 万吨（尼尔基直属库本库 9.5 万吨储备仓、甘河分公司 2.5 万吨储备仓、宝山分公司 5.7

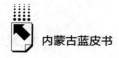
万吨）。库内存储中央储备粮14.71万吨，其中，中央储备大豆5.77万吨、国家一次性储备大豆3.29万吨。现拥有完善的生产设施，有23栋密闭式平房仓、1栋罩棚仓（0.7万吨）、2栋简易粮食罩棚（3万吨）、日处理玉米500吨烘干塔2座。中央储备大豆轮换计划的大豆轮换量为17089吨，由中储粮油脂公司统一轮换，1月末全部溢价成交，2月1日开始出库，同步启动大豆收购工作。2023年大豆调节储备收购8.45万吨。

3. 莫旗大豆加工情况

大豆加工产业的发展会创造更多的就业机会，借助科技力量建立起从前端种子的选种、育种到后端生产线加工厂、深加工的全产业链新业态，吸引农民和村民投身大豆产业，提高乡村的就业率，有助于改善农民的生活水平。莫旗大豆加工产业发展水平较低，原因是当地大豆加工企业数量有限，对大豆加工产业发展水平产生极大限制。

2023年，莫旗现有大豆加工企业8家，大豆加工合作社1家，设备加工能力22.8万吨，2023年实际开工的有3家，分别是塞北食品有限公司、莫力达瓦水发农业发展有限公司、天源豆制品有限公司，实际大豆加工总量0.3万吨，主要产品为豆油、豆粕、食用豆粉、膨化豆粉、饲料、腐竹等。三家大豆加工企业对莫旗地区大豆加工产业发展发挥着关键的拉动作用。

2023年，关于大豆加工重点项目，莫旗沃丰生物质新材料有限公司新建10万吨大豆深加工项目。已建设完成达到投产状态。项目建成后可年处理加工大豆10万吨，生产大豆蛋白粕7万吨，毛油1.5万吨，收储加工各种油料作物7万吨。生产的7万吨大豆蛋白粕为食用蛋白粕，可为酱油等调味品企业和食品加工企业提供原料。

二　莫旗大豆生产发展的优势

（一）自然环境的优势

莫旗地处内陆中温带，气候类型是中温带半湿润大陆性气候，所处的莫力达瓦隆起东侧是嫩江断裂，西侧是大杨树断陷，全旗地势西北高，东南低，多为大兴安岭支脉形成的低山区，主要有山地、丘陵、平原等地形单元，坡度13°~30°，全旗水资源丰富，境内大小河流合计56条。土壤大体分为暗棕土、黑土、草甸土、沼泽土地等，以暗棕土壤、黑土居多，占全区域的40%，土壤肥力养分含量较高，有机质含量为4.15%~10.09%，营养丰富。降水量为374~759.8mm，无霜期为139~192天，年平均积温为1900℃~2500℃，符合一年一熟作物生长的条件。以上条件为大豆种植提供了自然环境优势。

（二）政府政策支持有保障

1. 加大财政扶持力度

莫旗政府联合多部门，围绕农业增产、农业增效、农民增收，全面落实各项惠农政策。莫旗有大豆产业集群、大豆产业强镇、自治区现代农牧业产业园（大豆）、大豆良种繁育基地等项目，上级批复财政扶持资金14000万元，以大豆品种研发选育，建设大豆良繁基地、种子仓储库、标准化生产基地为主要内容，扶持大豆育种及生产经营主体；以建设大豆加工车间和生产线扶持大豆加工经营主体。在农业生产结构调整、大豆良种繁育、大豆加工等方面取得了诸多成效。

2. 强化人才支撑

在人才引进方面，制定了《莫力达瓦达斡尔族自治旗科技特派员工作管理办法（试行）》《莫力达瓦达斡尔族自治旗科技特派员考核评比办法》等一系列政策文件。在人才培养方面，《农技推广人员聘用制度》《农技推广责任制度》《工作绩效考评制度》《农技推广人员培训制度》《多元化农技推广制度》5项制度落实，通过专家人才、农业农村科技推广人才、土专家乡村人才引领培训的方式，累计培养高素质农民队伍3000余人，为产业发展注入强劲的人才动力。①

---

① 《莫力达瓦达斡尔族自治旗大豆产业规划（2023-2025年）（征求意见稿）》，内部资料。

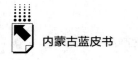

3.扶持创新金融服务

大豆保险工作稳步推进，全面深入落实惠农合作项目。2022 年，大豆承保面积 193.63 万亩，保费 0.54 亿元。以农民合作社、规模经营农户、农村商户等重点目标客群为核心抓手，充分发挥金融支持农村、农业的优势，积极探索创新各板块业务深度融合的产品模式，提供多元化、综合性服务。2022 年大豆生产者补贴申报面积为 539.2 万亩，大豆生产者补贴发放面积为 533.2 万亩。

（三）经营体系发展不断扩大

1.多种园区建设得到较快发展

大力发展大豆加工业，培育产业化联合体，创建莫旗大豆现代农业产业园（自治区级）、优势特色产业集群（大豆）、国家农业产业强镇（大豆），并建设有尼尔基加工园区、丰华产业园、红彦镇加工园、物流园等加工流通类园区，多园并进的产业发展格局推动大豆产业提质增效。

2.大豆产业新型农业经营主体不断壮大

莫旗聚焦农业主体发展，加大对经营主体的规范和扶持力度。莫旗扶持丰汇达、嫩水粮贸、鸿鹏经贸、塞北食品等重点大豆深加工企业，以大豆收储、深加工为主，将原料生产基地向大豆油、豆浆、豆粉、腐竹、豆制食品等深加工转变，进一步延长产业链，发挥莫旗大豆品牌优势。

3.完善农民利益联结机制

莫旗强化利益联结，提高农户组织化程度。形成了"合作社+基地+农户""龙头企业+合作社+农户""社会化服务组织+农户""互联网+""能人带动"等模式，建立契约型、股权型利益联结机制，并依托龙头企业大力发展"订单农业"，鼓励龙头企业、合作社开展面向农户的"土地托管"，通过土地入股、股份合作、合同订单、专业合作、市场联合、技术联合等方式，引领小农户对接市场。创新产业联合体"联农带农"，以丰汇达、兴达米业为主形成了"联合体+合作社+脱贫户"模式，以嫩水粮贸、塞北食品为主形成了"联合体+合作社+脱贫户+银行+农业保险"模式，新联农富农激励机制效果显著。

4. 社会化服务体系不断健全

莫旗开展了农牧业生产社会化服务项目，开展面向小农户的土地托管、联耕联种、代耕代种、统防统治等农业生产性服务，把服务型农民合作社作为社会化服务的骨干力量，贴近小农户、服务小农户，解决了分散经营土地治理与产出得不偿失的矛盾，实现资源共享、优势互补，推动共同发展。并通过项目资金补助，推进资源整合，促进新型经营主体高质量发展，农作物机械化水平提高，建成集农资供应、技术集成、农机作业、仓储物流、农产品营销等服务于一体的农业生产经营体系，引领小农生产进入现代农业发展轨道。

（四）大豆产业整体发展稳步提升

1. 农机装备现代化水平不断提升

当前，国家农机具购置补贴项目全面放开，农户在具有补贴资质的农机企业购买补贴目录内的农机具均享受农机具购置补贴政策，因此农民购买动力机械和配套播种、收获农业机械积极性高涨，一大部分老旧的农机具被淘汰，大豆生产的动力机械和配套机具逐步更新和换代，生产大豆机械化程度快速提升，大豆播种、化学除草、田间管理、收获、整地已经基本实现全程机械化，大豆生产用工成本不断降低。莫旗成功创建"全国主要农作物生产全程机械化示范县"，2022年全旗农机总动力162.5万千瓦。完成了机耕面积488万亩、机播面积753万亩、机收面积751万亩、保护性耕作257万亩。全旗综合机械化率98.9%，农业机械化水平处于领先地位。全旗共有农机专业合作社233家、农机专业合作社联合社5家，其中保值2000万元以上的大型农机合作社35家。

2. 数字化进程稳步推进

逐步完善大豆溯源服务体系和农业信息化支撑水平，深入推进了"互联网+大豆""互联网+种植业""互联网+农业机械"等模式，实现大豆的管理智能化、服务精准化、决策科学化。莫旗数字中心、农业投入品监管平台、

农村电商公共服务网络平台等有力地推动了数字技术与农业生产的深度融合。

3.技术集成应用水平大幅度提升

积极与中国农业科学院作物科学研究所、呼伦贝尔市农牧科学研究所等单位开展产学研合作，加快全旗科技特派员及星火科技12396信息服务平台建设工作，努力推动科技成果转化。种业振兴行动全面开启，莫旗通过建设大豆良种繁育基地，使当地种业公司快速发展。大豆生产推广"五统一"模式，重点推广密植、垄三、垄上三行窄沟密植等技术，新品种新技术新模式试验示范项目经费6485万元，良种覆盖率保持100%。结合基层农技推广体系改革与建设补助项目，每年选聘100名左右技术指导员，每人承担5~10户示范户的技术指导任务，累计选派135名科技特派员，分布在15个乡镇和部分村屯，从事科技推广、普及和培训等工作，进一步提高了广大农民学员大豆生产、畜牧养殖、农产品销售以及创业创新的实践能力，为提升农牧民素质、实现乡村振兴奠定了基础。

4.电子商务线上交易额稳步增长

以城镇商贸物流为核心、乡镇配送服务为纽带的现代商贸物流服务网络基本形成，自治区级电子商务进农村综合示范县顺利通过验收，110个村级电子商务服务站提质升级改造工程顺利实施。莫旗是国家级电子商务进农村综合示范县，现有旗域运营服务中心、物流仓储配送中心、15个乡镇电商综合服务站及220个村级电商服务点，构建了具有莫旗特色的"农村电商公共服务网络平台"。创新莫旗"互联网+农业合作社"电子商务平台，以莫旗农民专业合作社以及农副产品交易市场为基础，通过线上平台将农副产品远销北京、上海、广州、青岛等地。同时，通过微信平台、视频账号销售"莫力达瓦大豆"，扩大了"莫力达瓦大豆"品牌知名度，为促进农民增收探索出新路子。以年年丰收网络公司为依托（年年丰收网络公司已与京东、淘宝等知名网站签订了协议），构建"线下加工、线上销售"产品销售平台，打造农副产品电子商务体验馆，带领群众建立了100家农村电子商务服务站，将莫旗的农副产品推向全国。电子商务线上交易额稳步增长，以城镇商贸物流为核心、乡镇配送服务为纽带的现代商贸物流服务网络基本形成，自治区级电子商务进农村示范县顺利通过验收。110 个村级电子商务服务站提质升级改造工程顺利实施。

三　莫旗大豆生产发展中存在的问题

莫旗大豆的年产量在内蒙古自治区占据 1/3 的份额，在国内大豆市场也占有重要地位，但是经济效益较低、加工企业技术水平低、人才队伍薄弱等问题限制了莫旗地区大豆产业的发展水平。

（一）大豆加工转化率较低，精深加工不足

当前，莫旗大豆产品加工转化率远低于全区平均水平，从企业生产结构来看，农牧业产业化龙头企业以大豆种植、初加工为主，没有规模较大的大豆深加工企业，以致大豆加工产值不高、农产品附加值较低。大豆产业链条短，产品附加值低，对农业经济发展助力不足，成为制约农牧民增收的一个重要因素。

（二）数字化应用不足，流通市场发展滞后

数字农业农村、新电商将成为新引擎，也是农业现代化发展的主要方向之一。但莫旗存在数字化程度低、物流企业专业化程度不高、无规模化仓储集中地、运输冷链断档、包装类物流组织管理不规范、产品级别定义不明确等问题，使得基地生产出的优质农畜产品无法进入更大市场，体现不出优质优价。

（三）装备运用与科技育种仍需提升

基础水利设施仍比较薄弱、高标准农田建设不足、交通设施不完善等使大豆等主要农作物的种植面积及产量受到影响。大数据、物联网、数字农业技术等在大豆生产管理中未普及，大豆高质量发展的效果还没有充分体现。莫旗育种单位依旧面临着大豆育种研发的普遍问题是难以从品种开发中获得

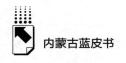

利润，自我发展能力差。种子是农业的"芯片"，体现的不只是种子的重要性，也说明着种子研发的困难性。如何助力种子企业发展，调动企业科研发展积极性，加大育种研发成为难题。

（四）农业农村人才队伍薄弱

高端技术人员欠缺、基层农业技术人员不足、专业知识更新滞后等问题凸显。农村引才留才力度仍需加强，农业农村管理、营销、信息技术等方面的人才短缺，不能满足农业现代化发展需求，乡村活力欠缺。

（五）要素投入方式亟待转型升级

受地形地貌影响，耕地难以集中连片，且以小农户经营为主，这使得土地、人力、资本等要素投入遇到新瓶颈，同时，土地流转较慢，致使土地难以向优势产业和大户集中，集中规模经营的效益没有充分释放，应对市场风险能力不够，要素投入方式亟待转型升级，以改变农业投入高、产出少的局面。

四　莫旗大豆生产发展的对策建议

（一）持续推进基础设施建设，提升大豆生产能力

按照集中连片、旱涝保收、稳产高产、生态友好的要求，持续开展大豆种植区内的高标准农田建设。全面推进水利道路基础设施建设。加强农田道路、产业道路、机耕道路、园区道路等基础设施建设。推广现代化集约型专用设施装备，建设一批规模化高效设施大豆种植基地。

（二）推进数字转型，发展智慧大豆产业

加大数字赋能力度，全力支持企业建设数字化信息平台、智能工厂、数字车间。着力推进"互联网+大豆""物联网+大豆"，整合信息资源，打通

大豆产供销一体化链条，打造 3 个设施完备、功能丰富、智慧便捷的数字产业基地，发展智慧化信息平台，结合莫旗高蛋白大豆的标准化种植区域，构建空中观测网格，开展无人机作业、作物监控等。大力推进数字育种、数字加工等技术应用，建设数字服务平台，促进大豆实现"精准育种"。

（三）加强节水灌溉设施建设，推进高标准农田建设

全面贯彻落实农田建设相关政策，全力推进高标准农田建设，加强封地管理。依托"耕地质量提升与化肥减量增效项目""绿色高质高效项目""黑土地保护利用项目"等，立足莫旗本地实际，聚焦产量生产矛盾，大力发展高效节水灌溉，推广精准灌溉、水肥一体等耕作方式，从而实现增强粮食生产能力、促进大豆生产规模经济、改善生态环境等良好局面。

（四）聚焦农业生产的关键薄弱环节，提高社会化服务水平

聚焦农业生产的关键薄弱环节，加大生产托管支持力度，在保障粮食安全和重要农畜产品有效供给的基础上，坚持需求导向，引导服务组织拓宽服务领域，推动生产托管服务范围向经济作物、畜禽养殖等领域拓展，扩大社会化服务覆盖面。延伸服务链条，在开展耕、种、防、收等产中服务的基础上，将社会化服务向产前、产后延伸拓展。重点向资金投入大，技术难度高，单个农牧户做不了、做不好、做了不划算的全域环节延伸。

（五）实施品牌兴农战略，实现"从农田到餐桌"

加快建设产业链条完整、技术创新能力强、辐射带动力强、品牌影响力大和市场竞争力突出的现代大豆产业集群。大力发展品牌农业，充分利用莫旗本地高蛋白优质大豆公共品牌影响力，加大对绿色食品、有机农产品认证工作力度，积极打造"莫力达瓦大豆"品牌，打响"呼伦贝尔大豆"金字招牌，提高莫旗"两品一标"农产品知名度，发挥绿色食品认证面积 50 万亩大豆作用，实现大豆从"做产品"向"做品牌"转变，推动"产品—品牌—产业"发展升级，真正实现"从农田到餐桌"的全过程产业发展。

B.17
阿拉善右旗驼奶产业发展调查报告[*]

乌尼孟和　王永红[**]

摘　要： 阿拉善右旗养殖骆驼的历史悠久，特殊的自然环境造就了当地养殖骆驼的习俗，也是只有骆驼才能适应的特殊自然环境特征，使得骆驼养殖业是阿拉善右旗自然环境选择的产业。近几年，在政策的刺激和加工企业的带动下，阿拉善右旗骆驼养殖业、驼奶加工业加速发展，已经成为当地经济发展和牧民增收的主要渠道。2023 年，阿拉善右旗骆驼产业迎来"大丰收"，全年驼奶产量达到 5791 吨，同比增长 44.8%，产业综合收入达到 5.6亿元，同比增长 70.7%。阿拉善右旗驼奶产业是当地经济社会发展的支柱产业。

关键词： 驼奶生产　驼奶产业　阿拉善右旗

近年来，阿拉善右旗立足旗情实际，依托资源禀赋，按照"一二三产业兼备"的理念，聚力打造"重要的驼产业集散中心"。目前，双峰驼存栏6.8 万峰，占全国总数（41.0 万峰）的 16.6%，占全盟总数（14.8 万峰）的 45.9%。其中，存栏能繁母驼存栏 3.4 万峰，挤奶母驼存栏 2.2 万峰。2023 年，骆驼产业迎来"大丰收"，全年驼奶产量达到 5791 吨，同比增长44.8%，产业综合收入达到 5.6 亿元，同比增长 70.7%，驼奶产业得到《内蒙古自治区推进奶产业高质量发展若干政策措施》等政策措施的支持，骆

---

* 注：本报告数据和资料来源于课题组实地调查资料和相关部门内部资料。
** 乌尼孟和，内蒙古阿拉善左旗家畜改良工作站农业技术推广研究员，研究方向为畜牧业经济；王永红，阿拉善右旗骆驼产业发展中心高级兽医师，研究方向为畜牧业经济。

驼产业进入提档升级加速期。2020 年，"阿拉善双峰驼"入选内蒙古农牧业品牌目录区域公用品牌，2021 年，"阿拉善右旗驼奶"成功注册国家地理标志证明商标，2023 年，阿拉善右旗被评为"中国驼奶之乡"。

一　阿拉善右旗驼奶生产发展现状

（一）阿拉善右旗基本概况

阿拉善右旗为内蒙古自治区阿拉善盟所辖旗，位于内蒙古自治区西部、阿拉善盟西南部，地处龙首山与合黎山北麓，属暖温带荒漠干旱气候，毗邻 9 个县（市、区、旗），总面积为 7.34 万平方公里。其中，耕地面积 26 平方公里，沙地面积 3.33 万平方公里，草地面积 3.19 万平方公里，林地面积 194 平方公里。截至 2024 年 10 月，阿拉善右旗辖 3 个镇和 4 个苏木。根据内蒙古自治区第七次全国人口普查数据，截至 2020 年 11 月 1 日 0 时，阿拉善右旗常住人口为 2.26 万人。

（二）驼奶生产现状

1. 政策调动了牧民养殖骆驼积极性

2017 年开始，内蒙古沙漠之神生物科技有限公司在阿拉善以每公斤 40 元收购骆驼奶，建厂初期阿拉善右旗委政府及相关部门在公司用地等方面给予优惠政策，特别是在奶源方面，阿拉善右旗旗委政府出台了相关扶持、优惠政策，对每年供奶 3000 公斤以下的养驼户，每公斤补偿 10 元，对每年供奶 3000~9000 公斤的养驼户，每公斤补偿 14 元，对每年供奶 9000 公斤以上的养驼户，每公斤补偿 18 元，这一举措进一步激发了牧民养驼的积极性。阿拉善盟养驼牧户有 2000 多户，其中，骆驼挤奶牧户发展到 413 户，挤奶牧户占到养驼牧户的 20.32%。

2. 驼奶生产稳中有升

根据相关部门资料，阿拉善右旗养驼牧户有 700 多户。2024 年，骆驼

挤奶交奶户达 208 户，同比增长 89%。2022 年驼奶产量为 4000 吨，2023 年驼奶产量为 5791 吨。2024 年全旗挤奶母驼存栏 2.2 万峰，1~7 月各月驼奶产量分别为 544.2 吨、450.85 吨、429.43 吨、463.98 吨、700.17 吨、1134.91 吨、1342.01 吨，8 月 1~16 日驼奶产量为 785.45 吨，已进入产奶高峰期，近期驼奶日产量达 47 吨左右。全旗 6 个驼奶收购站运行正常，收购情况稳定。良好稳定的市场环境同时吸引了阿拉善左旗、甘肃等周边地区骆驼养殖户向阿拉善右旗驼奶收购站交售驼奶，目前稳定交售驼奶的养殖户已超过 200 户。

3. 驼奶价格调控合理

为保障骆驼养殖户权益，促进产业健康稳定发展，2024 年 2 月，阿拉善右旗驼奶协会牵头组织内蒙古沙漠之神生物科技有限公司、阿拉善右旗神驼乳业科技有限公司等驼奶企业召开驼奶价格协商座谈会，协定在确保驼奶原奶品质达标的前提下，全年骆驼原奶收购价保持在 20~35 元/公斤，均价保持在 30 元/公斤左右，由阿拉善右旗驼奶协会负责监督。根据市场调查，2024 年 1~5 月全旗驼奶收购价格未低于 28 元/公斤。

4. 牧民生产驼奶的记录

阿拉善右旗 A 牧民，现雇佣挤奶饲养工 4 人，每人月工资 6000 元，用挤奶机挤骆驼奶。挤奶期间放牧结合补饲，骆驼怀孕期间放牧，基础设施基本建设完成，占地约 12 亩，2013 年开始挤奶，也是阿拉善右旗挤奶最早的挤奶户之一，骆驼个体产奶量较高。2022 年 7 月至 2023 年 8 月，共计 14 个月的骆驼群体平均每峰每天产奶量为 3.5 公斤，2022 年 8 月，70 峰骆驼产奶量超过 1.0 万公斤，2023 年 3 月，70 峰骆驼产奶量为 4941.5 公斤，是这期间的最低产量；2022 年 10 月，驼奶收购价格仅为 20.07 元/公斤，2023 年 4 月，收购价格达到 38.90 元/公斤，2023 年 3 月的日均单产量最低为 2.28 公斤/峰，但驼奶的收购价格较高。每年的 7 月和 8 月骆驼单产量较高，但驼奶收购价格较低（见表 1）。

表 1　2022 年 7 月~2023 年 8 月阿拉善双峰驼产奶量

时间	挤奶骆驼数（峰）	产奶量（公斤）	驼奶收购价格（元/公斤）	平均单产（公斤）	卖驼奶总金额（元）
2022 年 7 月	70	6725.0	20.50	4.80	138191.68
2022 年 8 月	70	10631.4	21.78	4.90	231538.80
2022 年 9 月	70	9471.0	19.63	4.03	185935.60
2022 年 10 月	70	8460.0	20.07	3.90	175389.90
2022 年 11 月	70	7288.4	23.29	3.47	169631.60
2022 年 12 月	70	6652.8	29.79	3.07	198180.80
2023 年 1 月	70	6219.0	26.27	2.87	163357.40
2023 年 2 月	70	5556.9	27.87	2.84	155125.50
2023 年 3 月	70	4941.5	33.26	2.28	164363.30
2023 年 4 月	70	7192.0	38.90	3.42	258186.40
2023 年 5 月	120	13673.9	31.24	3.80	427213.04
2023 年 6 月	120	14367.2	34.76	3.99	499366.20
2023 年 7 月	120	15488.1	23.06	4.16	356461.60
2023 年 8 月	120	15292.9	25.24	4.25	386032.60

资料来源：根据本报告课题组调查数据整理，存在统计误差，未做机械调整。

（三）驼奶加工现状

2016 年，《阿拉善盟行政公署关于印发加快阿拉善盟农牧业优势特色产业化发展的若干政策的通知》发布，明确提出要做亮高端畜牧业。围绕打造绿色农畜产品基地，因地制宜、科学施策、促使现代农牧业"基地化、规模化、产业化、标准化、品牌化、市场化"发展。阿拉善右旗人民政府也制定了《阿拉善右旗扶持骆驼产业发展实施意见（2017—2020 年）》，为骆驼畜种保护、产品技术研发、基础设施建设和奶源供应等提供了政策支持。在政策的拉动下，驼奶加工能力稳步提升。2022 年日处理骆驼鲜奶 20吨，近几年新建了 2 家规模化驼奶加工厂家，2024 年已经达到 80 吨的加工能力。2022 年一天收购加工骆驼鲜奶 2 吨左右，2024 年日平均收购加工骆驼奶 11.5 吨，日平均产奶量达 23.76 吨，但仍然有部分骆驼鲜奶没有在当地加工而直接销往外地，例如，2024 年 1 ~ 7 月，全旗加工骆驼鲜奶

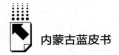

2408.17 吨，自产自销 172.64 吨，外销 2480.49 吨。阿拉善右旗内蒙古沙漠之神生物科技有限公司 2018~2021 年累计收购生鲜骆驼奶 233313 吨，支付驼奶收购款 7523.35 万元，其中，2021 年收购骆驼奶 706.04 吨，支付奶款 1849.51 万元，生产液态奶 47 万罐，驼奶粉 95.81 吨，销售收入 7580 万元，上缴税金 1248 万元。

（四）驼奶产品的品牌建设情况

抓住"农业增效、农民增收"这一主线，以培育优质品牌、拓宽驼产品销售渠道为突破口，积极开展品牌培育、招商引资、产销对接等工作。2023 年，成功举办"阿拉善双峰驼"文化品牌创意设计大赛，征集各类作品共 638 件，评选获奖作品四大类 14 件。拍摄制作"阿拉善双峰驼"国家地理标志农产品专题宣传片及广告片，利用五一黄金旅游时节，在兰州中川国际机场、兰州西站、阿拉善左旗巴彦浩特机场投放。积极组织驼产业相关企业先后在北京、上海、深圳、重庆、合肥等一线城市推介宣传阿拉善右旗优质特色驼产品，2023 年以来，当地企业共参加区内外各类展会 20 余次，进一步拓宽销售渠道、拓展消费市场、构建购销桥梁。近年来，成功引进内蒙古沙漠之神生物科技有限公司、内蒙古天驼生物科技有限公司、内蒙古巴丹神驼生物科技有限公司、阿拉善右旗神驼乳业科技有限公司等 13 家企业，研发生产骆驼产品四大类 97 个品种，其中，有"灭菌驼乳""全脂驼乳粉""驼奶片"等驼乳类产品 28 个品种，"驼绒被""驼绒毯"等驼绒类产品 21 个品种，"驼肉馅饼""冷鲜驼肉""酱香驼掌"等驼肉类产品 16 个品种，"驼奶香皂""驼奶口红""驼奶面膜"等生物制品类 32 个品种。注册"沙漠之神""漠北草原""牧釜""神驼""小驼阿丹""驼沫源""戈壁驼奶"等驼产品商标 25 个，"阿拉善右旗驼奶"地理标志 1 个，认证有机食品 5 个。目前，全旗骆驼系列产品研发及品牌建设工作进一步加强，宣传推介工作深入开展。

（五）驼奶产品销售情况

深入实施品牌强农战略，鼓励支持企业和农牧业经营主体进行产业升级，提高产品质量。积极推进产品线上、线下销售有效衔接，拓展产品销售渠道、开拓销售市场，提升品牌影响力和市场竞争力。驼奶丰富的营养价值及供不应求的市场需求，致使驼奶不能成为与牛奶一样的大众消费产品，因此出现了消费群体小、范围稳定的情形。同时驼奶企业生产一般为订单式生产，销售方式采用直销店、代理商形式，由企业固定门店、经销商负责长期营销售卖，因此驼产品销售因市场特殊性而具有适合其自身行业发展的特性。例如沙漠之神公司产品销售采用销售代理形式，目前全国代理商达 70 余家，分布在北京、上海、浙江、福建等各省（区、市），同时在天猫、京东等电商平台开设商铺。2023 年销售收入达 4465 万元，同比增长 19%。江苏每养科技有限公司产品销售采用"五年千店计划"，已在华北、西南、华东等重点城市完成门店经销布局，开设每养生活旗舰店、社区店近百家，拥有会员约 20000 名。一、二线城市以及省会城市驼奶产品年销售额超过 5000 万元，三、四线城市销售额超过 2000 万元。2024 年，电商平台销售工作进一步加强。

（六）加大人才培养和科技支撑

建成全国第一家骆驼研究院。内蒙古中哈骆驼研究院承担完成了国家级科研项目 6 项，自治区级科研项目 10 项，盟市级科研项目 7 项。建立了骆驼科学研究院士专家工作站、骆驼科学研究国际科技合作基地和骆驼科学研究创新人才团队等多项人才建设平台。拥有国际上最大且具有自主知识产权的骆驼基因库及纳米抗体库。研究院内人员在国际影响力高的学术期刊上发表学术论文 130 余篇，出版骆驼相关书籍 19 部，获得骆驼相关产品授权专利 13 项，制定骆驼产品相关标准 15 项，取得科研成果和产品成果 10 余项，其中 2 项科研成果填补国际空白。建成第一家驼产品检验检测中心。阿拉善右旗驼产品检验检测中心，配备液质联用、气质联用、高效液相色谱、电感耦合等离子体发射光谱仪等大型仪器设备 87 台，主要开展骆驼产品第三方检测工作，进行骆驼产品的营养成分检测，产品质量检验，致病菌检测等小分子检测，重金属、农药和兽药残留量检测、微生物检验检测、理化检验、

基因检测等。不断健全驼产业生产、加工及奶源质量安全追溯体系。目前，检测中心测量审核工作还在进一步推进中。吸引科技人才为骆驼产业发展"把脉寻方"。加强与国内外骆驼产业研究领域科研机构、专家学者合作，突出抓好骆驼绒、肉、乳深加工研发生产，生物制药，基因工程等领域科研攻关。2024 年，旗委组织部联合旗农科局赴呼和浩特与内蒙古农业大学兽医学院开展合作交流活动，进一步深化校地人才联系对接和学术合作。发挥"三区"科技人才新优势。2023 年，"三区"科技人才专项计划选派 8 人，其中骆驼研究相关科技人才 7 人。针对农牧业科技企业、专业合作社、家庭农牧场生产过程中遇到的问题，通过视频培训、电话咨询和下乡服务等形式进行分类指导。共开展实用技术培训 23 次，科技下乡（下车间）服务 70 余次，实地指导 50 余次，发放宣传资料 2600 余份。

（七）加大饲草料供给

持续抓好饲草料供给，提高饲草料质量，保障产业源头安全。2022 年招商引资引入饲草企业内蒙古驼健农牧科技有限责任公司，公司建成年产 5 万吨反刍饲料全自动化生产线 1 条，年产 5 万吨 TMF 全混合发酵日粮生产线 1 条，配套建设 TMF 生产车间 4800 平方米及 1.5 万亩牧草种植基地，可实现年产骆驼精饲料 10 万吨，满足 5 万峰骆驼饲草日需求量。目前，驼健公司已研制饲草三大类 8 个品种，为全旗提供饲草料 2200 吨。大力调整陈家井、陆家井、沙林呼都格等饲草料基地的种植结构，2024 年，全旗计划种植优质饲草料 1 万亩。加大饲草收储补贴力度，多渠道扶持骆驼养殖专业合作社修建青贮窖，构建购销一体的利益共同体，遏制饲草料价格无序上涨，保障骆驼养殖户权益。加强骆驼科学养殖、种质资源保护等工作，保障产业稳健发展。

（八）落实驼收入损失奶保险政策

根据《阿拉善盟财政局 农牧局关于转发〈内蒙古自治区财政厅 农牧厅2019 年农业保险保费补贴实施方案的通知〉的通知》（阿财农〔2019〕285 号）和《阿拉善盟财政局 农牧局 银保监分局 气象局关于印发阿拉善盟 2022 年农业

保险保费补贴实施方案的通知》（阿财金〔2022〕256号），阿拉善右旗在全国范围内率先开展驼奶收入损失保险试点工作，驼奶收入损失保险每峰骆驼保费1000元，按自治区财政∶盟市财政∶旗县财政∶牧户为4∶2∶2∶2的比例承担保费。有效增强了农牧民抵御风险的能力，解决了发展驼产业的后顾之忧。

二 典型企业的生产经营现状

（一）企业概况

内蒙古沙漠之神生物科技有限公司成立于2014年5月，是一家以骆驼系列产品开发、研究、生产和销售为一体的国家级龙头企业。注册资金为1000万元，占地面积为2.1万平方米，现有职工40人，人员全部签订劳动用工合同，其中，高级工有5人，中级工有3人，加工技术工人有15人，销售人员有5人。公司以阿拉善骆驼产业发展为对象，以骆驼标准化饲养、骆驼乳加工、骆驼生物制品加工为重点项目，主要从事骆驼系列产品的开发、研制、生产和销售，充分利用当地骆驼资源优势，将骆驼产业不断做大做强。

（二）企业目前的发展情况①

科技引领发展，发展创造未来，公司坚持以科技创新为先导，目前已获得有机认证、低GI认证，企业信用为A级，公司管理制度、质量安全体系建立健全。2020年获"高新技术企业"称号，现取得专利19项。

2022年7月1日至12月31日，累计收购生鲜驼奶222吨，平均收购价格为24元/公斤，固定交奶牧户13户，支付驼奶收购款526万元，销售收入1967万元，利润748万元，上缴税金324万元。

2023年1月1日至12月31日，累计收购生鲜驼奶413吨，平均收购价

---

① 本部分数据由企业提供，相关数据存在计算结果差异是因为未计企业实际生产、销售等环节的各种特殊情况，数据仅呈现企业发展整体情况，特此说明。

格为 34 元/公斤，固定交奶牧户 10 户，支付驼奶收购款 1395 万元，销售收入 4465 万元，利润 1663 万元，上缴税金 712 万元。

2024 年 1~8 月共收购驼奶 360 吨，平均收购价格 27 元/公斤，固定交奶牧户 11 户，支付驼奶收购款 960 万元，销售收入 2447 万元，利润 580 万元，上缴税金 503 万元。

（三）企业建立了完整的产业链

公司坚持以党建为引领，以铸牢中华民族共同体意识为主线，发展特色驼产业，在旗委、旗政府的大力支持下，与 10 多家养驼专业合作社和 100 多户养驼牧民签订了鲜奶收购协议，目前日收购驼奶 5 吨左右。现已形成"科研+公司+基地+专业合作社+牧户+销售代理商（专卖店）"完整的产业链。公司产品销往全国各地，各大城市现有代理商 80 多家。其中，内蒙古自治区有 21 家，其他分布在北京、上海、浙江、福建、四川、江苏、山东、新疆、甘肃等各大城市，现已发展天猫、京东、抖音等多个电商平台，代理商的不断扩大和完善为公司的销售体系奠定了坚实的基础。2021 年，公司与伊利集团达成战略性合作，与伊利合作的产品已问世，公司与伊利集团的合作为驼产业的长远发展奠定了坚实的基础。

公司在新形势下抢抓机遇，实现高质量发展，实现农牧业提质增效、农牧民增收、企业发展的多赢局面，成为当地促进一二三产业融合发展的新典范。公司在不断完善自身建设的同时，服务带动周边农牧民，实现产业化经营，增加经济效益，提高农牧民收入。

三 骆驼奶产业发展中面临的问题或困难

（一）牧民面临的问题或困难

1. 电力供应不足
牧区发展中骆驼挤奶源基地需要解决的最大制约因素是电力问题。据课题组调查，1户牧民冬季取暖用煤6~7吨，按2021年煤价格计算年取暖费为1万元以上。随着牧区智能化、机械化设备的增多，目前很多牧民只有3~5千瓦的风光互补发电，成本高而动力小，难以满足目前牧民生产生活需求，如挤奶机、制冷罐、电暖器等无法用，制约了牧区和驼奶产业的发展。另外，内蒙古风光资源丰富，给国家电网输送了大量环保能源，如何利用当地风光能源给分散居住的牧民提供稳定电源满足取暖、生产生活需要是急需解决的问题。

2. 运输距离远、成本高

养驼牧民分散居住在戈壁沙漠边远地区，交通不便，运输距离远，调查得知，草料运输平均距离为285公里，最远达448公里，草料等运输成本高，但是距离骆驼放牧草场最近，草场相对宽阔，有利于放牧和补饲挤奶，挤奶骆驼适应性好，应激反应、疾病相对较少。因此，要科学合理安排收奶基地。

（二）企业遇到的问题和困难

1. 驼奶质量、产奶量与价格效益问题

一是骆驼放牧转为舍饲以后，饲养管理不一致，尚未形成有效的防疫技术措施和标准，疾病与抗生素、塑化剂等问题影响骆驼奶质量，也影响了驼奶产业高质量发展。二是目前阿拉善双峰驼没有形成专用挤奶骆驼品种，育种工作处于自发摸索阶段，阿拉善双峰驼产奶量高的群体日平均产奶量可达5公斤以上，但绝大部分骆驼日平均产奶量不到2.5公斤，产奶量和奶的品质都需要进一步提升，这严重影响了牧民的收入和企业生产效益。

2. 驼乳产品销售方面仍有短板

阿拉善右旗驼鲜奶价格不稳定，甚至出现无人收购或哄抬价格抢收驼奶现象，2019年，甚至有外地企业来阿拉善竞争收购骆驼奶，驼奶收购价格一度达到75元/公斤，挤奶骆驼数量和产量进一步增加。后来市场上五花八门的配方驼奶以低脂聚糖、麦芽糊精、脱脂奶粉、脱盐乳清粉、浓缩乳清蛋白粉等人工添加原料为主，而只有少量的驼乳粉，加工成本低，市场售价从

几十元到几百元不等，又出现驼乳的收购量减少，或者干脆不收奶的情况。

2024年3月，国家标准《食品安全国家标准 乳粉和调制乳粉》（GB、1944—2024年）发布并将于2025年2月8日实施。其中最大的变化是有关特色乳方面的要求，新标准中增加了牦牛乳粉、骆驼乳粉、驴乳粉和马乳粉等的技术要求；新标准中的乳粉及调制乳粉的定义为"乳粉：以单一品种的生乳为原料，经加工制成的粉状产品。调制乳粉：以单一品种的生乳和（或）其全乳（或脱脂及部分脱脂）加工制品为主要原料，添加其他原料（不包括其他品种的全乳、脱脂及部分脱脂乳）、（不包括畜种的生乳及乳制品、动植物源性蛋白和脂肪）食品添加剂、营养强化剂中的一种或多种，经加工制成的粉状产品，其中来自主要原料的乳固体含量不低于70%"。由此，随着新标准的实行，整个驼奶产品市场需要重新洗牌，并且应不断开拓市场。目前驼乳粉以及相关制品的销售能力不足，产品的消费市场狭小，消费空间不足，市场占有率更是不足，驼乳粉以及相关制品在产业发展中仍然属于短板。品牌营销方面还没有形成以地域品牌为基础在行业内叫得响的知名品牌。企业之间合作不畅，在价格、质量标准、营销口径等方面没有形成联合体。

3. 骆驼原奶增多，加工能力不足的问题

市场需求增加、生产效率提高或养殖规模扩大等现象凸显，目前，阿拉善右旗驼奶原奶生产交易量翻倍，原奶供应市场活跃，但销售市场相对乏力，驼奶收购价格出现下跌趋势，驼奶企业生产加工能力仍然不足。

（三）产业发展的政策支持力度不足

1. 骆驼产业政策支持不足的问题

阿拉善右旗骆驼产业起步较晚，目前已经出台了自治区级和盟级的扶持政策，但是在研究探索适合阿拉善右旗发展的具体办法方面还有一些短板和不足，政策实施需进一步强化和细化。

2. 驼产业发展链条短板的问题

产业规模化生产遭遇瓶颈。阿拉善右旗驼乳产业链条发展不充分，驼奶加工技术含量较低，产品精深加工能力明显不足，高附加值的精深加工产品少，驼乳产品加工转化率较低，缺乏先进生产技术和专业人才队伍，骆驼附加值效益发挥不充分。

四 驼奶产业高质量发展的建议

（一）加大基础设施建设

应利用风光电网资源就地消费解决牧区缺电问题，对于远离电网的牧民，使用20~30千瓦的风光互补发电设备，用于生活取暖和生产使用，并给予补贴，如风光互补全套设备购置安装补贴、电池更换补贴，以支持牧区发展。

（二）加大骆驼产业政策扶持力度，推进驼产品提档升级

国家、自治区、盟三级政府应把骆驼等地方特色优势产业写入近期计划和长远规划，出台骆驼等地方特色优势农牧业高质量发展、奶业振兴的相关优惠政策。加快推动驼乳行业标准体系建设，立足阿拉善右旗资源禀赋，深入推行骆驼养殖专业化、生产标准化、经营产业化管理模式，全面促进以驼乳为重点的骆驼产业持续、健康、快速发展。进一步加强驼乳奶源管理，加大生物科技和产品研发，加速化妆品、保健产品的研发，以加大龙头企业建设带动特色产业发展，不断优化资源配置，推进产业提档升级，持续催生新的经济增长点，全力打造以龙头企业为引领、生产基地为纽带、牧区大户为基础的产业化联合体，不断促进骆驼全产业链各环节提档升级。

（三）强化产学研结合，进一步提升骆驼产品的科技含量

制定高产奶驼培育方案和长期资金支持计划并将其纳入政府预算，农牧科研部门加大对骆驼的研发投入力度，引导龙头企业与高等院校、科研

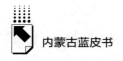

院所紧密合作，建立"产学研"结合的科技创新体系，推广现代育种技术，开发挤奶骆驼放牧补饲技术，预防治疗疾病，实施环境改善计划，制定骆驼饲养管理标准，在保护和提高骆驼奶特有功效的前提下，提高平均日产奶量。精准对接消费市场，重点在驼乳价值与应用上加大科研投入力度，协同推进驼乳、驼脂等系列产品开发，精深开发驼奶冰激凌、生物制药等系列产品，创新开发符合市场需求的驼奶系列保健品、驼奶肽等高端产品，进一步提升产业能级。加大招商引资力度，引入蒙牛、伊利等知名企业，通过寻求资金、技术、产品、营销等方面的合作，进一步分流市场奶源，壮大驼产业规模，营造公平公正的市场环境，促进驼乳及其制品销售，做大做强驼产业企业。通过政策引导、资金扶持、产品研发、技术引进等措施，对驼畜相关产业进一步探索和挖掘，建设一批驼奶医药、营养保健、休闲康养等高端产品和高附加值产品等衍生产业，配合驼奶主导产业，形成驼产业辐射带动效应，形成拳头产品，培育领军企业，增加产业附加值，拓宽产品销售渠道。

（四）强化市场营销，进一步开拓产品消费市场占有率

随着驼产业的强劲发展，驼乳及其制品已经得到越来越多的消费群体的青睐，市场上名目繁多的驼乳制品也走进了千家万户。要抢抓机遇，借助农博会、农产品展销会、重大节庆日活动等有效途径，进一步加大宣传推介力度，把产品推销出去，把市场拓展稳固下来，提升消费者的消费欲望，真正树立起区域品牌的招牌。

（五）合理引导骆驼养殖和原奶生产，持续提高加工量和生产能力

通过招商引资以及吸纳企业融资等形式，提升驼奶生产企业加工能力，满足市场对驼奶产品的需求，通过产品多样化和质量提升增强市场竞争力。同时，深入分析市场动态，合理调整驼奶收购价格，以保证生产者的利益，促进驼奶产业链的健康发展。

B.18
四子王旗马铃薯生产发展情况调查报告[*]

何永哲[**]

摘　要： 马铃薯产业是四子王旗最具特色的乡村产业，经过多年的培育发展，已成为四子王旗发展农业经济、农民脱贫致富和实现乡村振兴的主导产业。在科技赋能马铃薯产业高质量发展方面，四子王旗进行了积极有效的实践与探索，但仍面临着一些问题，如经营理念落后，缺乏商品化经营意识；种植收益不稳定，缺乏应对市场能力；组织化程度低，无法适应现代农业发展需要；加工产品种类不丰富，精深加工产业链需进一步延长。需要从农业现代化发展、产业转型升级、加快品牌创建、强化科技和金融支撑等方面推进马铃薯产业高质量发展。

关键词： 马铃薯产业　马铃薯品牌　四子王旗

习近平总书记在考察内蒙古时作出"把内蒙古建设成为国家重要农畜产品基地"的重要指示。党的二十大报告指出，"发展乡村特色产业，拓宽农民增收致富渠道"。近年来，四子王旗抓住政策支持机遇，贯彻中央农村工作会议精神，认真落实《农业农村部办公厅关于印发〈2020年推进现代种业发展工作要点〉的通知》、《内蒙古自治区党委 自治区人民政府关于加快推动农牧业高质量发展的意见》（内党发〔2020〕9号）、《内蒙古自治区人民政府办公厅关于促进马铃薯产业高质量发展的实施意见》（内政办发

---

* 本文系内蒙古自然科学基金项目"牧区经济与草地生态耦合共生的时空交互效应测度研究"（2023QN07010）阶段性研究成果。
** 何永哲，内蒙古自治区社会科学院助理研究员，研究方向为区域经济、农牧业经济。

〔2020〕35号)、《内蒙古自治区人民政府办公厅关于印发〈农业高质量发展三年行动方案（2020-2022年）〉的通知》（内政办发〔2020〕37号）、《内蒙古自治区人民政府办公厅关于推进马铃薯产业链发展六条政策措施的通知》（内政办发〔2023〕55号)，以及乌兰察布市一系列马铃薯支持项目与补贴政策，加大马铃薯产业各环节补贴力度。按照"做强种薯、做大专用薯、做优商品薯"的发展思路，紧紧依托农业产业龙头企业的科技支撑，积极推广应用马铃薯良种配套技术，切实提升马铃薯品质，在良种繁育、新品种新技术推广、精深加工等方面取得了长足发展，全面提升了马铃薯产业发展水平，巩固马铃薯主导产业地位。

一 四子王旗基本情况与资源禀赋

四子王旗，蒙古语杜尔伯特，成吉思汗胞弟哈卜图·哈萨尔的第十五代嫡孙诺延泰将这片草原交由4个儿子分治，故称"四子部落"，四子王旗的名称由此而来。四子王旗位于祖国正北边疆，内蒙古自治区中部阴山北麓，乌兰察布市西北部，地理坐标北纬41°10′~43°22′，东经110°20′~113°00′。南、东、西三面分别与呼和浩特市、锡林郭勒盟和包头市相邻，北部与蒙古国接壤，边境线长104公里，全旗总面积2.5万平方公里，占乌兰察布市总面积的50%，其中，牧区面积2.0万平方公里，占全旗总面积的81.7%。总人口20.2万人，常住人口12.9万人，农牧区常住人口6.4万人，居住着蒙、汉、回、满等14个民族的人民，其中，蒙古族人口1.4万人。四子王旗是一个以畜牧业为主，农牧结合的边境少数民族聚居旗。四子王旗是全区33个纯牧业旗县区之一、19个少数民族边境旗县区之一。①

四子王旗位于我国草原—荒漠过渡带，是阴山北麓农牧交错带生态文明建设的重要区域和关键节点，其生态功能对保障内蒙古自治区中部、华北地

---

① 《地理位置》，https：//www.szwq.gov.cn/ArticleDetails/NTk2L3l1LzU5Ni8=3483/109.html，四子王旗人民政府，2024年1月5日。

区乃至全国生态安全具有独特的屏障作用，是国家、自治区生态保护和修复的重点区域；距离呼和浩特95公里，紧邻自治区核心经济区，靠近核心市场，与呼和浩特市和包头市毗邻，与鄂尔多斯相望，处于呼包鄂乌经济圈内；同时，还是乌兰察布市唯一的边境县（市、区、旗），靠近中蒙两国唯一铁路口岸、欧亚大陆桥中重要战略枢纽的二连浩特市。

（一）自然状况①

1. 地形地貌

四子王旗地形从南至北由阴山山脉北缘、乌兰察布丘陵和蒙古高原三部分组成。地势东南高，西北低，平均海拔1400米。南部多为山地丘陵，北部为开阔的荒漠草原。全境丘陵起伏，平原相间，既无崇山峻岭，亦少较大平原。其中，山地占4.1%，丘陵占56.1%，高原占39.8%。海拔1000～2100米，相对高差1100米，平均海拔1400米。主要山脉有笔架山、阿日嘎郎图山、道劳斯日博山和脑木更山。

2. 河流水系

四子王旗境内地表水主要以塔布河流域为主，其他区域地表水资源贫乏且利用困难、经济效益低。塔布河发源于包头市固阳县东北部南沟村，流经武川县、达茂旗，最后流入四子王旗境内。塔布河呈"S"形由南向北纵贯四子王旗农牧区，最终汇入呼和淖尔。河流全长323公里，其中旗境内223.5公里；流域面积10219平方公里，其中四子王旗境内流域面积7685平方公里。塔布河流域支流甚多，流域面积大于500平方公里的一级支流7条，其中四子王旗境内有6条，即韭菜沟（白彦敖包河）、乌兰花河、乌兰牧场河、红格尔沟、敖勒斯河和乌古图高勒。四子王旗水库有白音希勒水库、府壕子水库、银贵河水库、乌兰花水库、泉掌子水库、红格尔水库。

3. 气候

全旗地处中温带干旱半干旱过渡区，具有高原地区干旱、少雨、多风和蒸

---

① 《内蒙古自治区四子王旗"绿水青山就是金山银山"实践创新基地建设实施方案（2023—2026年）》（四政发〔2023〕24号）。

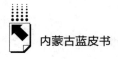

发量大的气候特点。热量不足，年平均气温 1~6℃，最低气温-33℃，≥10℃的有效积温为 1800~2300℃，无霜期 90~120 天。年平均风速 4.4 米/秒以上，大于等于 8 级的大风年平均日数 50 天以上。干燥少雨，平均年降水量 110~350 毫米，降雨多集中在 7~9 月，蒸发量是降水量的 8 倍。光资源丰富，年日照时数达 3062 小时。

（二）资源状况

1. 水资源

四子王旗水资源短缺，工业发展、农业灌溉需水量逐年增加，水资源供需矛盾突出。根据自治区第三次水资源开发利用调查评价统计数据，全旗地表水资源量为 4868 万立方米，地下水资源量为 17468 万立方米，水资源总量为 22461 万立方米；地下水可开采量为 11547 万立方米。水资源时空分布以南部区降雨多、北部区（牧区）少；降雨多集中在 7~9 月。地下水以塔布河沿岸为主要富水区，供济堂镇及牧区为贫水区。

2. 热量资源

全旗受地形、地貌影响，热量资源由南向北逐渐增加，热量资源的地区差异比较明显。北、中部热量较多，但水分很少，适于发展畜牧业；南部热量较少，但水分较多，适于农牧林综合经营，农作物适于种植小麦、莜麦、马铃薯、胡麻等耐寒作物和短期豆类作物。极端最高气温 37℃，极端最低气温-39℃，年平均温度 2.9℃，最冷月 1 月的平均气温为-15.8℃，最热月 7 月的平均气温为 19.40℃。无霜期 10~120 天，绝对无霜期只有 88 天，地冻期约 180 天，平均深度为 2.25 米。[①]

二　四子王旗马铃薯产业发展概况

四子王旗具有日照充足、雨热同季、昼夜温差大的独特高原气候，具有

---

① 《内蒙古自治区四子王旗"绿水青山就是金山银山"实践创新基地建设实施方案（2023—2026 年）》（四政发〔2023〕24 号）。

优质土壤、充足肥源等丰富资源，是马铃薯生产的天然基地和种薯繁育的优势地区。马铃薯种植历史久远，自 20 世纪 80 年代起，马铃薯开始商品化生产，由自给自足生产向商品化经营跨越，形成了稳定的产业基础。近年来，四子王旗在设施农业建设、农机农艺配套、良种繁育体系、新品种新技术推广等方面予以重点扶持，马铃薯产业得以长足发展，四子王旗成为中国薯都乌兰察布马铃薯产业带的核心种植区。

（一）农业基础设施不断完善，产业规模不断壮大

作为全区重要的农畜产品生产基地之一，四子王旗耕地资源丰富，拥有天然无污染耕地 246 万亩，占全市的 23%。以高效节水灌溉和高标准农田建设为主的农田水利基础设施建设投入不断加大。农田水利设施完善，水浇地面积 72.5 万亩，节水灌溉面积 70 万亩，建成高标准农田 32.7 万亩，智能水肥一体化滴灌面积 11 万亩。全旗粮食产量达 5 亿斤，马铃薯种植面积稳定在 40 万亩左右，平均亩产 4500 斤以上，最高亩产超 1 万斤，鲜薯产量 90 万吨，占全旗粮食产量的 51%。2024 年，马铃薯种植面积为 45 万亩，规模种植相对增加，马铃薯企业、农民专业合作社、家庭农场、种植大户等新型经营主体成为马铃薯产业发展的生力军，马铃薯产值占全旗农业产值的 53%，农民收入的 45% 来源于马铃薯产业，马铃薯产业已成为富民强旗的"黄金产业"。[①]

（二）马铃薯制种基础雄厚，种薯繁育体系不断健全

四子王旗是国家级马铃薯良繁基地，也是国家级马铃薯制种大县，全旗共有 4 家种薯企业，完成了从研发育种到组培、原原种、原种、一级种薯扩繁的种薯繁育体系建设，初步建成了北方地区重要的种薯生产基地。建成良繁基地 24 万亩，具有年生产脱毒种苗 8000 万株、原原种 1.1 亿粒、原种 6 万吨的制种能力，自主研发马铃薯新品种 12 个，其中，在农业农村部登记

---

① 《四子王旗：做大做强马铃薯产业夯实粮食安全基础》，https：//www.szwq.gov.cn/Article Details/ODM0NC95dS84MzQ0Lw＝＝1797/117.html，2023 年 11 月 20 日。

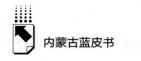
受保护的共6个,自主研发高淀粉品种填补了国内空白,全旗马铃薯良种覆盖率达100%。四子王旗连续两年建设自治区级"看禾选种"区域性平台,多次举办全国、全区现场观摩会。[1]

(三)产业规模不断壮大,产业融合发展体系初步建成

四子王旗于2021年被列入"国家农产品产地冷藏保鲜整县推进试点",现有万吨气调库13座,千吨储窖31座,60吨以上储窖2800座,总仓储能力达到35万吨,延长了产品销售期。成功创建自治区级现代农业产业园,已建成马铃薯10000吨精淀粉、1000吨马铃薯蛋白精深加工项目,15万吨鲜薯清洗分选生产线和2万吨净菜加工项目,全旗马铃薯年加工能力达到26万吨。2000吨土豆泥、1000吨蛋白、10000吨变性淀粉、10000万吨全粉加工项目相继投产,进一步延长马铃薯精深加工链条。全旗规模化经营程度不断提高,现有精淀粉加工企业5家,300亩以上农民专业合作社、家庭农场、种植大户等新型经营主体210家,成为全旗马铃薯产业发展的生力军。[2]

(四)科技应用助推产业发展,产品品牌初步形成

高效节水灌溉建设和水肥一体化技术的运用,特别是以色列先进滴灌技术和智慧农业技术的引进,使四子王旗实现了设施、农机、农艺和智能技术的有机结合,填补了智慧农业的空白,促进了"无膜、节水、控肥、减药、省工、增效"绿色栽培技术综合应用;新品种培育、引进与扩繁促进了马铃薯更新换代,品种由原来传统的鲜食薯逐步向加工专用薯更新,中加系列、希森系列、华颂系列等新品种脱颖而出,已成为马铃薯种植和消费的新亮点;脱毒种薯推广,实现了产量和品质双提升。

作为"中国马铃薯之都"乌兰察布市马铃薯的重要组成部分,四子王

① 《四子王旗:做大做强马铃薯产业夯实粮食安全基础》,https://www.szwq.gov.cn/Article Details/ODM0NC95dS84MzQ0Lw==1797/117.html,2023年11月20日。
② 《四子王旗:做大做强马铃薯产业夯实粮食安全基础》,https://www.szwq.gov.cn/Article Details/ODM0NC95dS84MzQ0Lw==1797/117.html,2023年11月20日。

旗的马铃薯以种植规模大、产品质量高的优势，为"乌兰察布马铃薯"、"内蒙古乌兰察布马铃薯中国特色农产品优势区"、"中国百强农产品区域公用品牌"和"中国最具价值品牌"的评选作出了较大贡献，产品优势不断增强。2020 年，四子王旗电商中心公共品牌"天梦草原"注册成功，为马铃薯品牌建设奠定了基础。

三　四子王旗马铃薯产业发展存在的问题

（一）经营理念落后，缺乏商品化经营意识

农村大量劳动力外流，农业从业人员结构失衡，投入严重不足，新理念、新技术、新模式推广运用受限。"小而全"的家庭经营模式使农户生产方式落后，产业化经营规模小，市场竞争力弱。各家固定资产投资较大，设施设备落后，生产效率效益较差，造成固定资产投资严重浪费。"盲目跟风"现象较为普遍。在种植品种上跟风，与市场不能衔接，极易造成滞销。在投入产出方面，缺乏精准核算，只求价格低廉盲目投入。

（二）马铃薯种植收益不稳定，缺乏应对市场能力

马铃薯种植风险较大，种植收益不稳定。马铃薯的价格市场预期不稳定，较其他农作物价格跨度较大，2022 年以前，马铃薯收购价格为每斤0.45~0.75 元，土地流转费用、农资价格普遍上涨，马铃薯种植成本持续增加，水地种植成本更是超过了 3800 元，种植风险较大，种植户收益不稳定。① 同时，由于买方与卖方之间信息不对称，种植户盲目生产，不了解市场需求，不掌握市场信息，价格低迷时倾销、价格上涨时惜售现象严重，不注重二次增值，马铃薯有价无市，常常滞销。

---

① 董奇彪、侯丽丽、闫东主编《内蒙古自治区种植业重点产业链发展报告》，中国农业出版社，2024。

（三）组织化程度低，无法适应现代农业发展需要

农业经营主体"小、散、乱"问题有待突破，农民专业合作社空壳化、不规范的现象比较严重，综合能力不强，生产主体的组织化、规模化程度偏低。全旗现有 800 多家农民专业合作社，其实质是种植大户独家经营，真正意义上的合作社寥寥无几，约 75% 左右的农田掌握在散户手中，分散经营难以形成规模效益。同一灌溉区域种植品种混杂，水肥管理混乱，投资水平不一，现代农业科技成果转化率低，特别是诸如高效节水灌溉设施设备、高效栽培技术与水肥一体化技术应用、全程机械化作业、病虫害统防统治等集约化经营模式下的科技成果无法发挥其效益，与现代农业发展需求不相适应。

（四）加工产品种类不丰富，精深加工产业链需进一步延长

虽然马铃薯整体加工能力较强，但产品种类不丰富，精深加工龙头企业少。一方面，加工产品中绝大多数为淀粉、粉条、土豆泥等初加工产品，马铃薯变性淀粉及其延伸食品、医疗、化工等高附加值产品的生产尚在起步阶段，需要进一步加强。另一方面，马铃薯产地净菜和预制菜加工等仍处于初级发展阶段，生产薯条薯片等休闲食品的规模化企业较少。

四　科技赋能马铃薯产业高质量发展的实践与探索①

四子王旗是乌兰察布市最大的农牧结合旗，气候冷凉干燥，日照充足，昼夜温差大，土壤多呈沙性，属北纬 41°马铃薯黄金产区。这里出产的马铃薯块茎大、薯形好、干物质含量高、病虫害少，蛋白含量、酸性、抗凝沉性、白度、黏度、糊化度等各项指标均优于国内其他地区，已是享誉全国的

---

① 本部分数据和资料来源于《内蒙古自治区四子王旗"绿水青山就是金山银山"实践创新基地建设实施方案（2023—2026 年）》（四政发〔2023〕24 号）。

优质农产品。凭借优越的自然地理气候特点，四子王旗一跃成为乌兰察布、内蒙古乃至全国马铃薯的主要产区，依托科技创新推动农业提质增效，全旗马铃薯种植面积不断扩大，"小土豆"成为当地群众增收致富的"大产业"。

位于四子王旗的内蒙古中加农业生物科技有限公司、内蒙古鑫雨种业有限公司等马铃薯种薯企业，以种业科技创新推动马铃薯产业高质量发展，用"科技兴农，种业先行"带动农户增收致富。中加农业作为中国最大的集马铃薯新品种选育、种薯生产、分级精选、仓储物流、推广销售于一体的现代化农业企业，建有企业研究开发中心、马铃薯种业技术创新中心质量检验检测服务中心和马铃薯种质资源创制与种薯质量检测内蒙古自治区工程技术研究中心等科研平台，是国内第一家围绕马铃薯全产业链进行检测的第三方检验检测技术服务机构，先后被评为"高新技术企业""农业产业化国家重点龙头企业""自治区扶贫龙头企业"等。

（一）主要做法

科技创新赋能马铃薯产业高质量发展。种薯是马铃薯产业的"芯片"。中加农业自主研发的"中加"系列品种销往全国20多个省（区、市），推广面积超过160万亩，为马铃薯品种结构优化及当地农民增收致富奠定了坚实的基础。其中"中加7"新品种亩产可达8000斤，比普通品种亩产高500多斤，可为种植户带来更高收益。针对四子王旗地区干旱缺水的气候特征，中加农业联合国际马铃薯中心亚太中心、中国农业科学院、内蒙古大学等12所科研院校，选育出抗旱高淀粉新品种"中加10""中加11"，填补了国内高淀粉品种空白。2022年，四子王旗商品种薯销售总额位居全国第四。种业创新促进了马铃薯的产量和品质提升，助力四子王旗马铃薯种植产业形成集种薯繁育、技术服务、储藏保鲜、产品销售为一体的全产业链条。

绿色生产技术提升马铃薯产业生态效益。通过实施马铃薯绿色高质高效行动，利用龙头企业示范推广"无膜、节水、控肥、减药、省工、增效"绿色生产技术，有效减少农业面源污染。目前，全旗智能水肥一体化

面积为4.9万亩,智能化水平不断提高;施用阿尔格微藻营养液改良土壤,减少氮肥使用量20%~30%,增产10%~15%;马铃薯全部采用无膜种植,每年减少地膜用量1632吨;全程机械化生产在96%以上,作业效率与质量显著提升;化肥用量由上年的8000吨降低到7100吨,减少11.3%;农药用量由上年的121.7吨减少到114.9吨,减少5.6%。通过绿色高质高效项目的实施,广大种植户积极参照示范基地种植模式,参与绿色高质高效栽培技术推广与应用,化肥农药投入实现负增长,生态效益显著提升。

不断探索发展联农带农利益联结机制。境内马铃薯种业公司不断创新农企利益联结机制,通过土地流转或入股、订单生产、聘民为工等方式,联农带农辐射全旗各苏木乡镇(场)7900余户农户受益。第一,土地流转或入股。公司通过自建基地与订单基地的形式流转农户的土地,涉及东八号乡、吉生太镇、乌兰花镇3个乡镇共8万亩土地。土地流转价格高于市场价格50~100元/亩,户均收入1万元;公司吸纳农户以土地入股经营,农民土地以每亩600元保底入股,待产品销售完成后根据地块收益按纯利润的20%再给入股土地农户分红,解决了农户劳力少、投资难、缺乏科学化管理、机械化种植和产品不统一、销售难等问题。第二,订单生产。采取"公司+基地+合作社+农户"联合育种模式,实行统一提供种薯、统一技术标准、统一质量标准、统一订单收购、分户经营、保证种植户收益高于商品薯收益的"四统一分一保证",辐射带动农户从事马铃薯种薯产业,农户因此亩均增收300元左右。第三,聘民为工。公司按照社会用工价格优先聘用土地入股、土地流转农户就地打工,既解决了公司种植基地用工问题,也解决了合作农户剩余劳动力就业难题。通过中长期用工和季节性雇工形式,每年解决近3000人就业,人均年收入分别达3万元、1万元。

(二)主要成效

通过实施"薯业提质增效行动",四子王旗实现了马铃薯亩产2吨到亩产4吨的跨越，年人均收入约4.5万元，人均增收6000元。2022年，全旗马铃薯种植面积达到了52万亩，年产量占全市的1/4。完成马铃薯自主新品种登记6个，良种覆盖率90%以上，为打造我国北方地区重要的国家级马铃薯良种繁育基地、实现马铃薯"百亿级全产业链"打下坚实基础，真正做到了"小土豆、大产业"。

（三）经验模式

第一，深耕种业科技，占领马铃薯种业高地。

第二，过程节水节肥，提升马铃薯产业生态效益。

第三，产销联农带农，创新多途径农企利益联结机制。

（四）示范作用

马铃薯产业科技创新对于中西部干旱地区农业生态化发展与农民增收具有示范与引领作用。四子王旗马铃薯育种产业转化路径如图1所示。

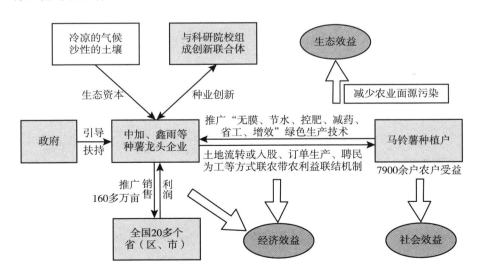

图1 四子王旗马铃薯育种产业转化路径

五 马铃薯产业高质量发展的建议及展望

（一）大力发展高效现代农业

扩大马铃薯高产种植区比例，加大马铃薯气调库、1000吨以上储窖建设力度，培育壮大现代仓储企业，扶持农户小型储窖提质升级建设，提高仓储能力和大型仓储企业经营实力。提高现代种植技术覆盖面。推广马铃薯新品种种植、脱毒种薯繁育、测土配方施肥、机械化高垄种植、膜下滴灌及喷灌种植、旱作地膜覆盖种植、全程机械化作业、病虫害综合防治及水肥一体化等技术。重点推广水肥一体化、增施有机肥、生物菌肥等技术，集成推广绿色防控技术和高效低风险化学农药施用技术，以提高标准化生产技术覆盖率来提高马铃薯规模化生产、标准化管理水平。

（二）推动马铃薯产品加工产业转型升级

围绕集体经济、种养殖大户、农牧民利益联结机制积极培育马铃薯产业龙头企业，培育一批新型经营主体和有实力的生产加工企业，实施品牌化战略，建成自治区绿色高质量农畜产品输出加工基地。

充分发挥现有种薯龙头企业的带动引领作用，积极扶持龙头企业做强、做大、做优，积极支持企业在种薯培育、科技推广、品牌创建、市场营销等方面取得更大突破，巩固自治区和乌兰察布全力打造的"中国薯都"核心区企业的地位。推动建立马铃薯一二三产业高效融合发展模式，提高马铃薯加工能力和加工深度，扩充马铃薯加工产业链，开发生产薯片、薯条、马铃薯全粉、马铃薯淀粉、变性淀粉下游产品，打造马铃薯深加工企业，逐步形成完整产业链条，有效带动了四子王旗马铃薯产业的提质升级。

（三）巩固精深高端加工，提升产地加工能力

充分发挥产地优势，巩固现有企业的鲜薯加工能力，引进和培育精深加

工企业；发展马铃薯主粮化食品加工业，全面延伸产业链条，充分提高马铃薯就地加工转化能力；重点支持加工企业与规模经营主体通过"企业+基地+合作社"等模式开展订单生产，建立利益共享、风险共担的利益联结机制；积极引导新型经营主体发展马铃薯初加工业，如分级包装、净菜加工等，提升产品档次，提高产品附加值。

（四）瞄准市场需求，改善品种结构

种薯企业要以加工薯为重点，研发培育淀粉含量高、抗性好、适合当地气候土壤环境、易栽培的品种，改善品种结构。企业要严格按照种薯质量标准进行生产，运用科学有效的监测手段，确保种薯质量；种植户要打破盲目跟风的局面，选择易栽培、售价好、稳收入、可追溯的品种，降低种薯质量造成的风险。加快发展高淀粉品种与加工专用薯生产，全面推进订单种植，降低市场风险。积极鼓励新型经营主体种植优质商品薯，确保产品适销对路。

（五）加快品牌创建，促进产业发展

充分利用"乌兰察布马铃薯"、"中国薯都"和"中国特色农产品优势区"等品牌影响力，加快创建马铃薯品牌，积极推动"天梦草原"公共品牌运行，宣传带动企业、新型经营主体创建自己的品牌，通过整体的品牌形象来展示自己的产品特色，提高产品的竞争力，拓宽产品销路，实现品牌增值。积极推动"两品一标"认证，确保品牌质量。

（六）强化科技与金融支撑，助力产业高质量发展

鼓励高校、科研机构及企业在马铃薯单产提升、高效节水、疾害防控、土壤改良、产品加工等全产业链方面加大技术研发和技术推广力度。推动关键技术攻关，打造创新联合体，推动产学研深度融合，促进科技成果转化，以科技创新引领马铃薯产业提档升级。强化金融支持，鼓励采用政府性融资担保为符合条件的马铃薯加工龙头企业扩大再生产提供担保贷款，拓宽融资渠道。开展马铃薯价格指数保险保费补贴试点，逐步完善金融支持服务体系。

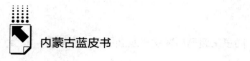

参考文献

郝若诗、吕健菲、王澳雪等：《高质量发展背景下中国马铃薯产业新特点与发展趋势》，《农业展望》2024年第1期。

李璟张、张蜀雁：《四子王旗：科学谋划推进马铃薯产业提质增效》，《乌兰察布日报》2023年3月5日第2版。

马英杰、陈炜、邓生菊：《我国马铃薯产业高质量发展路径分析》，《中国蔬菜》2024年第6期。

权威报告·连续出版·独家资源

皮书数据库
ANNUAL REPORT(YEARBOOK)
DATABASE

分析解读当下中国发展变迁的高端智库平台

所获荣誉

- 2022年，入选技术赋能"新闻+"推荐案例
- 2020年，入选全国新闻出版深度融合发展创新案例
- 2019年，入选国家新闻出版署数字出版精品遴选推荐计划
- 2016年，入选"十三五"国家重点电子出版物出版规划骨干工程
- 2013年，荣获"中国出版政府奖·网络出版物奖"提名奖

皮书数据库

"社科数托邦"
微信公众号

成为用户

登录网址www.pishu.com.cn访问皮书数据库网站或下载皮书数据库APP，通过手机号码验证或邮箱验证即可成为皮书数据库用户。

用户福利

- 已注册用户购书后可免费获赠100元皮书数据库充值卡。刮开充值卡涂层获取充值密码，登录并进入"会员中心"—"在线充值"—"充值卡充值"，充值成功即可购买和查看数据库内容。
- 用户福利最终解释权归社会科学文献出版社所有。

数据库服务热线：010-59367265
数据库服务QQ：2475522410
数据库服务邮箱：database@ssap.cn
图书销售热线：010-59367070/7028
图书服务QQ：1265056568
图书服务邮箱：duzhe@ssap.cn

社会科学文献出版社 皮书系列
SOCIAL SCIENCES ACADEMIC PRESS (CHINA)

卡号：644782184157
密码：

基本子库
SUB DATABASE

中国社会发展数据库（下设 12 个专题子库）

　　紧扣人口、政治、外交、法律、教育、医疗卫生、资源环境等 12 个社会发展领域的前沿和热点，全面整合专业著作、智库报告、学术资讯、调研数据等类型资源，帮助用户追踪中国社会发展动态、研究社会发展战略与政策、了解社会热点问题、分析社会发展趋势。

中国经济发展数据库（下设 12 专题子库）

　　内容涵盖宏观经济、产业经济、工业经济、农业经济、财政金融、房地产经济、城市经济、商业贸易等 12 个重点经济领域，为把握经济运行态势、洞察经济发展规律、研判经济发展趋势、进行经济调控决策提供参考和依据。

中国行业发展数据库（下设 17 个专题子库）

　　以中国国民经济行业分类为依据，覆盖金融业、旅游业、交通运输业、能源矿产业、制造业等 100 多个行业，跟踪分析国民经济相关行业市场运行状况和政策导向，汇集行业发展前沿资讯，为投资、从业及各种经济决策提供理论支撑和实践指导。

中国区域发展数据库（下设 4 个专题子库）

　　对中国特定区域内的经济、社会、文化等领域现状与发展情况进行深度分析和预测，涉及省级行政区、城市群、城市、农村等不同维度，研究层级至县及县以下行政区，为学者研究地方经济社会宏观态势、经验模式、发展案例提供支撑，为地方政府决策提供参考。

中国文化传媒数据库（下设 18 个专题子库）

　　内容覆盖文化产业、新闻传播、电影娱乐、文学艺术、群众文化、图书情报等 18 个重点研究领域，聚焦文化传媒领域发展前沿、热点话题、行业实践，服务用户的教学科研、文化投资、企业规划等需要。

世界经济与国际关系数据库（下设 6 个专题子库）

　　整合世界经济、国际政治、世界文化与科技、全球性问题、国际组织与国际法、区域研究 6 大领域研究成果，对世界经济形势、国际形势进行连续性深度分析，对年度热点问题进行专题解读，为研判全球发展趋势提供事实和数据支持。

法律声明